论中国古代的知识分类与典籍分类

戴建业 著

上海文艺出版社

果麦文化 出品

"何曾料到"与"未曾做到"
——写在九卷本"戴建业作品集"出版之前

三年前,我出过一套五卷本的作品系列,书肆上对这套书反响热烈,其中有些书很快便一印再印,连《澄明之境:陶渊明新论》这种学术专著也居于图书畅销榜前列。今年果麦文化联合上海文艺出版社,慨然为我推出九卷本的"戴建业作品集",它比我所有已出的著作,选文更严,校对更精,装帧更美。

时下人们常常嘲笑说,教授们的专著只有两个读者——责编和作者。我的学术著作竟然能成为畅销书,已让我大感意外;即将出版的这套"戴建业作品集",多家文化出版机构竞相争取版权,更让我喜出望外。

我的一生有点像坐过山车。

中学时期我最喜欢的是数学,在1973年那个特殊岁月,我高中母校夫子河中学竟然举办了一次数学竞赛,我在这场两千多名高中同学参与的竞赛中进入了前三名。一个荒唐机缘让我尝到了"当诗人"的"甜头",于是立下宏志要当一名诗人。1977年考上大学并如愿读中文系后,我才发现"当诗人"的念头纯属头脑发昏,自己的志趣既不在当诗人,自己的才能也当不了诗人。转到数学系的希望落空后,只好硬着头皮读完了中文系,毕业前又因一时心血来潮,误打误撞考上了唐宋文学方向的研究生。何曾料到,一个中学时代的"理科男",如今却成了教古代文学的老先生,一辈子与古代诗歌有割不断的缘分。

从小我就调皮顽劣,说话总是口无遮拦,因"说话没个正经",没少挨父母打骂。先父尤其觉得男孩应当沉稳庄重,"正言厉色"是他长期给我和弟弟做的"示范"表情,一见我嘻嘻哈哈地开玩笑就骂我"轻佻"。何曾料到这种说话方式,后来被我的学生和网友热捧为"幽默机智"。

我长期为不会讲普通话而苦恼,读大学和研究生时,我的方音一直是室友们的笑料,走上大学讲坛后因不会讲普通话,差点被校方转岗去"搞行政"。何曾料到,如今"戴建业口音"上了热搜榜,网上还不断出现"戴建业口音"模仿秀。

1985年元月,研究生毕业回到母校华中师范大学后,为了弄懂罗素的数理逻辑,我还去自学高等数学《集合论》。这本书让我彻底清醒,不是所有专业都能"从头再来",三十而后再去读数学已无可能。年龄越大就越是明白自己的本分,从此便不再想入非非,又重新回到读研究生时的那种生活状态:每天早晨不是背古诗文便是背英文，早餐后不是上课就是读书作文，有时也翻译一点英文小品，这二十多年时光我过得充实而又平静。近十几年来外面的风声雨声使我常怀愤愤，从2011年至2013年底，在三年时间里我写了四百多篇文化随笔和社会评论，因此获得网易"2012年度十大博客（文化历史类）"称号。澳门大学教授施议对先生、《文艺研究》总编方宁先生，先后热心为我联系境外和境内出版社。当年写这些杂文随笔，只想发一点牢骚，说几句真话，何曾料到，这些文章在海内外产生了相当广泛的影响，博得"十大博客"的美名，并在学术论文论著之外，出版了系列杂文随笔集。

或许是命运的善意捉弄，或许是命运对我一向偏心，我的短处常常能"转劣为优"，兴之所至又往往能"歪打正着"，陷入困境更屡屡能"遇难成祥"。大学毕业三十周年时，我没日没夜地写下两万多字的长篇纪念文章，标题就叫《碰巧——大学毕业三十周年随感》。的确，我的一生处处都像在"碰巧"。也许是由于缺少人生的定力，我一生都在命运之舟上沉浮，从来都没有掌握过自己的命运，因而从不去做什么人生规划，觉得"人生规划"就是"人生鬼话"。

说完了我这个人，再来说说我这套作品。

这套"戴建业作品集"由三部分组成：六本学术专著和论文集，两本文学史论，一本文化社会随笔。除海外出版的随笔集未能收录，有些随笔杂文暂不便选录，已出版的少数随笔集版权尚未到期，另有一本随笔集刚签给了他家出版社，部分文献学笔记和半成品来不及整理，有些论文和随笔不太满意，有些学术论文尚未发表，业已发表的文章和出版的专著，只要不涉及版权纠纷，自己又不觉得过于丢脸，大都收进了这套作品集中。

每本书的缘起、特点与缺憾，在各书前的自序或书后的后记都有所交代，这里只谈谈自己对学术著述与随笔写作的期许。

就兴趣而言，我最喜欢六朝文学和唐宋诗词，教学上主要讲六朝文学与唐代文学，学术上用力最多的是六朝文学，至于老子的专著与庄子的论文，都是当年为了弄懂魏晋玄学的副产品，写文献学论文则是我带博士生以后的事情。文学研究不仅应面对作品，最后还应该落实到作品，离开了作品便"口说无凭"，哪怕说得再天花乱坠，也只是瞎说一气或言不及义。我在《澄明之境：陶渊明新论》初版后记中说过："古代文学研究的真正突破应当表现为：对伟大的作家、伟大的作品、重要的文学现象、著名的文学流派和社团，提供了比过去更全面的认识、更深刻的理解，并做出更周详的阐释、更缜密的论述。从伟大的作家身上不仅能见出我们民族文学艺术的承传，而且还可看到我们民族审美趣味的新变；他们不仅创造了永恒的艺术典范，而且表现了某一历史时期精神生活的主流，更体现了我们民族在那一历史时期对生命体验的深度。"虽心有所向，但力有未逮，研究伟大作家和伟大作品，既需要相应的才气，也需要相应的功力，可惜这两样我都不具备。

差可自慰的是，我能力不强但态度好，不管是一本论著还是一篇论文，我都希望能写出点新意，并尽力使新意言之成理，即使行文也切记柳子厚的告诫，决不出之以"怠心"和"昏气"，力求述学语言准确而又优美。

对于文化随笔和社会评论，我没有许多专家教授的那种"傲慢与偏见"。论文论著必须"一本正经"，而随笔杂文可以"不衫不履"；论文论著可以在官方那里"领到工分"，而随笔杂文却不算"科研成果"。因此，许多人从随笔杂文的"无用"，推断出随笔杂文"好写"。殊不知，写学术论文固然少不得才学识，写杂文随笔则除了才学识之外，"还"得有或"更"得有情与趣。仅仅从文章技巧来看，学术论文的章法几乎是"千篇一律"，随笔杂文的章法则要求篇篇出奇，只要有几篇章法上连续重复，读者马上就会掉头而去。

我试图把社会事件和文化事件视为一个文本，并从一个独特的文化视角进行审视，尽可能见人之所不曾见，言人之所未尝言。如几个月前北京大学校长林建华念错字引起网络风波，我连夜写下一万两千多字的长文《"鸿鹄之志"与网络狂欢——一个审视社会心理的窗口》，在见识的深度之外，还想追求点笔墨趣味。近几年我从没有中断过随笔杂文的写作，只是藏在抽屉里自娱自乐，倒不是因为胡说八道而害怕见人，恰是因文章水平偏低而羞于露脸，像上面这篇杂文仅给个别好友看过，没有收进任何一本随笔集里。

我一生都对自己的期望值不高，"何曾料到"最后结局是如此之好，而我对自己的文章倒是悬的较高，可我的水平又往往"未曾做到"。因此，我的人生使我惊喜连连，而我的文章却留下无穷遗憾。

自从我讲课的视频在网上广为流传以来，无论在路上还是在车上，无论是在武汉还是在外地，无论是男性还是女性，地不分南北，人不分老幼，总有粉丝要求与我合影留念。过去许多读者喜欢看我的文章，现在是许多粉丝喜欢听我讲课。其实，相比于在课堂上授课，我更喜欢在书斋中写作，我写的也许比我讲的更为有趣。

  我赶上了互联网的好时代，让我的文章和声音传遍了大江南北；我遇上了许多好师友好同事，遇上了许多好同学好学生，遇上了许多好粉丝好网友，还遇上了许多文化出版界的好朋友，让我有良好的成长、学习和工作环境。我报答他们唯一的办法，是加倍地努力，加倍地认真，写出更多更好的作品，录下更多更好的课程，以不负师友，不负此生！

戴建业

2019年4月15日

剑桥铭邸枫雅居

目录

代序：专业精神与学术规范
　　——在华中师范大学文学院2009级研究生开学典礼上的演讲　001

价值取向·知识消长·典籍分类
　　——中国古代知识分类与典籍分类探源　019

"学术之宗　明道之要"
　　——论《汉书·艺文志》的学术史意义　033

论郑樵文献学的知识论取向　053

"类例既分，学术自明"
　　——论郑樵文献学的"类例"理论　086

集部的起源与流变论略　118

学术流派的盛衰与各科知识的消长
　　——论张舜徽《汉书艺文志通释》的知识考古（上）　　138

辨体·辨义·辨人·辨伪
　　——论张舜徽《汉书艺文志通释》的知识考古（下）　　169

中国古代学术史的重构
　　——论张舜徽《四库提要叙讲疏》　　201

别忘了祖传秘方
　　——读张舜徽《清人文集别录》《清人笔记条辨》　　245

"学心"与"公心"
　　——论目录类序的学术品格　　264

附录一：求学的津筏
　　——论《书目答问补正》在现代人文教育中的作用　　280

附录二："初学入门之蹊径"
　　——读张舜徽《初学求书简目》　　291

后记　　309

代序：专业精神与学术规范
——在华中师范大学文学院2009级研究生开学典礼上的演讲

首先向各位同学表示衷心祝贺！同学们通过个人的艰苦努力，得以考上自己心目中理想的学校，得以拜到自己心仪的导师，我们老师能够如愿地招到各位英才，所以，今天在座的老师个个都喜上眉梢，在座的同学个个都笑容灿烂。《孟子》说"君子有三乐"："父母俱存，兄弟无故，一乐也；仰不愧于天，俯不怍于人，二乐也；得天下英才而教育之，三乐也。"能有机会和台下的青年才俊一起学习，这是我个人最大的荣幸，也是我人生最大的快乐。

昨天，胡亚敏教授和陈建宪副院长要我在开学典礼上和大家谈谈"学术规范"问题。在今天的开学典礼上，有我的老师和领导，有许多学术名家，在这个庄重的场合由我来讲这个严肃的话题并不合适，但他们两位都是我的顶头上司，婉拒怕他们说我不听指挥。过去不听指挥的人常被穿小鞋，识时务者为俊杰，好汉不吃眼前亏，因而我只好恭敬不如从命。不过我把题目稍稍改了一下，今天和大家演讲的题目是——《专业精神与学术规范》。

演讲之前，我先界定一下这两个关键词的内涵。就我个人的理解，"专业精神"的内涵包括如下几个方面：第一，对所从事的专业心怀敬畏与虔诚；第二，对专业具有浓厚的兴趣、强烈的激情与不可遏止的冲动；第三，对专业具有持之以恒的执着和忘我的献身精神；第四，对专业有高度的自信，并具有与专业相关的渊博知识和精湛修养。所谓"学术规范"，就是在本专业范围内，从业者所必须遵循的操作标准和游戏规则。为了专业的发展进步，为了专业从业人员的公平，任何一个专业都订立了本专业明确而详细的规范，违反了这些规范就叫"犯规"，犯规就要受到相应的处罚，如打篮球的球员如果连续犯规就会被罚下球场。

既然领导只叫讲"学术规范"，我为什么要自讨苦吃，多讲一个"专业精神"呢？多讲一个问题领导也不会多给我一分钱，讲"学术规范"这个问题也许小有报酬，讲"专业精神"就只能免费奉送。我之所以要讲《专业精神与学术规范》这个题目，理由有二：首先，"专业精神"与"学术规范"具有深刻的内在联系，只讲"学术规范"而不讲"专业精神"，难以把问题讲得清楚透彻；其次，我不是什么学术权威和资深教授，有人来请我演讲，我可以"买一送一"。

没有专业精神就不可能遵守学术规范。假如对学术心存敬畏，对专业十分虔诚，要是偷偷抄袭了别人的学术成果，你就会有一种道德上的焦虑和恐惧，就会有一种亵渎神明的负罪感；假如具有高度的专业自信、渊博的专业知识和极高的专业才华，你也用不着去抄袭别人的学术成果。总之，对专业心存敬畏，就不敢抄袭；具有专业水平，就不必抄袭。由此可见，专业精神与学术规范是不可分离的两个方面。

先讲"专业精神"。这个问题包括两个层次：什么样的人才算具有"专业精神"？我们如何培养"专业精神"？

"专业精神"是现代专业分工以后的产物，这个词也是西方舶来品。中国古人虽有"行行出状元"的说法，但在学术上既无科学的知识分类和专业分类，士子自然也就谈不上什么"专业精神"。我国一直是个官本位的社会，"万般皆下品，唯有读书高"，士子们"五更读书只为官"，但大部分官员又没有把从政作为一种"专业"，只是把官场作为捞名捞利的平台，官场被他们视为囚笼和染缸，所以从政士大夫常常要羞羞答答地卖弄清高，心恋魏阙却大谈归隐。古代士人的人生选择范围只有读书和做官，手工业、商业都不屑一顾，种田更吃不了那种苦头，谢灵运就曾老实地承认"进德智所拙，退耕力不任"。即使辞官归隐的陶渊明也自称"聊为垄亩民"，他并不以此为业，更不以此为生，大家从"种豆南山下，草盛豆苗稀"就可以看到，这位大诗人种田有点三心二意。我国古代有很多伟大诗人，但这些诗人人生的第一选择还是做官，退而不得求其次才立言求名，屈原、李白、杜甫、苏轼莫不如此。到明清尤其是清代以后，才有一些读书人放弃功名专心学术，这才有了一直被人们津津乐道的乾嘉学派。

世人自是千差万别，专业同样五花八门，当今人们所从事的各种专业都为人类生存之所必需，各种专业没有贵贱之分和等级之别。因为大家将来要从事学术研究和教学工作，我这里所说的"专业"以"学术"为主而兼及其他。

什么样的人才算具有"专业精神"呢？这个问题我推荐大家看三本德国学者的名著：前两本是费希特的《论学者的使命》《人的使命》（商务印书馆"汉译世界学术名著丛书"合订本），第三本是马克斯·韦伯的《学术与政治》（三联书店"学术前沿丛书"）。韦伯这本书是两篇讲演的合集，一篇是《以学术为业》，一篇是《以政治为业》。我给大家念几段从这三本书中摘录的文字：

> 如果选择了科学作为自己的生活职业，为了能够被体面地视为学者这个阶层，都必须竭尽自己全部的力量。
> ——费希特《论学者的使命》

> 每个阶层都是必不可少的，每个阶层都值得我们尊敬，给予个人以荣誉的不是阶层本身，而是很好地坚守阶层的岗位，每个阶层只有忠于职守，完满地完成了自己的使命，才受到更大的尊敬。
> ——费希特《论学者的使命》

> 一个人得确信，即使这个世界在他看来愚陋不堪，根

本不值得他为之献身，他仍能无悔无怨；尽管面对这样的局面，他能够说："等着瞧吧！"只有到了这一步，才能说他听到了政治的"召唤"。

——马克斯·韦伯《学术与政治》

这三则文字都是强调，每一种职业都必不可少，每一个阶层都值得尊敬，职业和阶层本身没有贵贱之分，给你带来荣誉的是你是否在自己的岗位上忠于职守，你是否圆满地完成了自己的使命，因此，不管你选择了哪一种专业都必须竭尽全力，你必须对自己的专业具有忘我的献身精神，你必须有知其不可而为之的拼劲。

只要你对自己所从事的专业有敬畏感和使命感，那么你就愿意为自己的专业玩命。几年前我看过一篇文章，讲一个美国生物学家，为了研究蝴蝶的生活习性，在非洲丛林里连续观察了十几年。他那位只爱他却不爱蝴蝶的太太，实在忍受不了他对蝴蝶的疯狂痴迷，又受不了非洲丛林潮湿闷热的气候，当然更忍受不了十几年守活寡的夫妻生活，经过多年的抗议和争吵，终于向他发出了最后通牒：你到底要蝴蝶还是要太太？这位蝴蝶迷最终选择了蝴蝶。真是"爱情诚可贵，蝴蝶价更高"。如果在太太和蝴蝶之间只能二选其一，我会和大多数男同胞一样，选择太太，抛弃蝴蝶，所以我是庸人戴建业，那位美国佬是杰出生物学家。爱女人是所有男人的癌症，这位老兄竟然把这个不治之症给治好了，这是由于他具有对专业的敬畏、虔诚，以及由敬畏与虔诚而激发的献身精神。

在西方像这样的科学疯子还真多。大家知道，很多科学家和哲学家都是单身，如笛卡尔、康德、叔本华、尼采、维特根斯坦……这些人的个性无一不很古怪，这些人的为人也无一不很可爱，譬如那位悲观主义哲学家叔本华就又古怪又讨人喜欢，连他的论敌也不得不承认，叔本华的哲学思想具有魔力，叔本华哲学著作的语言极端优美。去年我与胡亚敏教授一起去新加坡讲课时，还在那里一家书店买了一本英文版《叔本华：思想传记》。这些人对专业的敬畏和虔诚就不用说了，他们都具有对专业的献身精神，一辈子只娶科学或哲学，一辈子只与科学或哲学为伴。我们古代只听说过有"娶梅友鹤"的诗人，还极少有"娶"哲学或科学的思想家和科学家。据说康德喜欢过邻居的一个姑娘，但又怕结婚后影响自己的哲学思考，想了很长时间到底结不结婚，等他想清楚的那一天，恰好是这位姑娘出嫁的当天。当然，康德生活之刻板、自律、冷静也非一般姑娘所能忍受，单身也许是他人生的最佳选择。

他们这些人选择单身生活，终身与哲学或科学为伴，是因为他们觉得科学与哲学可爱，他们对自己的专业有浓厚的兴趣和强烈的激情，有不可遏止的献身冲动。在大众眼中，哲学冷冰、抽象、严谨、深奥，而女性优雅、美丽、温柔、迷人，偏偏有些哲学家选择哲学而不选择女性，可见他们对哲学专业的兴趣、热爱和激情。连现代学术大师王国维也说："哲学可信不可爱，诗歌可爱不可信。"在康德这类哲学家心目中，大概哲学既可信又可爱，否则他们怎么会选择一生与哲学为伴呢？

至于对自己所从事专业的自信,我仍以叔本华和尼采为例。叔本华对自己的哲学才华非常自负,他的才华也的确让他有自负的本钱。他认为只有愚人才靠性本能和肉体延续自己的生命,一个天才延续生命全凭自己的成就与才华。他那划时代的杰作——《作为意志和表象的世界》出版后,很长时间无人问津,叔本华非常自信地评论自己这部著作说:"如果不是我配不上这个时代,那就是这个时代配不上我。"你们听说过这样的牛人吗?当他还是柏林大学一个编外教师的时候,他就选择与黑格尔在同一时间上课,当时黑格尔在德国思想界如日中天,而叔本华还只是个无名小卒。刚开始有两三个学生选他的课,最后他的课堂上讲课和听课的只有他一个人,他只得愤怒而又凄凉地离开柏林大学。即使遇到如此难堪的打击,他也没有一丝气馁和半点沮丧,他坚信"叔本华的时代在未来"。

任何一个人如果对自己从事的专业缺乏自信,他就不会干出惊天动地的大业,也不会坚持笑到最后。不管什么专业要想干出名堂,都需要才华与想象,需要坚韧与毅力,特别需要对自己才华的自信,因为你的理想和抱负越大,你遇到的困难和阻力就越大,没有自信的人遇上阻力就会半途而废。尼采在十九世纪末宣称"上帝死了",哲学就成了他的上帝,他对自己的哲学才能充满信心,要对人类的价值进行重估。同学们去看看他的名作《瞧,这个人!》,这本书生动展示了作者桀骜不驯的个性,表现了他对自己才能赤裸裸的自负与张扬,其中有些章节如《我为什么这么聪明?》《我为什么如此深刻?》,在现代中国人看来简直有点"恬不知耻"!

上面这些具有"专业精神"的典范人物全是老外，像这样讲下去即使别人不批评，我自己也觉得自己是在崇洋媚外。其实，对自己才华高度自信的牛人，在我国古代也同样不少。李白肯定比叔本华和尼采要牛一百倍，他一直觉得自己是个无所不能的神人，"仰天大笑出门去，我辈岂是蓬蒿人""天生我才必有用，千金散尽还复来"，声称自己"怀经济之才，抗巢由之节，文可以变风俗，学可以究天人"。看起来老实巴交的杜甫照样自负得要命，称自己"读书破万卷，下笔如有神。赋料扬雄敌，诗看子建亲……自谓颇挺出，立登要路津……"你念念他"会当凌绝顶，一览众山小"的诗句，就不难想象他那俯视群雄的气概。大家肯定还记得汉代司马迁"究天人之际，通古今之变，成一家之言"的壮语，也忘不了宋代张载"为天地立心，为生民立命，为往圣继绝学，为万世开太平"的豪言。这一切都表现了他们对自己专业才能的自信心和对自己事业的使命感。

清代乾嘉学派的代表人物戴震，是个相当奇特的学者，将近十岁才开始讲话，一开始读书就能过目不忘。他父亲是个小商贩，家中穷到经常断炊。他边在面馆给主人打工，边写作《屈原赋注》。每次考进士都名落孙山，但他从未放弃对学术的执着和失去对自己才华的自信，最后成为乾嘉时期最杰出的学者和最深刻的思想家。他的学问领域极其广博，涉及文字、音韵、训诂、天文、地理、经学、哲学、数学等，每个领域都取得了当时第一流的成就。钱大昕是当时公认最渊博的学者，被很多人推为"一代儒宗"，但戴震公开说

"我以晓征为第二人"（晓征是钱大昕的字），自己隐然以天下第一人自居。当时语言学大师段玉裁拜他为师，扬州学派基本都是他的弟子和再传弟子或私淑弟子，桐城派代表人物姚鼐想拜他为师还被他婉言谢绝。

现代中国也有不少杰出学者对学术既有强烈的激情，又有浓厚的兴趣，如著名数学大师陈省身先生。记者问他为什么选择数学时，他说"是自己觉得数学好玩"，所以他"玩"了一辈子数学，并"玩"成了美国第一任数学研究所所长，"玩"成了沃尔夫奖获得者。觉得自己所学的专业"好玩"是"专业精神"的重要内涵，只有你觉得自己的专业"好玩"，你才能在求学和治学的过程中"玩命"，在求学时"玩命"就能成为优秀学生，在治学时"玩命"就可成为优秀学者。

同学们可能要问：如何培养自己的"专业精神"呢？

我对这个问题也感到非常困惑，因为"专业精神"的养成，离不开外部的学术环境和个人的主观努力，它涉及社会的价值取向、学术管理、学校教育，也涉及学者的人生理想、个人兴趣、人品修养等主观和客观的方方面面。

大家都知道，我们现在学术的外部环境很不好。政府施政唯GDP是尚，个人择业唯挣钱是趋，而学术既不能把GDP指标提上去，又不能让个人钱袋鼓起来，所以这几十年来中国GDP增长一直是世界最前几名，而我们的教育投入一直是世界最后几名。全社会又非常浮躁，无论哪个部门都急功近利，管理者希望科研"多、快、好、省"地出成果，规定一年要写多少论文论著，与学校签聘任合同时也要详细规定，讲师、副教授、教授在聘用期间，必须争取到多少钱的课题，必须写出多少篇论文，必须出版多少部专著，在这种"大干快上"的气氛中，我们很难从容读书，也很难深思熟虑。没有心得又要出成果，胆小的就只好胡编乱造，胆大的就敢于公然偷和抄。

对学术伤害最大的是各大学和科研机构严重的行政化趋向。眼下大学基本上像衙门，大学里以行政官员权力最大，也以行政官员待遇最好，一个部属大学的中层处长，就可以满世界去"考察"，一个教授甚至博导，就只能在讲坛上吃粉笔灰。"水往低处流，人往高处走"，评了教授的教师还要拼命去竞选处长，因为处长比博导权力大、收入高。如果老师和学生都唯官是尚，唯官是媚，这样的大学必定一天一天走向堕落。教师媚俗阿世，学生阿谀奉承，大家都逐渐失去对学术的虔诚，社会也逐渐失去正气。在科研教学单位里，搞科研反而是吃力不讨好的苦差事，所以在科研上有才能的人，或在科研上开始冒尖的人，都削尖脑袋朝行政楼里钻。在这样的氛围中，仍然还要保持对学术的敬畏，还要对学术十分虔诚，当然是非常困难的事情，读书人毕竟也是人。令人欣喜的是，我国的大学正在进行深刻的变革，正在改变现有的办学模式和管理方式。否则，大学里很难闻到书香，到处弥漫着铜臭；没有浓厚的学术气息，到处充斥着官气和奴气。

这些外部的学术环境，我们老师和同学都没有能力左右，不过，西方有一则谚语说："我们不能改变风向，但我们可以调整风帆。"

大家管不了社会，但可以管好自己。我们要对学术心存敬畏和虔诚，首先就要看重学术的价值，人类很多东西的价值不能都通过钱来衡量，个人生活的幸福和快乐，也不是都只要用钱便能获取。写了一篇深刻的学术论文，谱了一支动人的歌曲，画了一幅美丽的油画，解了一道数学难题，做了一次激动人心的学术讲演……它们对社会的影响很难用钱来评定，带给个人的成就感和快感也远非富翁所能想象。有些科学家攻克了科学难关，艺术家写出了艺术杰作，无论是研究和写作过程中，还是研究和写作完成以后，他们都能获得人生的高峰体验，有些人还为此激动得全身颤抖。从事学术活动和艺术活动，不仅能推动人类社会的进程，能给人们带来身心愉悦，还能使自己长才、益智和快乐。人类的智力活动是一种神圣的活动，我觉得知识精英比财富精英更有意义，财富精英意味着比常人占有更多的金钱，知识精英则意味着比常人贡献了更多的成果。只要真正认识到学术活动的意义和价值，你就没有理由不敬畏它，没有理由不为它献身。

　　至于学术兴趣，我认为是后天习得的结果，天生爱好学术的人大概极少。大家可能注意到一个现象，体育世家的小孩往往喜欢体育，艺术世家的后代大多爱好艺术，这主要是由于从小的耳濡目染和父母的言传身教，他们学习起来比别人更为方便，在某些方面也培养了特殊的悟性。通常情况下你会做什么，你可能就喜欢什么。有些学有专长的学者，求学时可能是因为父母逼迫，学了一段时间以后才尝到"味道"，这有点像父辈们先结婚后恋爱——先是非结不可，后来爱得发狂。

要想自己读书上瘾，就先得读出"味道"；而要想读出"味道"，又须先打下扎实的功底。比如，你要想尝到古典格律诗的"滋味"，你就要了解格律诗的常识，要具备文字和音韵的基本功。再如我们学习英语，开始时谁也没有觉得学英语有什么快感，背英语单词背得想吐，等你第一次能读简易本英文小说，你才觉得原来那些枯燥的单词有点"意思"；等你能品味英语散文、诗歌的美妙，你才会感受到英语的魅力；等你能像美国佬那样说出地道标准的英语，这时你听到英语就像看到情人那样亲热——兴趣是从艰苦的努力中得来的。你要想体会到专业"好玩"，你就先必须"能玩"甚至"会玩"，不会打乒乓球的人肯定不觉得乒乓球有什么"好玩"。陈省身先生眼中的数学"好玩"，可绝大多数人一看到数学就很烦——你不会"玩"它，必然就会"烦"它。

"自信"同样也只与勤奋的人交朋友，我们刚才谈到戴震对自己非常自信，可他的自信来源于他的能力，他的能力来源于他的努力。中国古人读书的刻苦勤奋扬名全球，什么头悬梁锥刺股，什么囊萤映雪凿壁偷光，这些都说得太玄了一些，我们还是以清代和现代学者为例吧。戴震不仅背诵了十几部经书原文，还背熟了经书的注和疏；在当时他就自学数学，还留下了不少数学论著。他既是人文学者、思想家、文字学家、历史学家，也是一位数学家、天文学家和科学家，你可以想见他当年刻苦的程度。还有清代学术开山顾炎武，他的弟子潘耒在《日知录·序》中称道其师说："先生精力绝人,无他嗜好,自少至老,未尝一日废书。出必载书数簏自随,旅店少休,披寻搜讨,曾无倦色。有一疑义,反复参考,必归于至当;有一独见,援古证今,必畅其说而后止。"顾炎武也在《又与人书》中说,自己老来仍然"早夜诵读,反复寻究"。我校已故的国学大师张舜徽先生,他的《八十自叙》十分感人:

> 日月易得,时光如流,入此岁来,而吾年已八十矣。自念由少至老,笃志好学,未尝一日之或闲。迄今虽已耄耋,而脑力未衰,目光犹炯。闻鸡而起,尚拟著书;仰屋以思,仍书细字……余之一生,自强不息,若驽马之耐劳,如贞松之后凋,黾勉从事,不敢暇逸,即至晚暮,犹惜分阴。

"专业精神"仅有敬畏和虔诚还不够,仅有激情和冲动也不行,还必须有专业兴趣和专业知识。比如一个搞文史研究的人,首先要有坚实的文字、音韵基本功,张之洞说:"由小学入经学者,其经学可信;由经学入史学者,其史学可信;由经学史学入理学者,其理学可信;以经学史学兼词章者,其词章有用;以经学史学兼经济者,其经济成就远大。"(《书目答问》)一个从事美学研究的人,如果没有熟读康德的《判断力批判》和黑格尔的《美学》;一个研究英国文学的人,如果没有熟读莎士比亚的作品,那简直就是不可想象的事情。对于一个从事外国文学和比较文学的人来说,你连一门外语也没有熟练掌握,你写的那些东西大概没有人会认真看待它。一个现代学者如果只能读懂自己的母语文献,而不能广泛参考外文资料,那你就很难与世界对话,也很难超越前人。

一个人学术上的自信,不是通过教育和暗示获得的,是他在苦干和交流中慢慢确立起来的。做学问不同于文学或艺术创作,创作需要灵感和天才,治学主要通过勤奋努力,颜之推在《颜氏家训·文章》中告诫子弟说:"学问有利钝,文章有巧拙。钝学累功,不妨精熟;拙文研思,终归蚩鄙。但成学士,自足为人,必乏天才,勿强操笔。"做学问稍有灵气就行了,只要你刻苦努力就能做出成就,当然数学、理论物理这些纯理论学科,可能还需要高度的直觉和抽象能力。

和大家讲了什么是"专业精神"和如何培养"专业精神",现在来和大家谈谈"学术规范"问题。我们要想遵守学术规范,首先就要了解学术研究有哪些规范,就像开车的司机上路之前,要知道有哪些交通规则一样。

同学们要清醒地意识到,遵守学术规范和遵守交通规则同样重要:不遵守交通规则,你就可能让自己丧命或让别人丧命;不遵守学术规范,你就可能断送自己的学术前程。

先说抄袭。在先秦两汉时期,不存在抄袭问题,不是说那时人们不抄袭,而是说那时人们的观念与今天完全不同。先秦某家某派的著作并不一定是出自创始人的手笔,各个学派的创始人不一定亲自著书,这些著作往往先是师弟之间口耳相传,或是由弟子当日记录或事后追忆。据说孔子删定六经,但六经都没有标明经由他修订或删改。《庄子》内篇可能是庄子本人的作品,外篇和杂篇则由门人后人伪托。

《诗经》中的诗歌绝大部分是无名氏所作,极少数作品有人指认出自某人之手,其实也没有什么确证。一直到汉乐府和《古诗十九首》还是无名氏创作,人们觉得把感情抒发出来,把思想表达出来就行,不在乎由谁抒写和表达。那时诗文也没有什么经济效益,东汉赵壹在《刺世疾邪赋》中慨叹"文籍虽满腹,不如一囊钱",人们自然没有"知识产权"和"书籍版权"概念。大家随便引用《诗经》《论语》等书中的句子或原文,并不需要标明作者和书名。汉初还出现了杂家,如代表作《吕氏春秋》《淮南子》,顾名思义,"杂家"就是思想和文句杂糅各家各派而形成的学派。《论语》中引用《诗经》中的诗句,并不注明篇名和作者,曹操《短歌行》中"青青子衿"和"呦呦鹿鸣"八句,直接就将《诗经》中的诗句安插在自己诗中,从来也没有人指责他抄袭。古人著书写作的通例,大家可以参看两本书:一、章学诚的《文史通义·言公》上中下三篇(中华书局版);二、余嘉锡的《古书通例》(上海古籍出版社版)。

一直到唐宋时期还常有伪托的现象出现,最著名的是托名李白的那两首词:

> 平林漠漠烟如织,寒山一带伤心碧。暝色入高楼,有人楼上愁。玉阶空伫立,宿鸟归飞急。何处是归程,长亭

更短亭。

——《菩萨蛮》

箫声咽,秦娥梦断秦楼月。秦楼月,年年柳色,灞陵伤别。　乐游原上清秋节,咸阳古道音尘绝。音尘绝,西风残照,汉家陵阙。

——《忆秦娥》

写得这么好的词为什么不署自己的名呢?作者是希望这首词流传天下,而不是他本人扬名天下。古人伪托通常有两种情况:一是急于想让作品广泛传播;二是在国家求失传古籍时,伪托古书以图利赚钱。

古人伪托是将自己的作品署上别人的名字,后世抄袭是将别人的作品署上自己的名字。为什么会出现这种情况呢?因为后世的知名度开始有了经济效益,名气越大可能好处越多。今天明星想尽各种办法拼出镜率,商品花大价钱做广告,或是让人出名,或是让物出名,人一旦成为名人,商品一旦成为名牌,利润就肯定翻番。古代知识不能卖钱,所以人们没有知识产权概念,抄袭最多只是受到道义上的谴责;现在知识已经成为商品,你抄袭别人的学术成果,不仅损害了别人的文名,也损害了别人的利益,所以现在抄袭既要受到道义谴责,又要赔偿经济损失,还要承担法律责任。所有专利、产品、图像、论文、专著,总之,一切知识产品都受到法律保护,大家一定要有清醒的法律意识。

最后来谈谈"文学研究的学术规范"：

一、现代学术研究要求研究者感情淡化、态度客观和价值中立。宗教人士与宗教研究者，写文章的出发点是完全不一样的，一个是站在宗教立场上为宗教辩护，一个是站在学者立场上讨论宗教得失；前者有很强烈的情感投入和明确的价值取向，后者相对感情淡化而立场也比较超然。同是研究社会学，马克思与韦伯的态度和学风就大不一样，马克思是以革命家的姿态发言，韦伯是以学者的态度进行研究，前者的文章充满激情与怒火，后者只是在作冷静理性的论证分析。

二、现代学术形态的基本特点是：任何一个结论都必须通过充分的证据、严谨的逻辑来进行论证。一时的灵感、思想的火花、瞬间的顿悟、亮眼的警句，虽然它们可能给人以启迪和愉悦，但都不算学术论文也不是学术成果，随随便便的议论没有学术价值。

三、注释很重要，引用别人的原话务必注明出处，借鉴了别人的观点一定要做详细的交代，否则就被视为剽窃和抄袭。文章的注释和格式要规范，我校研究生院印有学术论文的规范化格式，每个研究生要细读。大家向某刊物投稿前，一定要了解这些刊物的特点和要求。

违反学术规范的原因不外乎两种：一是明知故犯，二是无知冒犯。前者是为人品性和学术品格问题，后者有时是学术视野狭隘，有时是不熟悉学术行规。不管是哪种情况，只要一发现你有抄袭现象，现代社会一律作为明知故犯来处理。一个司机开车撞人后，他肯定不能以忘记交通规则为自己辩护，同理，一个学者抄袭了别人的学术成果，不会有人去体谅你还不知道学术规范。同学们，从事学术研究就像司机开车一样，上路之前要熟悉学术的"交通规则"，否则你就要和别人在学术道路上"撞车"。

研究生朋友们，热爱学术与热爱生活并不冲突。如今，书中不一定有黄金屋，但书中肯定乐趣无穷，我并不希望你们成为康德，而期望你们成为罗素——既享受思维的乐趣，也享受爱情的甜蜜。希望你们在美丽的桂子山上，在汲取丰富知识的同时，也找到自己理想的另一半！

谢谢大家！

2009年8月29日初稿

2011年9月11日改定

价值取向·知识消长·典籍分类
——中国古代知识分类与典籍分类探源

目前已有的文献学史，不是按朝代顺序进行叙述，就是按著作内容进行归类。它们写法上虽有不同，但缺陷却完全一样：都忽视了社会的价值取向和古代知识的消长。如果忽视了社会的价值取向，文献学史就只能"就事论事"；如果忽视了古代知识的消长，文献学史就只是"自言自语"——古代知识系统为什么要如此建构？经史子集为什么要如此排序？古代典籍按什么标准进行分类？撇开了价值取向和知识消长，文献学史便失去广阔的语境，也没有理论的深度，甚至缺乏可理解性。分类是古典文献学非常重要的层面，本文试图以中古与近古文献学发展史为例，从价值取向、知识消长与典籍分类三者的关系，来追寻古代知识分类和典籍分类的深层原因，并阐述自己关于文献学史写法的一些浮浅构想。

一、《七略》的完成与嬗变

西汉儒家定于一尊后，刘向、刘歆父子以儒家思想整理古代的知识秩序，完成了综论百家之学和部次天下之书的伟业，这一成果保留在班固《汉书·艺文志》(后文简称《汉志》)中，该志主要是《七略》的节本。《汉志》称《七略》"有《辑略》，有《六艺略》，有《诸子略》，有《诗赋略》，有《兵书略》，有《术数略》，有《方技略》"[1]，其中《辑略》是诸书的总要，所以《七略》实际上只将图书分为六部。这是我国第一次大规模的图书分类，也是我国第一次系统的知识分类。"六略"的秩序首列"六艺略"以明尊经之旨，强调学术以六经为归，而人伦以孔子为极；其次是"诸子略"，因诸子十家"虽有蔽短"，而其"要归亦六经之支与流裔"[2]；再次是"诗赋略"，因诗、赋都源出于《诗经》，也可以说是经的"支流"；最后接下来依次是"兵书略""数术略"和"方技略"。"六艺略""诸子略""诗赋略"属于思想情感世界，向人们展示思想观念和道德诉求，而"兵书略""数术略""方技略"则属于技术层面，向人们提供当时人的知识范围和生活技艺。"形而上者谓之道，形而下者谓之器"，前"三略"属于"道"，后"三略"属于"器"。六略的排列秩序无形中凸显了汉人心目中知识的等级秩序。

---

1. 班固：《汉书》，中华书局1962年版，第1701页。
2. 班固：《汉书》，中华书局1962年版，第1746页。

对于汉代的文献学史可从三个层面阐述：一是有多少著名文献学家，有哪些主要成就；二是有哪些主要特点；三是为什么有这样的成就，为什么形成了这样的特点？已有的文献学史其笔墨主要都集中在第一点，其次是阐述第二点，而基本不涉及第三点，因而这样的文献学史停留于现象的描述，它们只能让人知其然而不知其所以然。

如果将《汉志》中的《诸子略》与司马谈的《论六家要旨》进行比较，就不难发现文献学家的价值取向，不仅决定了典籍的分类，也决定了知识的等级。司马谈认为"儒者博而寡要，劳而少功，是以其事难尽从。然其序君臣父子之礼，列夫妇长幼之别，不可易也"。"道家使人精神专一，动合无形，赡足万物。其为术也，因阴阳之大顺，采儒墨之善，撮名法之要，与时迁移，应物变化。立俗施事，无所不宜。指约而易操，事少而功多。"[1]在六家诸子中，司马谈推崇的是道家而非儒家，认为道家集各家各派之大成，而班固则认为"儒家者流"，"祖述尧舜，宪章文武，宗师仲尼，以重其言，于道最为高"[2]。这样我们就容易理解，在《论六家要旨》中，儒家只杂于其他各家之中，在班固的《诸子略》中，儒家则置于各家之首。东汉定于一尊的儒家思想是国家的意识形态，儒家经典和思想都具有不容置疑的地位，难怪班固指责司马迁"其是非颇缪于圣人，论大道，

---

1. 司马迁：《史记》，中华书局1959年版，第3290—3292页。
2. 班固：《汉书》，中华书局1962年版，第1728页。

则先黄老而后六经；序游侠，则退处士而进奸雄；述货殖，则崇势利而羞贱贫，此其所蔽也"[1]。这里可以看到文献学史与思想史的"纠葛"，我们无法撇开"思想"而谈"文献"。

同样，更不能撇开"知识"来谈"文献"。这一历史时期最著名的私家书目中，远绍"七略"流风的当数王俭的《七志》和阮孝绪的《七录》。《七略》虽名义上称"七"而实际上只是六分，王俭的《七志》名义上称"七"而实分九类："一曰《经典志》，纪六艺、小学、史记、杂传；二曰《诸子志》，纪今古诸子；三曰《文翰志》，纪诗赋；四曰《军书志》，纪兵书；五曰《阴阳志》，纪阴阳图纬；六曰《术艺志》，纪方技；七曰《图谱志》，纪地域及图书。其道、佛附见，合九条。"[2] 改"七略"中的《六艺略》为《经典志》，是因为"经典"更具有包容性，后来"四部"中的"经部"之名便源于王俭的《经典志》。改《七略》中的《诗赋略》为《文翰志》，是因为王俭所处的时代文体日繁，诗赋只是众体中的两种文体。不只分类因典籍而变，类名同样也因文体而改。特别是《七志》中的佛、道二志，可以看出道教在齐梁间的兴盛，也可以看出佛教在南朝的传播。阮孝绪自称《七录》的撰写"斟酌王、刘"，在图书分类上与《七略》和《七志》一脉相承。《七录》中列《经典录》内篇第一，名和序都依《七志》。他认为"刘氏之世，史书甚寡，附见《春秋》，诚得其例。今众家纪

---

1. 班固：《汉书》，中华书局1962年版，第2737—2738页。
2. 魏徵等：《隋书》，中华书局1973年版，第906—907页。

传，倍于经典，犹从此志，实为繁芜"，因而，突破《七略》和《七志》史附《春秋》的成例，列《纪传录》为内篇第二。"七略"中原有《兵书略》，南朝时"兵书既少，不足别录"，所以将诸子与兵书合为《子兵录》内篇第三。王俭将《七略》中的《诗赋略》改为《文翰志》，到阮孝绪时文集日兴，"变翰为集于名尤显"，于是他在《七录》中列《文集录》为内篇第四，列《术技录》为内篇第五。将《佛法录》列为外篇第一，反映了"释氏之教实被中土"的事实，列《仙道录》为外篇第二。《七志》中"先'道'而后'佛'"，《七录》中"先'佛'而后'道'"[1]，便涉及文献学家宗教信仰的差异和对宗教的不同认知。

从《七略》及其嬗变的情况可以看到，书以类而分，类因书而明。有其学必有其书，有其书必有其类，因此，图书分类不可能"一劳永逸"，它必然随着知识的消长而变化。

二、四部的确立与完善

古代知识的存在形式相对单一，书籍是知识最重要的载体，因而典籍分类与知识分类基本可以重叠。文献学史阐述典籍分类的变化，当然离不开历史上知识的消长。不少历史学家和知识社会学学

---

1. 阮孝绪：《七录序》，严可均校辑《全上古三代秦汉三国六朝文》，中华书局1958年影印版，第3345—3346页。

者，从国家馆藏目录、史志目录及私家目录所登录的书目，来追溯历史上各种知识的兴衰；反之，文献学家则应从各类知识的兴衰，来揭示历史上典籍分类的变化。遗憾的是，现在我们看到的文献学史，基本上与相邻的知识学"老死不相往来"。

从东汉到宋元这段时间，正好是中国古典文献学发展的关键时期，因为这一时期古典文献学完成了从《七略》到"四部"的转换。《七略》成熟于两汉，"四部"定型于唐朝，中国古代的图书分类和知识分类，都是在这两种分类法之间徘徊，隋以前大多是沿袭《七略》而稍加改变，唐以后大多在"四部"基础上而略加完善。四部分类法最终为什么取代了《七略》呢？要回答这个问题便绕不开各科知识的消长和文献学家的价值取向。

关于四分法的起源，学术界仍有争论，分歧主要集中在四部分类法始于魏郑默的《中经》，还是源于西晋荀勖的《中经新簿》。在魏晋南北朝这三四百年中，中国学术发生了深刻的变化。

首先，诸子逐渐衰微而文集日益兴盛。两汉虽然文章渐富，诸子与诗文判然分途，但作者"皆成一家之言，与诸子未甚相远"，所以贾谊奏议一类文章都收入《新书》。《后汉书》和《三国志》文士传中，只称著诗、赋、碑、箴、诔若干篇，从来不说有文集若干卷，建安以后"文集之实已具，而文集之名犹未立"[1]。章学诚认为自从挚虞作《文章流别论》后，文士才纷纷汇集古人诗文标为"别集"。

---

1. 章学诚撰、叶瑛校注：《文史通义校注》，中华书局1985年版，第296页。

文人不可能拘守一家之学，自然很难成为专门之家，社会既没有诸子存在的空间，也没有产生各家各派的学术条件。从曹植"人人自谓握灵蛇之珠，家家自谓抱荆山之玉"[1]，到刘勰所谓"俪采百字之偶，争价一句之奇"，文人不再在"成一家之言"上下功夫，而是在语言翻新上变花样。他们以各种各样的文体，表达矛盾复杂的思想情感，这些作品大都属于文学创作，很难归于诸子的某家某派，通常由他们自己或后人结为文集。在《汉志》中，《诗赋略》仅有作家一百零六人，体裁仅收诗赋两体。到魏晋南北朝之后，体裁上不仅"辞赋转繁"，而且产生了许多新文体，作家和作品更是大量涌现，从《隋书·经籍志》(后文简称《隋志》)中录得的书籍来看，总集通记亡书共两百四十九部，五千二百二十四卷，这些总集不仅由魏晋南北朝人编成，总集中的诗文也基本上是魏晋南北朝人的作品。别集通记亡书共八百八十六部，八千一百二十六卷，其中后人编的秦汉总集只有一百五十七卷。

其次，历史著述的勃兴。如《隋志》史部正史类收录的六十七种史著中，六十一种为魏晋南北朝人所撰；在古史类三十三种史著中，魏晋南北朝的占三十一种；在杂史类七十种中，魏晋南北朝的占五十七种；史部的其他各类著述中，魏晋南北朝的都是两汉的几倍或上十倍，即使除去两汉史著的亡佚等因素，魏晋南北朝的史学

---

1. 曹植：《与杨德祖书》，赵幼文校注《曹植集校注》，人民文学出版社1984年版，第153页。

著述仍然远远超过两汉。《汉志》史书附于《春秋》，到了魏晋南北朝，数量庞大的史书便由附庸蔚为大国。

《七略》的分类法显然不能适应新的变化，继承《七略》的《七志》和《七录》，也不得不将原来的《诗赋略》改为《文翰志》或《文集录》，《七志》虽然仍将史部附于《春秋》，到《七录》就从《春秋》中析出众史。另外，《七略》中原来的《兵书略》典籍少得不能成类，《诸子略》中如墨家、法家、名家都已消亡，《七录》只好将诸子与兵书合为《子兵录》。但是，无论《七略》还是《七志》《七录》，都无法满足当时学术的变化和知识的消长，有些典籍在这种分类法中无类可归。章学诚早就敏锐地看到从七略到四部是势所必然："七略之流而为四部，如篆隶之流而为行楷，皆势之所不容已者也……凡一切古无今有，古有今无之书，其势判如霄壤，又安得执七略之成法，以部次近日之文章乎？"[1]

荀勖《中经新簿》"分为四部，总括群书。一曰甲部，纪六艺及小学等书；二曰乙部，有古诸子家、近世子家、兵书、兵家、术数；三曰丙部，有史记、旧事、皇览簿、杂事；四曰丁部，有诗赋、图赞、汲冢书。大凡四部，合二万九千九百四十五卷"[2]。荀勖的四部和《七录》一样，将史籍和类书析出《春秋》之外，将兵书、术数并入诸子

---

1. 章学诚撰、叶瑛校注：《文史通义校注》，中华书局1985年版，第956页。
2. 阮孝绪：《七录序》，严可均校辑《全上古三代秦汉三国六朝文》，中华书局1958年影印版，第3346页。

之中，这样就形成了经、子、史、集四部。到东晋李充编《晋元帝四部书目》时，史学体裁更为多样，史学著述也更为繁富。"因荀勖旧簿四部之法，而换其乙丙之书"[1]，从此以后，经、史、子、集就成了中国古代学者所谓"四部之学"。

四部的成熟形态当然是《隋志》。《隋志》将当时所有典籍分为四部四十类，它既采用了从《中经》《中经新簿》到《晋元帝四部书目》四部分类法的框架，又吸收了从《七略》到《七录》细分小类的成果，一千多年来被公私目录奉为圭臬。《隋志》在四部中容纳了七略所有的小类，包罗了所有现存的新旧典籍，然而，它包罗万汇的优点恰恰暴露出它大杂烩的缺点：

（一）它在划分典籍时常常自乱其例，四部像一种什么都可以装的大型丛书，如经部将作为纲纪的六艺与舛谬浅俗的谶纬并列，史部将地理、历法与史书同门，子部更将虚论其理的诸子与专言迷信鬼怪的术数方技共处，这使得经不像经，史不像史，子不像子。

（二）各小类也没有统一的分类标准——时而以体分，时而以义别，这样图书分类既会发生混乱，"辨章学术"更无从谈起。

（三）经、史、子、集四部既非学科又非流派，失去了《七略》"辨章学术，考镜源流"的功能，《七略》每一小类"必究本末，上有

---

1. 阮孝绪：《七录序》，严可均校辑《全上古三代秦汉三国六朝文》，中华书局1958年影印版，第3346页。

源流，下有沿袭，故学者亦易学，求者亦易求"[1]，所以章学诚感叹"然则四部之与七略，亦势之不容两立者也。七略之古法终不可复，而四部之体制又不可改，则四部之中，附以辨章流别之义，以见文字必有源委，亦治书之要法"[2]。

（四）更为严重的是《隋志》的编者精英意识太强，在价值取向上尚虚理而轻实学，崇"形而上之道"而贱"形而下之器"，"生生之具"的实学都不能独立成部，全淹没在属于人文的"经、史、子、集"之中。姚名达对《七略》多所指责，但肯定《七略》"视实用之'方技''数术''兵书'与空论之'六艺''诸子''诗赋'并重，略具公平之态度"[3]。《隋志》将《七略》中的"方技""数术""兵书"并入子部，将历法和算数划归史部，赤裸裸地表现出价值取向上的偏颇——在知识等级上，弘玄虚之"道"而抑实用之"器"；在社会实践中，必然尚虚而不务实。《七略》中"方技""数术""兵书"三略，还能与"六艺""诸子""诗赋"并列，到了《隋志》就没有给自然科学留下独立的空间，四部中基本上是人文的天下。流风所及，我国唐宋以后的读书人，不是闭门谈玄论学的文史学者，便是登高赋诗的墨客骚人。

四部分类法后来成为官方和私家目录的定法。可是，《七略》不

---

1. 郑樵：《通志二十略》，中华书局1995年版，第1807页。
2. 章学诚撰、叶瑛校注：《文史通义校注》，中华书局1985年版，第959页。
3. 姚名达：《中国目录学史》，上海古籍出版社2002年版，第57页。

能适应知识的消长，"四部"又混淆了学术源流，由于中国古代文献学家大多有学派观念而无学科意识，他们只能在《七略》与"四部"之间打转，所以像章学诚这样思想敏锐的文献学家，虽对四部多有不满，但对它又只能徒唤奈何。

三、四部的承传及挑战

至南宋才出现一位敢于挑战四部分类法的文献学"壮士"——郑樵，他的《艺文略》是"对于四部四十类成法"的一次"彻底破坏"，"对于小类节目之分析，不惮苛细，其胆量之巨，识见之宏，实旷古一人"[1]。他以其过人的胆识，打破了四部分类所建构的知识系统，并在当时已有的知识类型基础上，依据自己的"类例"原则，重新建构了我国古代的知识系统：《七略》者，所以分书之次，即《七略》不可以明书。欲明天者在于明推步，欲明地者在于明远迩，欲明书者在于明类例。噫！类例不明，图书失纪，有自来矣。臣于是总古今有无之书为之区别，凡十二类：经类第一，礼类第二，乐类第三，小学类第四，史类第五，诸子类第六，星数类第七（《艺文略》中名为'天文类第七'——引者注），五行类第八，艺术类第九，医方类第十，类书类第十一，文类第十二。经一类分九家，九

---

1. 姚名达：《中国目录学史》，上海古籍出版社2002年版，第84页。

家有八十八种书，以八十八种书而总为九种书可乎？礼一类分七家，七家有五十四种书，以五十四种书而总为七种书可乎？乐一类为一家，书十一种。小学一类为一家，书八种。史一类分十三家，十三家为书九十种，朝代之书则以朝代分，非朝代书则以类聚分。诸子一类分十一家，其八家为书八种，道、释、兵三家书差多，为四十种。星数一类分三家，三家为书十五种。五行一类分三十家，三十家为书三十三种。艺术一类为一家，书十七种。医方一类为一家，书二十六种。类书一类为一家，分上、下二种。文类一类分二家，二十二种，别集一家为十九种，余二十一家二十一种书而已。总十二类，百家，四百二十二种，朱紫分矣。散四百二十二种书可以穷百家之学，敛百家之学可以明十二类之所归。"[1] "十二类，百家，四百二十二种"，不只囊括了当时所有知识类型，还对这些知识类型进行了重新建构，另起炉灶构架了知识系统的"鸿纲"。这一新建构的知识系统最大的优点，是将人文知识、社会科学知识与自然科学知识"朱紫分矣"，让许多知识类型剥离经、史、子单独成为一类，让"道"与"器"、"理"与"艺"比肩而立。明人胡应麟也充分肯定他对知识的建构和对典籍的分类，更由衷赞叹他总群书敛百家的宏大气魄："郑氏《艺文》一略，该括甚巨，剖核弥精，良堪省阅。"[2] 的确，郑氏所建构的知识系统，"鸿纲"构架既"该括甚巨"，局部子

---

1. 郑樵：《通志二十略》，中华书局1995年版，第1804—1805页。
2. 胡应麟：《经籍会通》卷一，《少室山房笔丛》，中华书局1958年版，第3页。

系统也"剖核弥精"。

从这个知识系统的"鸿纲"构架来看，郑氏所分的十二大类对当时所有知识几乎囊括无遗，既表现了他极其开阔的学术视野，更显露了他难能可贵的学科意识。譬如，别"礼类""乐类""小学类"于"经"之外，出"天文类""五行类""艺术类""医方类""类书类"于"子"之中，就显示了郑氏的卓识。"礼"在古代是随时而异的礼仪法制，自然不能与亘古不变的"经"类同条，"小学"是古代人人需要诵习的文字，当然不可与深奥的"经"类共贯，"医方类"属于治病救人的"技"，"诸子类"属于立言明道的"理"，四部将"医方类"并入"诸子类"有何理据？"艺术类"表现人类感性的直觉与想象，"诸子类"表现的是人类理性的抽象与思辨，将"艺术类"与"诸子类"合而为一岂不更为荒唐？郑氏所分的十二大类中，除"经类"和"类书类"属于丛书性质外，其他十大类已具有现代意义上的学科知识特征。姚名达在《中国目录学史》中说："向来目录之弊，惟知类书，不知类学。类之有无，一依书之多少而定。司马谈分思想为六家之旨，后世徒存其遗蜕于《子部》，而不能充之于各部。乃至以不成学术之名称，猥为部类之标题，自《七略》《七录》已不能无其弊，《隋志》以下抑又甚焉。"[1]"惟知类书，不知类学"的根源是文献学家没有学科意识，"四部"中的"经""子""集"三部都不是学科名称，而完全是三种丛书，"史"虽然在现代是一级学科，但"四部"

---

1. 姚名达：《中国目录学史》，上海古籍出版社2002年版，第98页。

中的"史"部十分庞杂，依旧是部类而不能算学科。郑樵以十二类取代四部成法，在进行典籍重新分类的同时，也建构了全新的知识系统。

郑樵为什么要进行知识的重新分类呢？由于《艺文略》在学术史上的意义至今还没有被人们充分认识，当然更少人追索这种分类的深层原因。他重新将四部厘为十二大类，与他重实学而轻空言的知识论取向息息相关。他一生轻视"以虚无为宗"的"空言"，倡导攸关"生生之具"的"实学"。[1] 只有明了他这种知识论的价值取向，我们才能理解他为什么"要"这样分类，只有了解他的知识结构和学术追求，才能理解他为什么"能"这样分类。"总古今有无之书""区别为十二类"，在一定程度上实现了他抑"空言"而扬"实学"的价值目标，更体现了他"敛百家之学"的雄心壮志。

这里只能勾勒中古与近古文献学史的粗略线条，旨在阐述知识消长、价值取向与图书分类之间的内在联系。此外，要想编写一部有理论深度的文献学史，还必须考虑到如下几个方面：知识形态的变化与文献庋藏方法的更新、知识传播与文献校勘、知识存亡与文献辑佚、知识产生时代与文献辨伪，这些层面容当另文讨论。

原刊《江汉论坛》2013年第12期

---

[1]. 郑樵：《通志二十略》，中华书局1995年版，第1979页。

"学术之宗 明道之要"
——论《汉书·艺文志》的学术史意义

　　《汉书·艺文志》(下文简称《汉志》)是我国现存最早的一部"史志目录",由于它是就《七略》"删其要以备篇籍"[1],因而它也是一部最早的"国家馆藏图书目录",它的分类法深刻影响了两千多年来我国古代的图书分类,后来的四部分类法与它可谓"嫡脉相传"[2];同时它还是我国最早最全面的一部"学术史",它第一次对当时所有的学术、知识进行了分科和分类。图书分类以学术知识分类为必要条件,没有学术知识分类就不可能有图书分类,因而要充分认识《汉志》在目录学上的价值,首先就必须明了它在学术史上的意义。清

---

1. 班固:《汉书》,中华书局1962年版,第1701页。为节省篇幅,后面出自《汉书》的引文,一律不注明出处和页码。
2. 姚明达:《中国目录学史》,上海古籍出版2002年版,第66页。

代史学家章学诚称它为"学术之宗,明道之要"[1],而它"学术之宗"的地位、"明道之要"的原因以及学术史的意义,主要又体现在三个层面:总百家之绪,溯学术之源,明簿录之体。

一

要综论百家之学自然离不开学术分类,最先给学术分类的大概是孔子,《论语·先进》记载他将弟子学业的专长明确分为四类:"德行:颜渊、闵子骞、冉伯牛、仲弓;言语:宰我、子贡;政事:冉有、季路;文学:子游、子夏。"[2]这就是后世所谓"孔门四科"。当然这里的"德行"和"政事"还很难隶属于学术。第一次阐述天下学术的是《庄子·天下》,该文将"百家之学"分为七派:(一)邹鲁之士和搢绅先生;(二)墨翟、禽滑釐及"苦获、己齿、邓陵子";(三)宋钘、尹文;(四)彭蒙、田骈、慎到;(五)关尹、老聃;(六)庄周;(七)惠施、桓团、公孙龙。[3]庄子显然是将学术思想倾向相同的思想家或学者归为一类。稍后的荀子时而将百家学术分为六派:(一)它嚣、

---

1. 章学诚撰、叶瑛校注:《文史通义校注》,中华书局1985年版,第1024、94、994、952、951、966、972页。
2. 朱熹:《四书章句集注》,中华书局1962年版,第123页。
3. 参见《庄子·天下》,郭庆藩辑《庄子集释》,中华书局1961年版,第1065—1115页。

魏牟；（二）陈仲、史䲡；（三）墨翟、宋钘；（四）慎到、田骈；（五）惠施、邓析；（六）子思、孟轲六派[1]，时而将当时学术分为：（一）墨子；（二）宋子；（三）慎子；（四）申子；（五）惠子；（六）庄子[2]。荀子和庄子的分类方法都是把学术思想倾向相近的人归为一派。分为七派的庄子也好，分为六派的荀子也罢，庄、荀等先秦学者都未曾对各派进行命名（除儒家一派以外），只是将倾向相近者归为一类，以其中代表人物为标识。春秋战国百家争鸣的时代，不同学派之间固然常常相互讨伐以凸显自身的存在，相同学派之内也往往彼此争论以控制该学派的"话语权"。针锋相对的学派之间可能相互渗透，同一学派之内也许水火不容；恶语相加的学者实际上可能属于同一学派，相安无事的学者也可能分属不同阵营。这样，给各个学人进行归类相当困难，给各个学派进行命名更为不易。以人归类要么因各人分类的标准不同，要么因各人见仁见智，有时把差异很大的人硬拉在一起，有时又把同一学派的人分为两家，不仅容易造成人言人殊，而且同一个人也难得前后一致。如《庄子·天下》中把老子与庄子分为两派，《荀子·非十二子》中，荀子更将孟子和自己分为两家，又如《荀子·非十二子》中墨翟、宋钘隶属一家，而《荀子·解蔽》中墨子与宋子又分成两派，可见他们二人的分类多少有点随意。

---

1. 参见《荀子·非十二子》，梁启雄《荀子简释》，中华书局1983年版，第59—70页。
2. 参见《荀子·解蔽》，梁启雄《荀子简释》，中华书局1983年版，第286—308页。

要给每一个学派命名,就得深刻把握每一个学派的本质特点,分清各学派之间的联系与区别,同时还得具有巨大的抽象能力和归纳能力;要给一个学人归类,就得了解一个学人的学术宗旨、学术取向、学术渊源及学术演变。没有博洽多闻的学识,没有融贯百家的识力,就断然不可能给学人分类和给学派命名。要准确给学人分类,就必须给学派命名,否则学人就无类可归。司马谈在汉武帝建元、元封年间第一次给学派命名,他在《论六家之要旨》中把先秦以来的学术分别命名为"阴阳""儒""墨""名""法""道德"等六家,并阐述六家的要旨,品评各家的得失。[1]不过司马谈并没有橐栝先秦以来所有的学术,只是论述了刘歆《七略》中《诸子略》的一部分,而且仅给诸子六家命名,并没有给分属各家的学人及其著作归类。

综论百家之学,部次天下之书,这一伟业是刘向、刘歆父子和班固几代人共同完成的。班固在《汉书》中多次高度评价了刘向《别录》和刘歆的《七略》学术史地位:"六学既登,遭世罔弘,群言纷乱,诸子相腾。秦人是灭,汉修其缺,刘向司籍,九流以别。"[2]最后两句肯定了刘向在总结学术和部次图书上开创性的意义。汉成帝时期,刘歆"与父向领校秘书,讲六艺传记,诸子、诗赋、数术、方技,无所不究",哀帝即位初期"复领《五经》,卒父前业。歆乃集六艺群书,种别为《七略》",班固还认为"《七略》剖判艺文,总百家之

---

1. 参见司马迁《史记·太史公自序》,中华书局1982年版,第3288—3292页。
2. 班固:《汉书》,中华书局1962年版,第4244页。

绪"。[1] 班固自己则在刘氏父子的基础上"爰著目录，略序洪烈，述《艺文志》"[2]。郑樵全不顾班固这种史家的诚实，反而认为他"全无学术，专事剽窃"，"惟依缘他人以成门户，纪、志、传则追司马之踪，律、历、艺文则蹑刘氏之迹"。[3] 班固家世硕儒、学有根底，《后汉书》本传称他"博贯载籍，九流百家之言，无所不穷"[4]。《汉志》虽原本《七略》，但甄审、著录和叙次的义例并不尽同于前者。当代历史文献学家张舜徽在《汉书艺文志释例》中说："观其甄审群书，严于别择去取，盖视刘氏尤有进焉。"[5] 班固在《汉书·叙传》中交代自己编《艺文志》和撰《汉书》的宗旨时说："纬《六经》，缀道纲，总百氏，赞篇章。函雅故，通古今，正文字，惟学林。"[6] 由此可见班固抱负之宏伟。

可以说《汉志》是刘氏父子和班固的共同成果。《七略》"总百家之绪"，《汉志》也是"总百氏"之学，是对"九流百家之言"的一次全面学术总结。它不只是给诸子六家命名，而且是给"学林""百氏"之学命名；也不只是给百家之学命名，而且还建构了古代知识的构架，整理了当时知识的秩序，并在此基础上给"群书"分类，基本

---

1. 班固:《楚元王传》附《刘歆传》,《汉书》, 中华书局1962年版, 第1967—1973页。
2. 班固:《汉书》, 中华书局1962年版, 第4244页。
3. 郑樵:《通志二十略》, 中华书局1995年版, 第2、1821页。
4. 范晔:《后汉书》, 中华书局1965年版, 第1330页。
5. 张舜徽:《广校雠略》, 华中师范大学出版社2004年, 第110、115—116页。
6. 班固:《叙传》,《汉书》, 中华书局1962年版, 第4271页。

确立了我国古代两千年来图书分类的义例。

《汉志》共分六"略":《六艺略》《诸子略》《诗赋略》《兵书略》《数术略》《方技略》。每略之下再分小类,如《诸子略》又分十家:儒家、道家、阴阳家、法家、名家、墨家、纵横家、杂家、农家、小说家;《数术略》又分为六小类:天文、历谱、五行、蓍龟、杂占、形法。不管是"种别"大类还是细分小类,都必须从"别异同"和"核名实"开始,既要弄清各类之间的联系,更要了解各类之间的区别。如《数术略》中"天文"与"历谱"、"蓍龟"与"杂占"之间异中有同,又如《诸子略》中"阴阳家"与《数术略》中"五行"之间相近而有别,在各类之间进行分合取舍是一件异乎寻常的学术难题。"五行"为什么要别出"阴阳家"?"历谱"何以不包括在"天文"内?首先要给每一学科进行命名,命名后才能对各科进行分类,当然命名的本身也就是在做分类,因为给各学科命名和分类都是对各学科"别异同"和"核名实",对各学科的命名也就是对各学科的分类。准确的命名和分类除了要对每一学科的本质特点有深刻的理解外,还得对"百家之绪"有宏观的把握,唯有通博鸿儒才能胜任这一工作。

对学科或学派命名和分类后,除个别情况外,就不会以人名派,也不会以人类书,不会再像《庄子·天下》将老子与庄子分为两派,也不会像《荀子·非十二子》那样让孟子与荀子分属两家。老子与庄子小异而大同,所以他们在《汉志》中都隶属于道家,孟子与荀子虽有不少分歧,但他们在《汉志》中都同属儒家。《汉志》很少以人类书,主要是以书类人——以其学术思想的旨归部次书籍和划分流派。《汉志》所收录的五百九十六家、一万三千二百九十六卷图书大体上各得其所。如果只读《荀子·非十二子》也许会误以为孟、荀如冰炭不可同器，其实正如班固在《汉志·诸子略》所说的那样，他们二人同样都是"游文于《六经》之中，留意于仁义之际"，同样都"祖述尧、舜，宪章文、武，宗师仲尼"，也就是说他们二人同为儒家宗师，虽然一主于尊德性，一主于道问学，实现"仁义"的路径有所不同，而"留意仁义"的思想倾向则完全一致。《汉志》将《孟子》与《孙卿子》并列，体现了撰者的真知灼见。

作为学术成就的载体，书籍与学术密不可分，有其学必有其书，有其事必有其载，因而《汉志》在总括群书时，自然也就在总括群学。它通过对各科的命名、各书的分类及对各家、各科、各派的排序，建构了古代学术的基本构架，确立了古代知识的基本秩序。《汉志》六"略"的秩序首列《六艺略》以明尊经之旨，强调学术以六经为归，而人伦以孔子为极；其次是《诸子略》，因诸子十家"虽有蔽短"，而其"要归亦六经之支与流裔"（《诸子略》小序）；再次是《诗赋略》，因诗、赋都源出于《诗经》，也可以说是经的"支流"；最后接下来依次是《兵书略》《数术略》和《方技略》。《隋书·经籍志》以后的四部分类法都把这三略并入子部，《汉志》为何将这三略别出《诸子略》呢？原因是《诸子略》旨在立言以明道，而《兵书》等三略只守法以传艺，前者虚论其理而后者则实纪其迹，前者与后者义不同科，所以在《诸子略》外另列三略。四部分类法把《兵书》等三略划入子部，与儒、道、墨、法混而为一，从"辨章学术"这一角度讲是不知义例。

《六艺略》《诸子略》《诗赋略》属于思想情感世界，向人们展示思想观念和价值取向，而《兵书略》《数术略》《方技略》则属于知识世界，向人们提供当时人的知识范围和学术背景。古人称"形而上者谓之道，形而下者谓之器"，前三略属于"道"的范畴，后三略属于"器"的范畴。《汉志》六略的排列秩序无形中凸显了汉人心目中知识的等级秩序。

《六艺略》这一大类中又细分九小类:《易经》《尚书》《诗经》《礼记》《乐经》《春秋》《论语》《孝经》和小学。名为"六艺"而实有九种，章学诚认为"官司典常为经，而师儒讲习为传"，"《论语》述夫子之言行，《尔雅》为群经之训诂，《孝经》又再传门人之所述"，这三者皆非"六经之本体"，是因为"崇圣人之余绪而尊以经名，其实皆传体"[1]。这种排列是以传附经，实有九种而只称"六艺"，显然是为了突出六经的地位。康有为在《汉书艺文志辨伪》中说:"《六艺略》之作伪，其大端有五罪焉：一、颠倒六经之序。《诗》《书》《礼》《乐》《易》《春秋》之序，孔子手定;孔门旧本，自《经解》《庄子》、史迁无不以《诗》为首，《书》次之，《易》后于《诗》《书》《礼》《乐》，而先于《春秋》，靡有异说。而歆以《易》为首，《书》次之，《诗》又

---

1. 章学诚撰、叶瑛校注:《文史通义校注》，中华书局1985年版，第93—94、1022页。

次之，后人无识，咸以为法。"[1]的确，《庄子·天运》转述孔子的话说："丘治《诗》《书》《礼》《乐》《易》《春秋》六经，自以为久矣，孰知其故矣。"[2]《庄子·天下》《礼记·经解》论及六经时也都以《诗经》冠首，《史记·滑稽列传》称引孔子论述六经的言论则以《礼记》居先。《汉志》之前，六经顺序还没有发现首列《易经》的。《汉志》为何让《易经》居五者之首呢？班固在《六艺略》小序中对这种排列顺序作了深刻的阐述：

他说《尚书》《诗经》《礼记》《乐经》《春秋》五者为"五常之道，相须而备，而《易经》为之原。故曰：'《易》不可见，则乾坤或几乎息矣。'言与天地为终始也"。五常之道应"相须而备"缺一不可，《易经》的阴阳变化则为五常的本原，《易经》道乾坤阴阳变化一旦停止，乾坤也就止息或者毁坏，人伦五常也失去了内在的本原和动力。与天地相终始的《易》，是一切人伦的本原，一切思想的依据，一切知识的支点。

我们常说"天经地义"或"天不变，道亦不变"，中华文明就是以乾坤或天地为支点建起了枝繁叶茂的价值体系和知识体系。

在所有知识中六经在前，在六经中《易经》称首，在稍次于六经的《诸子略》中则"儒家"居先，"小说家"殿后。《汉志》的《诸子

---

1. 康有为：《汉书艺文志辨伪》，引自陈国庆编《汉书艺文志注释汇编》，中华书局1983年版，第245页。
2. 《庄子·天运》，郭庆藩辑《庄子集释》，中华书局1961年版，第531页。

略》小序阐释说儒家"于道最为高",而"小说家"则属"道听途说"的"小道","诸子十家,其可观者九家而已","小说家"被打入了"不可观"之列。在六略中又以《方技略》最末,"方技"虽为"生生之具",而且是古代"王官之一守",但它所涉及的毕竟只是个人的生理和病理,宋王应麟《汉艺文志考证》引《晋语》说:"上医医国,其次疾。"[1]由此可见,《汉志》中六略的排列顺序是:以所探讨的对象给学科排序时,先乾坤宇宙,次社会人伦,后个人身体——由大而及小;以知识层面给学科排序时,先"道"而后"器",先思想而后技艺——由形而上至形而下。

《汉志》"总百家之绪"不仅是论列了"九流百家之言",不仅是给各学科命名,也不仅是给各学科和各知识分类,而且建构了古代知识大厦的基本框架,还确立了古代知识的等级秩序,仅此就无忝于"学术之宗"的美誉了。

二

《汉志》还向以"辨章学术,考镜源流"著称,现在我们就来阐述它"学术之宗"的第二个层面——溯学术之源。

---

1. 王应麟:《汉艺文志考证》,引自陈国庆编《汉书艺文志注释汇编》,中华书局1983年版,第233页。

著名目录学家、文献学家余嘉锡在《目录学发微》中多次强调"凡目录之书,实兼学术之史",甚至认为"目录即学术之史"。[1]《汉志》可以说是一部以目录学形式写成的"学术史",这种特殊"学术史"十分注重"溯学术源流"。

《汉志》前面有一篇总序作为全志的总纲,每略之中又分若干小类,每一小类后又有一小序,追述其学的渊源出处,先明其长而终言其弊,每略后再作一总论分析其源流得失。章学诚在《校雠通义·补校汉艺文志》中说:"《汉志》最重学术源流……所以有关于明道之要,而非后世仅计部目者之所及也。"[2]对于古学渊源、古籍版本、师儒传授和承学流别,《汉志》为我们勾勒了一幅清晰的轮廓。

试以《六艺略》之七《论语》为例。首载"《论语》。古二十一篇"(原注:"出孔子壁中,两《子张》"),次列"《齐》二十二篇"(原注:"多《问王》《知道》"),再列"《鲁》二篇"。由此我们得知汉代《论语》有三种版本:《古文论语》《齐论语》《鲁论语》。何晏在《论语集解序》中说:"鲁恭王时,尝欲以孔子宅为宫,坏,得《古文论语》……《古论》惟博士孔安国为之训说,而世不传。"[3]孔壁所得版本名《古文论语》,齐人所传的版本叫《齐论语》,鲁人所传的版本叫《鲁论语》,《齐论语》和《鲁论语》都是今文《论语》。《古文论语》与《齐论语》

---

1. 余嘉锡:《余嘉锡说文献学》,上海古籍出版社2001年版,第7、40页。
2. 章学诚撰、叶瑛校注:《文史通义校注》,中华书局1985年版,第994页。
3. 何晏注、皇侃疏:《论语集解义疏》,《丛书集成初编》本,商务印书馆1937年版,第1—2页。

很早亡佚，今天我们读到的《论语》即《鲁论语》，今本《论语》的篇次与《鲁论语》完全相同。为何《古文论语》有二十一篇呢？从班固注可知该本有两个《子张》篇，原来它将《尧曰》篇中"子张问于孔子曰：'何如斯可以从政矣？'"以下别出单独成篇，这样就比《鲁论语》多出了一个《子张篇》。《齐论语》之所以有二十二篇，是因它多出《问王》和《知道》两篇。即使今天见不到《古论》和《齐论》，我们也大致能够猜到这两个版本的《论语》概貌。由于《古文论语》亡佚最早，《汉志》只列出《齐论语》和《鲁论语》师儒授受源流，"《鲁传》十九篇、《齐说》二十九篇、《鲁夏侯说》二十一篇、《鲁安昌侯说》二十一篇、《鲁王骏说》二十篇、《燕传说》三卷"。最后小序总结说："凡《论语》十二家，二百二十九篇。"交代了《论语》这一小类收书的家数和篇数后，再阐述《论语》的形成过程、基本内容、著作编者、得名由来："《论语》者，孔子应答弟子、时人及弟子相与言，而接闻于夫子之语也。当时弟子各有所记。夫子既卒，门人相与辑而论纂，故谓之《论语》。"讲完了《论语》本身的概况，最后就介绍汉代《论语》的传授与承学源流："汉兴，有齐、鲁之说。传《齐论》者，昌邑中尉王吉、少府宋畸、御史大夫贡禹、尚书令五鹿充宗、胶东庸生，唯王阳名家。传《鲁论语》者，常山都尉龚奋、长信少府夏侯胜、丞相韦贤、鲁扶卿、前将军萧望之、安昌侯张禹，皆名家。张氏最后而行于世。"这与今天图书馆中的藏书目录或借书目录大不相同，现在的馆藏目录或借书目录，或按笔画、或按拼音、或按书名、或按著者进行排列，只是便于馆藏和便于借阅，不涉及学术源流和师徒授受，而这些现代目录所忽略的东西，恰恰是《汉志》特别重视也特别精彩的内容。《六艺略·论语》就是一篇《论语》学术研究小史。《汉志》中《论语》类如此，其他各类也莫不如此。如细读一遍《六艺略·小学》，对我国汉字的产生、汉字的源流、汉字的特点、字体的演变、文字的著述、汉代的文字政策及教学与使用情况，总之对汉以前汉字的方方面面就会有深入的了解，这也同样是一篇杰出的语言文字学史论。

《汉志》虽然主要是整理典籍，但它在推阐"坟籍之初"的同时，也重视探寻百家学术之源，因为只有溯其学术之源，才能使典籍各从其类。章学诚在《校雠通义·原道》中说《汉志》"总计部目之后条辨流别数语……深明乎古人官师合一之道，而有以知乎私门初无著述之故也。何则？其叙六艺而后，次及诸子百家，必云某家者流，盖出古者某官之掌，其流而为某氏之学，失而为某氏之弊。其云某官之掌，即法具于官，官守其书之义也。其云流而为某家之学，即官司失职而师弟传业之义也。其云失而为某氏之弊，即孟子所谓'生心发政，作政害事'，辨而别之，盖欲庶几于知言之学者也"[1]。《汉志》中《诸子略》十家后每篇小序都推见各家所出之源，如论"儒家"说："儒家者流，盖出于司徒之官，助人君顺阴阳明教化者也。"《周礼·地官司徒》说司徒的职责是掌邦教，"以佐王安扰邦国"，也就是上文所说的"助人君顺阴阳明教化"。又如论"道家"说："道家者

---

1. 章学诚撰、叶瑛校注：《文史通义校注》，中华书局1985年版，第952页。

流,盖出于史官,历记成败存亡祸福古今之道,然后知秉要执本,清虚以自守,卑弱以自持,此君人南面之术也。"清姚明辉《汉志注解》引《经典释文·老子音义》说:"出道字云,生天地之先,老子史官也,而道家。司马氏世为史官,而太史谈《论六家要旨》,推重道家,其言道家使人精神专一,与时迁移,应物变化,旨约易操,事少功多,即秉要执本之谓也。"[1]再如论"法家"说:"法家者流,盖出于理官,信赏必罚,以辅礼制。"据《周礼》记载,理官即上古治狱之官,夏时称为大理,周代称为大司寇。章学诚《校雠通义·原道》说三代"有官斯有法,故法具于官;有法斯有书,故官守其书;有书斯有学,故师传其学;有学斯有业,故弟子习其业。官守学业皆出于一,而天下以同文为治"[2]。章氏"官师合一"之旨虽然遭到有些学者的质疑,但对有些学派的论述基本符合上古的历史真实。王国维据殷墟卜辞考证,"史之本义,为持书之人,即为掌书之官,引申为大官及庶官之称,又引申为职事之称"[3]。据王氏考证在上古吏、事二字都从"史"取义,史、吏、事三字古可互通。《汉志》所谓某家出于上古某官,意在推阐各家学术的源头,具有某种学术思想史的深度,当然其中有些论述于史无据,并受到清代四库馆臣和胡适等人的质疑。

---

1. 姚明辉:《汉书艺文志注解》,引自陈国庆编《汉书艺文志注释汇编》,中华书局1983年版,第129页。
2. 章学诚撰、叶瑛校注:《文史通义校注》,中华书局1985年版,第951页。
3. 王国维:《观堂集林》,河北教育出版社2001年版,第164页。

在《汉志·诸子略》中,《兵书略》《数术略》《方技略》三略的小序,在论述各家学术技艺之所出时同样也深探其本源。《兵书略》小序说:"兵家者,盖出古司马之职,王官之武备也。《洪范》八政,八曰师。"据《周礼》载,夏官司马实掌军政,其后历代多以司马主兵,由于上古官师合一,说兵家出于古代司马揭明了历史真实。《数术略》小序说:"数术者,皆明堂羲和史卜之职也。史官之废久矣,其书既不能具,虽有其书而无其人。"《史记·历书》的记述支持了这种论断:"三苗服九黎之德,故二官咸废所职,而闰余乖次,孟陬殄灭,摄提无纪,历数失序。尧复遂重黎之后,不忘旧者,使复典之,而立羲和之官。明时正度,则阴阳调,风雨节……幽厉之后,周室微,陪臣执政,史不记时,君不告朔,故畴人子弟分散。"[1]《汉志》所说的"史"是史巫之史,官就是太卜。将数术溯源于"羲和史卜",看来有充分的历史根据。近人顾实《汉书艺文志讲疏》也肯定了这种观点:"此明数术之学,出于古史。则今之江湖医卜星相之流,皆其苗裔也。然其授受,比诸古史世传,则又迥异也。"[2]

找到了学术的源头就为学术分类找到了历史根据,也为图书分类奠定了理论基础,非深明于学术精微和群言得失的人,不可能像这样为九流百家深刻地推本求源。

---

1. 司马迁:《史记》,中华书局1982年版,第1257—1258页。
2. 顾实:《汉书艺文志讲疏》,上海古籍出版社1987年版,第236—237页。

三

探得学术之源也就易于判明簿录之体,因为学有所本,类有相仍,百家学派既不可凭空产生,各种典籍也渊源有自。阐述了《汉志》溯学术之源后,我们再来论析它"明簿录之体"这一层面。

郑樵在《校雠略》中说:"类例既分,学术自明,以其先后本末具在。观图谱者可以知图谱之所始,观名数者可以知名数之相承。谶纬之学盛于东都,音韵之书传于江左,传注起于汉、魏,义疏成于隋、唐,睹其书可以知其学之源流。"[1] 如果不明"传注""义疏"簿录之体,自然就无从区分二者的"类例",也无法辨别二者的源流,分其类例与明其簿录必须相互补苴相辅而行。《汉志》明簿录之体就正好体现在以类相从上。如《六艺略》中《春秋》类,首列"《春秋》,古经十二篇",再列"《经》十一卷(原注:公羊、穀梁二家)"。当原经有古文和今文异本时,班固序次六艺通常先列古文经后列今文经,《尚书》类也同样先列《尚书》古文本后列今文本,前面论及的《论语》类也同样如此。假如经的古文本后出则按时间先后登录,如《诗类》便鲁、齐、韩三家今文经居前,而《毛诗》二十九卷古文经在后。经文列完后再列解经著作。这里不妨以《春秋》类为例,在古文经和今文经后面,依次列出的书籍是:"《左氏传》三十卷(原注:左丘

---

1. 郑樵:《通志二十略》,中华书局1995年版,第1806页。

明，鲁太史）[1]、《公羊传》十一卷（公羊子，齐人）、《穀梁传》十一卷（穀梁子，鲁人）、《邹氏传》十一卷、《夹氏传》十一卷（有录无书）、《左氏微》二篇、《铎氏微》三篇（楚太傅铎椒也）、《张氏微》十篇、《虞氏微》二篇（赵相虞卿）、《公羊外传》五十篇、《穀梁外传》二十篇、《公羊章句》三十八篇、《穀梁句》三十三篇、《公羊杂记》八十三篇、《公羊颜氏记》十一篇。"班氏完全按簿录体例来部次群书，先列"传"，次列"微"，再列"章句"，最后列"记"。这四种体例都是古代释经的注述文体。"传"或论本事以明经意，如《左氏传》，或阐明经中大义，如《公羊传》和《穀梁传》；"微"是阐释经中的微言大义，唯治《春秋》用这种体式，由于《春秋》经文旨意隐晦难明，只好根据经文微言以揭示经中奥义；"章句"和"传"一样也是释经体式，但"传"在经之外或附于经之后阐明经义和经意，"章句"则是随文施注以分析经文章节和句读；"记"是疏的意思，也就是疏通经文大意。《汉志》把同一体例的书籍进行归类，将体例分类、图书分类与学术分类、知识分类统一了起来，显得井井有条，秩然不乱，真正让读者"睹其书可以知其学之源流"。

《汉志》将每一种汇编和摘抄之书各归其本类。经书与子书同为立言著作，经文隐约玄远，子部深博繁芜，释经博士解说多歧，各派传人百家异趣，很早就有群经总义汇编和诸子摘抄一类著述出现。如《诸子略》中，儒家有《儒家言》十八篇，道家有《道家言》

---

[1] 后文括号中的注文都为原注。

二篇，阴阳家有《杂阴阳》三十八篇，法家有《法家言》二篇，杂家有《杂家言》一篇，小说家有《百家》百三十九篇，这些都是诸子摘抄一类书籍。又如《六艺略》中《尚书》《礼记》《春秋》《论语》各有《议奏》数十篇，《易经》有《古杂》八十篇，《诗经》有《齐杂记》十八卷，这些都属于经义注解汇编一类书籍。《汉志》把经义注解汇编和诸子摘抄一类典籍附载于各本类之末，说明《汉志》编撰者洞悉学术源流和深明簿录体例。

秦汉古籍往往所涉多方，包容至广，常常理有互通而书有两用，遇到这种情况时，《汉志》有时采用互著的方法，完全不以重复为嫌，使一书在两类或数类中分录。章学诚在《校雠通义·互著》中说："古人最重家学，叙列一家之书，凡有涉此一家之学者，无不穷源至委，竟别其流，所谓著作之标准，群言之折衷也。如避重复而不载，则一书本有两用而仅登一录，于本书之体，既有所不全；一家本有是书而缺而不载，于一家之学，亦有所不备矣。"[1] 据张舜徽先生统计，"《汉志》儒家有《景子》《公孙尼子》，而杂家亦有《公孙尼》，兵家亦有《景子》；道家有《伊尹》《鬻子》《力牧》《孙子》，而小说家亦有《伊尹说》《鬻子说》，兵家亦有《力牧》《孙子》；法家有《李子》《商君》，而兵家亦有《李氏》《公孙鞅》；纵横家有《庞煖》，而兵家亦有《庞煖》；杂家有《伍子胥》《尉缭》《吴子》，而兵家亦有《伍子

---

1. 章学诚撰、叶瑛校注：《文史通义校注》，中华书局1985年版，第966页。

胥》《尉缭》《吴起》；小说家有《师旷》，而兵家亦有《师旷》"[1]。对于《汉志》是否自觉地使用了互著法，现代目录学家王重民先生提出了质疑，他认为《兵书略》与《诸子略》常常一书重录，是由于负责校兵书的步兵校尉任宏，与负责校经传、诸子、诗赋的刘向、刘歆没有很好协调，各自根据他们"专官典守的现实传本"，却没有发觉重复登录的问题，于是出现一书而两类分录，在他看来，互著法的产生完全是歪打正着的结果。[2] 但是王先生的猜测不能解释同是在《诸子略》中，为什么儒家类收有《公孙尼子》，杂家类也收录了《公孙尼》，道家类收有《伊尹》《鹖子》，小说家类也收录了《伊尹说》《鹖子说》这一现象，总不至于刘氏父子两人没有很好协调，以致都没有发觉自己重复登录吧？退一万步说，即使刘氏父子二人都忽略了重复登录的问题，到东汉的班固编《汉志》时，还看不出《兵书略》与《诸子略》以及《诸子略》同一略中大量的一书两录和一书多录这一现象吗？除了肯定刘氏父子或班固自觉地运用互著法部次群书外，我们找不出解释《汉志》中频繁使用互著法的其他理由。与互著法相辅而行，《汉志》中还自觉地采用了别裁法。别裁与互著功用相近而用法不同，互著是根据学术源流将一书两类或多类分录，别裁是把一书内的部分内容裁篇别出，收录在与此相关的另一类里面。如《中庸》及《孔子三朝记》都是"七十子后学者所记"(《汉志》原

---

[1]. 张舜徽：《汉书艺文志通释》，华中师范大学出版社2004年版，第115—116页。
[2]. 王重民：《校雠通义通解》，上海古籍出版社1987年版，第19页。

注），收在《大戴礼记》或《小戴礼记》中，《汉志》《六艺略》中《礼》有《记》百三十一篇，同时又收录《中庸说》二篇，《论语》类收录《孔子三朝》七篇，这两种书显然是从《礼记》中裁篇别出的。章学诚认为只有在如下情况才可用别裁法："盖权于宾主重轻之间，知其无庸互见者，而始有裁篇别出之法耳。"[1]互著和别裁使涉及一家之学的典籍穷源至委，书之体用既明，学之源流自显，学者既可以即类而求其书，也可以因书而明其道。

总之，从目录学的角度看，《汉志》为"治学之纲领，群书之要删"[2]，从学术史的角度看，《汉志》则为"学术之宗，明道之要"。它是一部最早由书籍编成的学术史纲，对它在学术史上的意义和地位无论怎样高估都不会过分。

原刊武汉大学《图书情报知识》2005年第3期

---

1. 章学诚撰、叶瑛校注：《文史通义校注》，中华书局1985年版，第972页。
2. 张舜徽：《汉书艺文志通释自序》，《汉书艺文志通释》，华中师范大学出版社2004年版，第165页。

论郑樵文献学的知识论取向

作为一位杰出的文献学家，郑樵在文献学上的重要贡献，不只是他的《校雠略》标志着我国古代文献学理论上的自觉，不只是他在《艺文略》中实践了"部次条别，疏通伦类"的类例原则[1]，也不只是他在《图谱略》《金石略》中发凡起例，还在于他文献学的知识论取向。前三者的学术贡献，或早已被学术界所公认，或已得到许多学者的阐发，或已引起了学界的关注，但他文献学中的知识论取向则一直被人们无意忽视或有意漠视。在我国古代文献学家和历史学家中，郑氏是一位特立独行的奇才，当朝廷馆臣和私人藏书家都把

---

1. 章学诚撰、叶瑛校注：《文史通义校注》，中华书局1985年版，第945页。

"弘道设教"[1]和"阐明圣学"[2]作为文献学终极目的的时候,这位独处僻壤的寒士给文献学重新设定了近乎叛逆的价值目标;当南宋许多士人还在沉溺于"空谈心性"的时候,他却大声疾呼这些全是无用的"空言",并给当时的各种知识类型进行了价值重估;当其他文献学家还只是汲汲于文献校雠叙录解题的时候,他通过自己文献学的理论和实践,大大地拓展了文献学的功能——本文便围绕这几个层面,论析郑氏文献学知识论取向的基本特征及其历史意义。

一、文献学的价值目标:成学而非致圣

"中国学问向以造成人品为目的"[3],傅斯年先生的这句话道尽了我国古代学问的特点与缺点。以作为封建社会主导思想的儒家而言,它虽然有"格物致知"的诉求,但这里的"格物致知"既不是出于对知识的渴求,也不是为了对真理的探索,而是出于个人的修身、正心、诚意之所需:"欲修其身者,先正其心;欲正其心者,先诚其意;欲诚其意者,先致其知;致知在格物。"[4]它虽然也有"尊德性"

---

1. 魏徵等:《隋书》,中华书局1973年版,第909页。
2. 《四库全书总目·凡例》,中华书局1965年影印本,卷首第19页。
3. 傅斯年:《改革高等教育中几个问题》,《傅斯年全集》第六册,台北联经出版公司1980年版,第22页。
4. 《大学章句》,朱熹《四书章句集注》,中华书局1983年版,第3页。

与"道问学"不同的精神向度，可这里的"尊德性"自不必说为的是达于"至德"，就是"道问学"同样也是为了臻于"极高明而道中庸"："故曰苟不至德，至道不凝焉。故君子尊德性而道问学，致广大而尽精微，极高明而道中庸。温故而知新，敦厚以崇礼。"[1]孔子有弟子三千，何以独称颜渊好学呢？颜渊所学的又是什么呢？程颐对此的解释是："学以至圣人之道也。"[2]其实孔子本人在《论语》中也间接回答了这个问题："古之学者为己，今之学者为人。"[3]孔子所推崇的"为己"之学，也就是将学习的目的限于个人心灵的涵养和精神境界的提升，把主要属于知识领域的学习行为，完全归结为伦理道德的范畴，因而所学的知识无非就是"入则孝，出则悌，谨而信，泛爱众，而亲仁"一类道德行为规范[4]，到汉代又加上了解释经典的章句之学。"有德者必有言"是儒家无须论证的公设，因而学习的基本内容就是如何"修德"，学习的目的既然只是"修德"，学习的关键就在于向内陶冶情操，而不是向外攫取知识。随着儒家思想成为国家的意识形态和社会的主导思想，学习的终极意义在于"为己"这一传统，越到后世越被士人所强化，造成了古代知识界长期以来对专门学问和自然现象这一类外在知识的无端轻蔑，将它们都贬成形而下的"器"，以及对忠孝、礼义、仁爱、心性、天理这一类

1.《大学章句》，朱熹《四书章句集注》，中华书局1983年版，第35页。
2. 引自陈荣捷《近思录详注集评》，华东师范大学出版社2007年版，第41页。
3.《论语·宪问》，朱熹《四书章句集注》，中华书局1983年版，第155页。
4.《论语·学而》，朱熹《四书章句集注》，中华书局1983年版，第49页。

道德世界极端崇尚，将它们尊为形而上的"道"。樊迟想学习稼穑的专门知识被孔子骂为"小人"，面向自然"观于众物"的学习方式也被董仲舒所厌恶，《春秋繁露·重政篇》直言不讳地说："能说鸟兽之类者，非圣人所欲说也。圣人所欲说，在于说仁义而理之，知其分科条别，贯所附，明其义之所审，勿使嫌疑，是乃圣人之所贵而已矣。不然，传于众辞，观于众物，说不急之言以惑后进者，君子之所甚恶也。"[1] 君子应当从事的是"说仁义而理之"，"观于众物"而"说鸟兽之类者"都是不务正业，理应被人们所鄙视和唾弃，所以古代士人的知识范围被限定得十分狭窄。

求学不是求知而是"为己"的传统，宋代知识界又将它发展到极端，在宋代理学家那里尤其如此。宋代理学家明确地将知识分为"德性之知"和"见闻之知"："世人之心，止于闻见之狭；圣人尽性，不以见闻梏其心，其视天下无一物非我，孟子谓尽心则知性知天以此。天大无外，故有外之心不足以合天心。见闻之知，乃物交而知，非德性所知；德性所知，不萌于见闻。"[2] 张载认为"见闻之知"是与物相交而产生的外在知识，"德性所知"则属于尽心知性的内在道德自觉，所以德性之知不萌于见闻，甚至"由象识心"还将导致"徇象丧心"。[3] 经由耳目闻见外在物象来体认内心，就会变成追逐外在物

---

1. 董仲舒：《春秋繁露》，上海古籍出版社1989年版，第33—34页。
2. 张载撰：《正蒙·大心篇》，《张载集》，中华书局1978年版，第24页。
3. 张载撰：《正蒙·大心篇》，《张载集》，中华书局1978年版，第24页。

象而丧失自我。在张载看来,"耳目见闻累其心"[1],因为纵耳目之能容易"以见闻梏其心",见闻之知是沉溺形器"心丧于象"的结果。程颐在《伊川先生语十一》中与张载同声相应:"闻见之知,非德性之知。物交物则知之,非内也,今之所谓博物多能者是也。德性之知,不假闻见。"[2]且不说陆九渊这样"尊德性"的一派,即便是程颐、朱熹这些兼顾"道问学"的理学家,虽然也强调"格物穷理"或"格物致知",但他们"问学"的预设前提是"正心诚意","问学"之"学"就是"修德","理"则是理学家所先定的"天理",也即人内心所本有的天赋道德原则。"格物穷理"的起点与终点是道德的"完善",即通过了解"物"之"所以然",进而把握"事"之"所当然",格物不是为了广见闻,读书不是为了求知识,终极目的是"体道""修德",是为了成就所谓"圣贤气象"。"道"与"德"在本心而不在外界,所以"体道""修德"的最好方法是求诸己而非驰骛于外,不仅不必面向外在的大自然,甚至也不必求之于书本,早于郑樵的程颐说"学也者,使人求于内也。不求于内而求于外,非圣人之学也"[3],晚于郑樵的朱熹也反复强调"就自家身上推究""就自家身上理会"[4],"只就自家身上讨道理"[5]。在这里,有关外界的客观知识失去了存在的

---

1. 张载撰:《正蒙·大心篇》,《张载集》,中华书局1978年版,第25页。
2. 《伊川先生语十一》,《二程集》,中华书局1981年版,第317页。
3. 《伊川先生语十一》,《二程集》,中华书局1981年版,第319页。
4. 朱熹:《朱子语类》卷十一,中华书局1986年版,第181页。
5. 朱熹:《朱子语类》卷十一,中华书局1986年版,第188页。

空间，"见闻之知"没有独立的意义与价值，"博物多能"反而成为德性之累。

这种文化倾向自然也影响到文献学家，他们都将"学问之士多徇于外物"视为秽行[1]，更要命的是，他们还把精神上不累于外物的道德要求，转换成了求知时不必求诸外在自然的训诫。在这些文献学家心目中，校雠典籍的目的不是传承知识，而是在完成"传经"卫道的使命，连诗人杜甫晚年也仰慕"刘向传经"[2]。《旧唐书·经籍志》称校雠秘府当以"儒训是先，宜垂教以作程，当阐规而开典"[3]。一直到清代著名文献学家章学诚仍认为"著录部次，辨章流别"就是为了"折衷六艺，宣明大道"[4]。这些各朝各代知识上最为渊博的学者，都像文献学奠基人刘向那样，只知埋头"专积思于经术"[5]，整理文献和传播知识反倒成了他们的副业，无意之中压抑了自己对知识的兴趣和渴求。

相反，郑樵认为"问学"的目的，具体地说，也即他所从事的文献学的价值目标，是"成学"而非"致圣"，是造就博雅之才而非达于圣贤之境。尽管他也极度推崇孔子，但不是推崇他那令人高山

---

1. 陈振孙：《直斋书录解题》，上海古籍出版社1987年版，第194页。
2. 杜甫：《秋兴八首》之三，《杜诗镜铨》，上海古籍出版社1980年版，第645页。
3. 刘昫等：《旧唐书》，中华书局1975年版，第1964页。
4. 章学诚撰、叶瑛校注：《文史通义校注》，中华书局1985年版，第952页。
5. 姚振宗辑录：《七略别录佚文》《七略佚文》合订本，上海古籍出版社2008年版，第3页。

仰止的道德境界，而是赞叹他"总诗、书、礼、乐而会于一手，然后能同天下之文，贯二帝三王而通为一家，然后能极古今之变，是以其道光明百世之上，百世之下不能及"的学术功绩。他还认为真正能继承孔子之志的人，不是孟子而是司马迁，只有司马迁"能上稽仲尼之意，会《诗》《书》《左传》《国语》《世本》《战国策》《楚汉春秋》之言，通黄帝、尧、舜至于秦、汉之世，勒成一书"。他完全认同司马迁对自我的期许与评价："周公五百岁而有孔子，孔子五百岁而在兹乎。"[1] 郑樵打破了韩愈、二程、朱熹所建立的从周公到孔子再到孟子这一儒学道统，他从知识的"会通"这一视角，认为承传脉络应是从周公到孔子再到司马迁，而此前的史学家和文献学家班固却指责司马迁"其是非颇缪于圣人，论大道则先黄老而后六经"[2]。"博物多能"在程颐那里是成就德性的障碍，"博雅"在郑樵这里则是"大著述"的必要条件。[3] 由此可见，郑樵在价值取向上不仅与董仲舒、程颐等大儒不同，也与向歆父子、班固等文献学家和史学家者有别，一则专注于道德思想，一则首重知识学问。

《通志》精华尽萃于《二十略》，而《二十略》述及的便是二十门学科的知识与文献。不只《艺文略》《校雠略》《图谱略》《金石略》四略属于文献学的范畴，整个《通志二十略》都堪称文献学的经典

---

1. 郑樵：《通志总序》，《通志二十略》，中华书局1995年版，第1页。
2. 班固：《汉书》，中华书局1962年版，第2737—2738页。
3. 郑樵：《通志总序》，《通志二十略》，中华书局1995年版，第1页。

巨著，是郑樵"博雅"的最好体现。它也许是世界上最早的一部百科全书，几乎囊括了当时所有的学科知识，这不是那些"平时袖手谈心性"的理学家所敢想象的，即使对郑樵心存偏见的人也不得不惊叹他学问之博与知识之广。郑樵对自己在《二十略》中所表现的博学与卓识"自待已不浅"，在《通志总序》中说："江淹有言，修史之难，无出于志。诚以志者宪章之所系，非老于典故者不能为也，不比纪、传，纪则以年包事，传则以事系人，儒学之士皆能为之。惟有志难，其次莫如表。所以范晔、陈寿之徒，能为纪、传，而不敢作表、志。志之大原，起于《尔雅》。司马迁曰'书'，班固曰'志'，蔡邕曰'意'……余史并承班固谓之'志'，皆详于浮言，略于事实，不足以尽《尔雅》之义。臣今总天下之大学术而条其纲目，名之曰'略'。凡二十略，百代之宪章，学者之能事，尽于此矣。"[1]要不是像他这样的"博雅"之士，怎么可能以一人之力"总天下之大学术"？而且《二十略》中的《氏族略》《都邑略》《器服略》《昆虫草木略》《灾祥略》……"凡十五略，出臣胸臆，不涉汉、唐诸儒议论。"其他的《礼略》《职官略》《选举略》《刑法略》《食货略》等五略，"虽本前人之典，亦非诸史之文"[2]。《通志二十略》所涉的知识面之广博，真可以说是"范围千古，牢笼百家"[3]，连章学诚也认为"古人不

---

1. 郑樵：《通志总序》，《通志二十略》，中华书局1995年版，第5页。
2. 郑樵：《通志总序》，《通志二十略》，中华书局1995年版，第10页。
3. 章学诚撰、叶瑛校注：《文史通义校注》，中华书局1985年版，第464页。

能任其先声，后代不能出其规范"[1]，难怪郑氏对此是那样的自信与自豪了。

作为一位杰出的文献学家，郑樵之所以能取得如此杰出的成就，正在于其文献学追求的是"成学"而不是"致圣"。他年轻时就告诉他弟弟说，"不辱看来世，贪生托立言"[2]，老来在《献皇帝书》中称自己人生最大的心愿是"欲读古今之书，欲通百家之学"。为此，他"忽忽三十年，不与人间流通事"，终其一生"寸阴未尝虚度"，"风晨雪夜，执笔不休，厨无烟火，而诵记不绝"。哪怕在衣食难以为继时，他也从不顾"饥渴寒暑"，仍坚持"十年为经旨之学"，"三年为礼乐之学"，"三年为文字之学"，"五六年为天文、地理之学，为虫鱼草木之学，为方书之学"，"八九年为讨论之学，为图谱之学，为亡书之学"，因而在这封献书中他不无自负地说："所以古今之书，稍经耳目；百家之学，粗识门庭。惟著述之功，百不偿一。"[3] 他的著述不及他学问的十分之一，而现存的著作又不及他著述的十分之一，郑樵不愧是我国古代一位百科全书式的文献学家。

郑樵多次强调学问与知识的"会通"："且天下之理，不可以不会，古今之道，不可以不通。会通之义大矣哉！仲尼之为书也，凡典、谟、训、诰、誓、命之书，散在天下，仲尼会其书而为一书。

---

1. 章学诚撰、叶瑛校注：《文史通义校注》，中华书局1985年版，第376页。
2. 郑樵：《家园示弟樵八首》之一，《郑樵文集》，书目文献出版社1992年版，第14页。
3. 郑樵：《献皇帝书》，《郑樵文集》，书目文献出版社1992年版，第23—24页。

举而推之，上通于尧舜，旁通于秦鲁，使天下无逸书，世代无绝绪，然后为成书。马迁之为书，当汉世挟书之律初除，书籍之在天下者，不过《书》《春秋》《世本》《战国策》数书耳。迁会其书而为一书。举而推之，上通乎黄帝，旁通乎列国，使天下无绝书，世代无绝绪，然后为成书。"[1]"会通"的本质是对知识学问的综合，"会通"的前提是知识的广博——不博何能"会"，狭隘何以"通"？从事文献学和史学的人一是要有广博的学识，只有"尽见天下之书，然后可以无恨"，"博不足"就会徒托空言，凭推测臆断来代替班班可考的"实迹"，这样写下的著作不足以征信，甚至淆乱时人和后人耳目；二是要在"采前人之书"基础上"必成一家之言"的见识。不能"尽见天下之书"便不"博"，不能"必成一家之言"便不"雅"，不博则"采摭未备"，不雅则"笔削不遑"。[2] "全无学术，专事剽窃"的"浮华之士"不可治学，最多只算是学术领域的南郭先生。

由于对宋代理学家"空谈心性"的反感，他鄙薄"空言著书"这一学术倾向："仲尼既没，百家诸子兴焉，各效《论语》，以空言著书。至于历代实迹，无所纪系。"[3] 这导致他弃"虚无"而尚"实学"："学者皆操穷理尽性之说，而以虚无为宗，至于实学，则置而不问。当仲尼之时，已有此患，故曰：'小子何莫学夫《诗》。《诗》可以兴，

---

1. 郑樵：《上宰相书》，《郑樵文集》，书目文献出版社1992年版，第37页。
2. 郑樵：《通志总序》，《通志二十略》，中华书局1995年版，第1—2页。
3. 郑樵：《通志总序》，《通志二十略》，中华书局1995年版，第1页。

可以观,可以群,可以怨,迩之事父,远之事君,多识于鸟兽草木之名。'其曰'小子'者,无所识之辞也。"[1]他把宋代理学家推崇的"德性之知"归结为"虚无",而"多识于鸟兽草木之名"的"见闻之知"才称得上"实学"。以"空言著书"必定导致学术的荒芜空疏,"多识于鸟兽草木之名"和"读古今之书,通百家之学"才能养成"博雅"。理学家不是说"博物多能"害道吗?郑樵的《通志二十略》就正好体现了一个文献学家的"博物多能";董仲舒不是称"观于众物"的行为被"君子之所甚恶"吗?郑樵却特别强调要实地观天象、察地形、"多识田野之物"[2];董仲舒不是认为"说鸟兽之类者"是不务正业吗?郑樵偏偏认真研究鸟兽、草木、昆虫,还专门撰写了《昆虫草木略》。

可能郑樵自己也没有意识到,他作为文献学家的人生追求,他个人的学术兴趣,他给文献学所设定的价值目标,都偏离了儒家的传统。在中国古代,知识与思想之间、"道"与"技"之间一直存在某种紧张,大多数士人都高扬思想而忽视知识,崇尚"道"而鄙薄"技",郑樵则突破传统的偏见把"知识"放在首要地位。他让文献学回归到专业的本来面目:不再是"弘道设教",不再是"传经"卫道,而是知识的积累与传播,是文献的搜集与整理。

---

1. 郑樵:《昆虫草木略》,《通志二十略》,中华书局1995年版,第1979页。
2. 参见郑樵《天文略·天文序》《地理略·序》《昆虫草木略·序》,《通志二十略》,中华书局1995年版。

二、知识类型的价值重估：重"实学"而轻"空言"

宋代理学家"空谈心性"造成学术的浮泛空疏，促使郑樵对当时的各种知识类型进行了价值重估，他在《图谱略·原学》一文中说："何为三代之前学术如彼，三代之后学术如此？汉微有遗风，魏晋以降，日以陵夷。非后人之用心不及前人之用心，实后人之学术不及前人之学术也。后人学术难及，大概有二：一者义理之学，二者辞章之学。义理之学尚攻击，辞章之学务雕搜。耽义理者则以辞章之士为不达渊源，玩辞章者则以义理之士为无文采。要之，辞章虽富，如朝霞晚照，徒焜耀人耳目，义理虽深，如空谷寻声，靡所底止。二者殊途而同归，是皆从事于语言之末，而非为实学也。所以学术不及三代，又不及汉者，抑有由也，以图谱之学不传，则实学尽化为虚文矣。"[1] 在"见闻"与"德性"、"实迹"与"义理"这些不同的知识类型之间，郑樵显然更倾向于前者，在他眼中，前者才可称为"实学"，而后者则纯属"空言"。"辞章之学"和"义理之学"虽一属文学一属思想，但它们的共同点是"皆从事于语言之末"，辞章如"朝霞晚照"耀人耳目，义理如"空谷寻声"难以追寻，所以它们都是徒有其表的"空言"。

那么，郑樵所极力推崇的"实学"是一种什么样的知识形态呢？

在人文科学领域，郑樵所谓"实学"是指有"实迹"可纪的史学，

---

1. 郑樵：《图谱略》，《通志二十略》，中华书局1995年版，第1827页。

有迹可循的小学、音韵学。"辞章"是凭借作者的才华经由想象进行虚构——可以"无中生有","义理"是凭借思想家的思辨能力进行抽象与推理——可以"空言著书"。史学、语言学、音韵学既不能想象又不能臆断，每写一人，每纪一事，每考一字，每定一音，都得言必有据，讲究的是无一字无来历，所以他把人文科学中辞章、义理说成"空言"，将可案可考的史学、小学、音韵学称为"实学"。

在社会科学领域，郑樵所谓的"实学"是指那些具有实用价值的学科，"今总天下之书，古今之学术，而条其所以为图谱之用者十有六：一曰天文，二曰地理，三曰宫室，四曰器用，五曰车旗，六曰衣裳，七曰坛兆，八曰都邑，九曰城筑，十曰田里，十一曰会计，十二曰法制，十三曰班爵，十四曰古今，十五曰名物，十六曰书"[1]。这十六门学科中，从现代学科分类来看，虽然"天文""地理"等学科属于自然科学，"法制""会计""班爵"属于社会科学，但它们又都离不开图谱学。人们学习知识不是为了装点门面，积累知识也不是为了炫耀博学，知识的价值在于它有益于社会和人生，它能帮助我们认识真理、改造社会、成就事业，总之，它的价值在于其实践的力量。从强调知识的实用价值出发，郑樵特别重视图谱的搜集、整理和研究："天下之事，不务行而务说，不用图谱可也。若欲成天下之事业，未有无图谱而可行于世者。"[2] 对于汉代大文献学家向、

---

1. 郑樵：《图谱略》，《通志二十略》，中华书局1995年版，第1828页。
2. 郑樵：《图谱略》，《通志二十略》，中华书局1995年版，第1826—1827页。

歆父子在总括群书时收书不收图,郑樵多次表示严厉指责:"歆、向之罪,上通于天! 汉初典籍无纪,刘氏创意,总括群书,分为《七略》,只收书,不收图,艺文之目,递相因习,故天禄、兰台,三馆四库,内外之藏,但闻有书而已。萧何之图,自此委地。后之人将慕刘、班之不暇,故图消而书日盛。"[1] "且萧何刀笔吏也,知炎汉一代宪章之所自。歆、向大儒也,父子纷争于言句之末,以计较毫厘得失,而失其学术之大体。何秦人之典,萧何能收于草昧之初,萧何之典,歆、向不能纪于承平之后? 是所见有异也。逐鹿之人,意在于鹿而不知有山;求鱼之人,意在于鱼而不知有水。刘氏之学,意在章句,故知有书而不知有图。"[2] 向、歆父子是我国古代文献学的奠基人,他们是否"纷争于言句之末",是否计较毫厘得失而失其"学术大体",不在本文的讨论范围,但刘氏父子与郑樵在知识的价值评价上"所见有异"是确定无疑的。刘歆的《七略》现难窥全豹,但从《七略》的要删《汉书·艺文志》可以得见其概貌。向、歆父子在知识类型的价值判断上,"先'道'而后'器',先思想而后技艺"[3],所以他在整理书籍时更看重"于道为最高"的儒家经典,而相对忽视只是"生生之具"的图谱[4]。郑樵则更关注知识对国计民生的实用

---

1. 郑樵:《图谱略》,《通志二十略》,中华书局1995年版,第1826页。
2. 郑樵:《图谱略》,《通志二十略》,中华书局1995年版,第1828页。
3. 何小平:《学术之宗 明道之要——论〈汉书·艺文志〉的学术史意义》,《图书情报知识》,2005(3)。
4. 参见班固《汉书·艺文志》,中华书局1962年版。

价值，认为图谱事关"成天下之事业"，因而是"学术之大体"，难怪在郑樵眼中，刘氏父子弃图取书是舍大取小，不过是在"纷争于言句之末"。

在自然科学领域，郑樵所谓"实学"是指那些既有实用价值又可经由耳目验证的知识，如昆虫、草木、天文、地理、器具等学科，涉及动物、植物、天文、农业、工艺等方面的知识。与贬斥见闻之知的张载、二程等人不同，郑氏特别注重耳目见闻的实证，他的知识观具有实证主义的特点。涉及自然实用性的学科知识，一定要通过亲身考察和实践来进行验证，断不可从书本到书本的想当然，他在《通志·总序》中说："语言之理易推，名物之状难识。农圃之人识田野之物而不达《诗》《书》之旨，儒生达《诗》《书》之旨而不识田野之物。五方之名本殊，万物之形不一。必广览动植，洞见幽潜，通鸟兽之情状，察草木之精神，然后参之载籍，明其品汇。"[1]对于动物与植物必须实地考察，并与书本知识相互验证，才能"通鸟兽之情状，察草木之精神"，获得确切有用的知识。《通志·昆虫草木略》自述早年"结茅夹漈山中，与田夫野老往来，与夜鹤晓猿杂处，不问飞潜动植，皆欲究其情性"[2]。像天文、地理这一类知识，仅凭书本推断无论如何也不能知天识地，仅从书本和臆断得来的知识会

---

1. 郑樵：《通志总序》，《通志二十略》，中华书局1995年版，第10页。
2. 郑樵：《昆虫草木略》，《通志二十略》，中华书局1995年版，第1981页。

"惑人以妖妄,速人于罪累"[1]。他感叹"历世天文志,徒有其书,无载象之义,故学者但识星名,不可以仰观,虽有其书,不如无也"[2]。这类知识的意义在于"行"不在于"说",要能实"行"就得使知识落在"实"处和"真"处,要落在"实"与"真"处,必然要求"凡学之者务在识真"[3]。郑樵虽以文献学和史学名家,但他对知识类型的价值评价更像一位自然科学家,他"实学"的最大特点就是学求征实,自然工艺一类的知识定要经由耳闻目见和亲身实践。他在《寄方礼部书》中说:"凡书所言者,人情事理,可即己意而求,董遇所谓读百遍,理自见也。乃若天文、地理、车舆、器服、草木、虫鱼、鸟兽之名,不学问,虽读千回万复,亦无由识也。奈何后之浅鲜家,只务说人情物理,至于学之所不识者,反没其真。遇天文,则曰,此星名;遇地理,则曰,此地名、此山名、此水名;遇草木,则曰,此草名、此木名;遇虫鱼,则曰,此虫名、此鱼名;遇鸟兽,则曰,此鸟名、此兽名。更不言是何状星、何地、何山、何水、何草、何木、何虫、何鱼、何鸟、何兽也。纵有言者,亦不过引《尔雅》以为据耳,其实未曾识也。"[4]

将"辞章之学"和"义理之学"都贬为"空言",这种价值评价出现在南宋的确事出有因。两宋之际,辞章之学可以求取功名,义理

---

1. 郑樵:《通志总序》,《通志二十略》,中华书局1995年版,第6页。
2. 郑樵:《天文略·天文序》,《通志二十略》,中华书局1995年版,第450页。
3. 郑樵:《昆虫草木略》,《通志二十略》,中华书局1995年版,第1981页。
4. 郑樵:《郑樵文集》,书目文献出版社1992年版,第29—30页。

之学可以博得盛誉,所以读书人对这两种学问都趋之若鹜,可是,除了养成许多"空头文学家"与假道学外,这两种知识既不能改变社会的积贫积弱,更不能挽救国家的风雨飘摇。如果社会上所有读书人不是"玩辞章"就是"耽义理",要么就会招致世风的浮华,要么就将造成学术的空疏。辞章和义理永远只能是少数人从事的事业,社会进步的物质杠杆则非郑樵所谓"实学"莫属。

当然,郑樵尚"实学"而薄"空言",这一知识取向虽然具有很强的实践品格,但不可否认也具有一定的理论偏颇。他认为真正有效的知识只能建立在感觉经验的基础之上,只有感性的直观性才具有知识的有效性。可是,他否定"辞章"所代表的一切文学作品,就意味着否定了人类对自身及其社会的情感体验,否定了个体对自身及人类的终极关怀;他否定了"义理"所代表的哲学思想,就意味着否定了个体对自身与社会认识的有效性和确定性。在当时思想水平的条件下,他还不可能懂得,从认识论上看个体对自身意识的知识,先于且有效于个体对其他事物的知识,因而他没有认识到"辞章"与"义理"独特的精神价值。他片面强调实证知识的作用和价值,完全轻视了人文知识的社会功能。

不过,我们也要看到,他把当时风行的"辞章"和"义理"都斥为"空言",不仅在南宋后期普遍空疏浮华的社会中具有极强的现实针对性,而且在中国古代长期重"形而上之道"而轻"形而下之器"的人文传统中,也具有充分的历史正当性。他的知识观是对这一传统的有力反拨。

在南北宋甚至在整个古代的知识界，郑樵文献学的这种知识论取向可说是空谷足音；在古代文献学家和史学家中，郑樵的这种科学实证精神算得上是一种难得的另类。

三、文献学的功能（上）：知识系统的建构

岂止是对知识类型的价值估价上表现得十分"另类"，郑樵在《通志·艺文略》中"对于四部四十类成法"同样进行了"彻底破坏"，"对于小类节目之分析，不惮苛细，其胆量之巨，识见之宏，实旷古一人"[1]！他的"胆量之巨，识见之宏"又岂止表现于对"四部成法"的"彻底破坏"，还体现在他对古代知识系统的重新建构。由于《艺文略》中少数书目时见两出，有的典籍归类偶有舛误，个别议论稍嫌偏颇，招来许多学者的鄙视和讥评，人们总是盯着他身上的几处瘢疤，忘记了激赏他那出群的气度；喜欢指责他细节上的讹谬疏漏，全然忽视了他在文献校雠上的匠心独运。就像章学诚所指出的那样，"夫郑氏所振在鸿纲，而末学吹求，则在小节"。《通志二十略》不失为文献学的"巨制鸿编"，《艺文》《校雠》《图谱》《金石》四略之可贵在其"发凡起例"和"绝识旷论"。[2]

---

1. 姚名达：《中国目录学史》，上海古籍出版社2002年版，第84页。
2. 章学诚撰、叶瑛校注：《文史通义校注》，中华书局1985年版，第463—464页。

郑氏所振之"鸿纲"就是他通过文献学的"类例"原则，在重新确立典籍分类系统的同时，也重新建构了我国古代的知识系统。从《别录》《七略》到《汉书·艺文志》，标志着我国第一次知识系统建构的结束；从《汉书·艺文志》的六略到《隋书·经籍志》的四部，标志着我国第二次知识系统建构的完成。《汉书·艺文志》中的六略虽然突出六经与诸子的地位，推崇形而上之"道"，但"兵书略""术数略""方技略"独立于经、子之外，这些形而下之"器"尚有其存在的空间。至《隋书·经籍志》确立典籍四部分类的统治地位后，我国古代知识系统的建构发生了结构性的变化。原先《七略》中与经、子并存的"兵书""术数""方技"，由于它们属于形而下的"器"与"技"，各自没有单独成为一类的可能，全部被并入"虚论其理"的子部。在媒介相对单一的古代社会，书籍是知识最重要的载体，书籍的分类与知识的分类是完全同一的。在经、史、子、集四部分类的知识系统中，"除史部性质较近专门外，经、子与集颇近丛书"[1]，即使"较近专门"的史部也包罗了不少非"史"的因素，经、子、史、集都不是根据学科来划分的知识类型。而且四部之中，"经"为准绳而"垂型万世"，"史"载史事而彰善瘅恶，"子"尚义理而自成一家，"集"摘辞藻而叙事抒情，它们全都属于人文科学知识的范畴，诸如地理、天文、农家、算法、医方等属于自然科学的知识，和刑法、礼制、职官等属于社会科学的知识，在四部系统内都没有单独成类

---

[1]. 姚名达：《中国目录学史》，上海古籍出版社2002年版，第346页。

的资格。它们或者被并入史部之内,或者淹没于子部之中。四部分类系统突出地暴露了四库馆臣在知识类型上的价值偏见,在知识类型上他们都尚"虚"而不务"实",只看重"务说"的"道"与"理"而鄙视"务行"的"技"与"艺"[1]。

郑樵以其过人的胆识,根据自己尚"实学"而薄"空言"的知识价值标准,打破了四部分类所建构的知识系统,并在当时已有的知识类型基础上,依据自己的"类例"原则,重新建构了我国古代的知识系统:"《七略》者,所以分书之次,即《七略》不可以明书。欲明天者在于明推步,欲明地者在于明远迩,欲明书者在于明类例。噫!类例不明,图书失纪,有自来矣。臣于是总古今有无之书为之区别,凡十二类:经类第一,礼类第二,乐类第三,小学类第四,史类第五,诸子类第六,星数类第七(《艺文略》中名为'天文类第七'——引者注),五行类第八,艺术类第九,医方类第十,类书类第十一,文类第十二。经一类分九家,九家有八十八种书,以八十八种书而总为九种书可乎?礼一类分七家,七家有五十四种书,以五十四种书而总为七种书可乎?乐一类为一家,书十一种。小学一类为一家,书八种。史一类分十三家,十三家为书九十种,朝代之书则以朝代分,非朝代书则以类聚分。诸子一类分十一家,其八家为书八种,道、释、兵三家书差多,为四十种。星数一类分三家,三家为书十五种。五行一类分三十家,三十家为书三十三

---

1. 郑樵:《图谱略》,《通志二十略》,中华书局1995年版,第1826—1827页。

种。艺术一类为一家，书十七种。医方一类为一家，书二十六种。类书一类为一家，分上、下二种。文类一类分二家，二十二种，别集一家为十九种，余二十一家二十一种书而已。总十二类，百家，四百二十二种，朱紫分矣。散四百二十二种书可以穷百家之学，敛百家之学可以明十二类之所归。"[1] "十二类，百家，四百二十二种"，不只囊括了当时所有的知识类型，还对这些知识类型进行了重新建构，另起炉灶构架了知识系统的"鸿纲"。这一新建构的知识系统最大的优点，是将人文科学知识、社会科学知识与自然科学知识"朱紫分矣"，让许多知识类型剥离经、史、子单独成为一类，让"道"与"器"、"理"与"艺"比肩而立，在一定程度上实现了他抑"空言"而扬"实学"的价值目标，更体现了他"敛百家之学"的雄心。明人胡应麟也充分肯定他对知识的建构和对典籍的分类，更由衷赞叹他总群书敛百家的宏大气魄："郑氏《艺文》一略，该括甚巨，剖核弥精，良堪省阅。"[2] 的确，郑氏所建构的知识系统，"鸿纲"构架既"该括甚巨"，局部子系统也"剖核弥精"。

从这个知识系统的"鸿纲"构架来看，郑氏所分的十二大类对当时所有知识几乎囊括无遗，既表现了他极其开阔的学术视野，更显露了他难能可贵的学科意识。譬如，别"礼类""乐类""小学类"

---

1. 郑樵：《校雠略》，《通志二十略》，中华书局1995年版，第1804—1805页。
2. 胡应麟：《经籍会通》卷一，《少室山房笔丛》，中华书局（上海编辑所）1958年版，第3页。

于"经"之外,出"天文类""五行类""艺术类""医方类""类书类"于"子"之中,就显示了郑氏的卓识。"礼"在古代是随时而异的礼仪法制,自然不能与亘古不变的"经"类同条,"小学"是古代人人须要诵习的文字,当然不可与深奥的"经"类共贯,"医方类"属于治病救人的"技","诸子类"属于立言明道的"理",四部将"医方类"并入"诸子类"有何理据?"艺术类"表现人类感性的直觉与想象,"诸子类"表现的是人类理性的抽象与思辨,将"艺术类"与"诸子类"合而为一岂不更为荒唐?郑氏所分的十二大类中,除"经类"和"类书类"属于丛书性质外,其他十大类已具有现代意义上的学科知识特征。姚名达在《中国目录学史》中说:"向来目录之弊,惟知类书,不知类学。类之有无,一依书之多少而定。司马谈分思想为六家之旨,后世徒存其遗蜕于《子部》,而不能充之于各部。乃至以不成学术之名称,猥为部类之标题,自《七略》《七录》已不能无其弊,《隋志》以下抑又甚焉。"[1] "惟知类书,不知类学"的根源是文献学家没有学科意识,四部中的"经""子""集"三部都不是学科名称,而完全是三种丛书,"史"虽然在现代是一级学科,但四部中的"史"部十分庞杂,依旧是部类而不能算学科。郑樵以十二类取代四部成法,在进行学科重新分类的同时,也建构了全新的知识系统,可惜它在学术史上的意义至今还没有被人们所认识。

从这个知识系统的局部子目来看,像《艺文略》将"天文类"别

---

[1] 姚名达:《中国目录学史》,上海古籍出版社2002年版,第98页。

出"诸子类",天文类再分为"天文""历数""算术"三小类,其中"天文"又细分出"天象""天文总占""竺国天文""五星占""杂星占""日月占""风云气候占""宝气"八子目;"历数"又细分出"正历""历术""七曜历""杂星历""刻漏"五子目;更精细的是"算术"小类又分出本土的"算术"与"竺国算术"二子目。从现在的知识分科和图书分类来看,把"算术"置于"天文类"当然欠妥,但在宋代天文与算术可谓互为表里。郑氏在《校雠略》中清楚地认识到:"有历学,有算学。……不知《唐志》如何以历与算二种之书相滥为一,虽曰历算同归乎数,各自名家。"[1]后来的大部分文献学家及四库馆臣,只知道批评郑樵《艺文略》中个别书籍的错出和少数的纰漏,全然看不出他对各类知识"剖核"的精当,如《明史·艺文志》仍然荒谬地把"算术"归入"小学",《四库全书》还是把"天文算术"强并"子部"。非常难得的是,郑氏重新建构的知识系统中广泛容纳异域新知,《艺文略》既存传统古籍以溯知识之源,又标"天竺"新书以明知识之变。

在通过类例重新建构知识系统这一点上,将郑樵与章学诚这两位杰出的文献学家做一比较,就更能显出前者过人的胆识。对自己文史校雠极为自负的章学诚,在文献校雠领域一辈子都未能跳出《七略》和四部的掌心——不被《七略》所囿,便被四部所限,他的思维一直在《七略》和四部二者之中打转:"《七略》之流而为四部,

---

1. 郑樵:《校雠略》,《通志二十略》,中华书局1995年版,第1816页。

如篆隶之流而为行楷,皆势之所不容已者也。"[1]他把从《七略》流为四部当作一种文化发展的必然,好像除了《七略》或四部之外,古代典籍不可能再做其他分类,文化系统也不可能进行重新建构:"四部之与《七略》,亦势之不容两立者也。《七略》之古法终不可复;而四部之体质又不可改。"[2]他神往《七略》古法,但"《七略》之古法终不可复";不满意四部成规,可"四部之体质又不可改"。章学诚被逼到了墙角,他似乎只能被动接受现成的四部,他可能连想也没有想过打破四部的框架,更没有像郑樵那样说出"《七略》所分,自为苟简,四库所部,无乃荒唐"的气魄和胆量。章学诚之所以不能像郑樵那样彻底打破"四库所部",另起炉灶重新部次典籍,重新建构知识系统,是由于他没有像郑氏那样确立自己的"类例"原则,因而也就不能对典籍进行重新分类,还由于他没有郑氏那样的学科意识,只知"类书"而不知"类学",这样就不能对学科重新进行分类,因而也就不能对知识系统进行重新建构。

四、文献学的功能(下):知识的承传

文献学的另一功能就是知识的承传,所谓"知识的承传"不外

---

1. 章学诚撰、叶瑛校注:《文史通义校注》,中华书局1985年版,第956页。
2. 章学诚撰、叶瑛校注:《文史通义校注》,中华书局1985年版,第959页。

乎知识的继承、发扬与更新。古代知识的主要载体是书籍、金石和图谱，因而，从文献学的角度具体地说，"承"是指书籍、金石和图谱的搜集、整理与保存；"传"是指书籍、金石和图谱的流通与传播。

这里先阐述郑樵关于文献搜集整理方面的卓识。作为长期"身在草莱"独处僻壤的一介寒士，他不顾自己生活中的"厨无烟火"，经济上的"穷困至极"，尽自己的毕生精力搜残辑佚，他在晚年的《献皇帝书》中自述说："搜尽东南遗书，搜尽古今图谱，又尽上代之鼎彝，与四海之铭碣。遗编缺简，各有彝伦；大篆梵书，亦为厘正。于是提数百卷自作之书，徒步二千里来趋阙下，欲以纤尘而补嵩、华，欲以涓流而益沧海者也。"[1]郑樵文献学强烈的知识论取向，导致他不断扩展知识文献的搜集范围：（一）搜集和整理图谱。郑樵深知"图谱之学"关系"学术之大者"[2]，图谱与书籍二者"不可偏废"，"见书不见图，闻其声不见其形；见图不见书，见其人不闻其语。图至约也，书至博也，即图而求易，即书而求难"[3]。可向、歆父子编撰《别录》《七略》时，"尽采语言，不存图谱"[4]，对此他厉声谴责说："歆向之罪，上通于天！汉初典籍无纪，刘氏创意，总括群书，分为《七略》，只收书，不收图，艺文之目，递相因习，故天禄、兰台，三馆四库，内外之藏，但闻有书而已。萧何之图，自此

---

1. 郑樵：《郑樵文集》，书目文献出版社1992年版，第24页。
2. 郑樵：《通志总序》，《通志二十略》，中华书局1995年版，第8页。
3. 郑樵：《图谱略》，《通志二十略》，中华书局1995年版，第1825页。
4. 郑樵：《校雠略》，《通志二十略》，中华书局1995年版，第1821页。

委地。"[1]他撰写《通志》自出"胸臆",特撰《图谱略》,而且还依据自己"编次必记亡书"的主张,将《图谱略》分为两个部分:"一曰记有,记今之所有者,不可不聚。二曰记无,记今之所无者,不可不求。"[2]在"记无"这一部分又将已散佚的图谱分为"地理""会要""纪运""百官"《易》《诗》"礼""乐"等二十六个小类。清代的四库馆臣反而指责郑樵撰写《校雠》《图谱》《金石》"析为别类,不亦冗且碎乎"[3]。直到姚明达才在《中国目录学史》中称赞说:"自古提倡图画表谱,意识最清,出力最大,固未有逾于郑樵者。"[4]这一评价给予了郑樵迟来的公正。

郑樵在文献学史上"意识最清,出力最大"的还有金石学,他对金石的学术与历史价值有深刻而清醒的认识:"方册者,古人之言语。款识者,古人之面貌。方册所载,经数千万传,款识所勒,犹存其旧。盖金石之功,寒暑不变,以兹稽古,庶几不失真。今艺文有志而金石无纪,臣于是采三皇五帝之泉币,三王之鼎彝,秦人石鼓,汉、魏丰碑,上自苍颉石室之文,下逮唐人之书,各列其人而名其地。"[5]他的《金石略》把金石依朝代先后分十二类,由于历史条件的限制,收罗或许有不少遗漏,鉴别或许偶有疏忽,但不能因此

---

1. 郑樵:《图谱略》,《通志二十略》,中华书局1995年版,第1826页。
2. 郑樵:《通志总序》,《通志二十略》,中华书局1995年版,第9页。
3. 永瑢等撰:《四库全书总目》,中华书局1965年影印本,第448页。
4. 姚名达:《中国目录学史》,上海古籍出版社2002年版,第89页。
5. 郑樵:《通志总序》,《通志二十略》,中华书局1995年版,第9页。

而否定其义例之精。

因长期在搜集文献中积累了大量的经验，郑樵论求书之法也就有很多独得之秘："求书之道有八：一曰即类以求，二曰旁类以求，三曰因地以求，四曰因家以求，五曰求之公，六曰求之私，七曰因人以求，八曰因代以求，当不一于所求也。"[1]求书八法对于搜集文献穷极苦心，"可谓曲尽求书之道，非沉酒典籍者不能知"，胡应麟满口称赞"郑樵之论求书，备矣精矣"[2]，章学诚也同样认为"求书之要，即郑樵所谓其道有八，无遗议矣"[3]。郑氏对于求亡书也有不少精绝的见解："书有亡者，有虽亡而不亡者，有不可以不求者，有不可求者。《文言》略例虽亡，而《周易》俱在。汉、魏、吴、晋鼓吹曲虽亡，而乐府俱在。《三礼目录》虽亡，可取诸三《礼》。《十三代史目录》虽亡，可取诸十三代史。"[4]当然这则议论中有高见也有疏漏，章学诚在《补郑》中指出："郑樵论书，有名亡实不亡，其见甚卓。然亦有发言太易者，如云：'郑玄《三礼目录》虽亡，可取诸三《礼》。'则今按以《三礼正义》，其援引郑氏《目录》，多与刘向篇次不同，是当日必有说矣，而今不得见也。"[5]有些已经亡佚的古书，

---

1. 郑樵：《校雠略》，《通志二十略》，中华书局1995年版，第1813页。
2. 胡应麟：《经籍会通》卷一，《少室山房笔丛》，中华书局（上海编辑所）1958年版，第54页。
3. 章学诚撰、叶瑛校注：《文史通义校注》，中华书局1985年版，第983页。
4. 郑樵：《校雠略》，《通志二十略》，中华书局1995年版，第1807页。
5. 章学诚撰、叶瑛校注：《文史通义校注》，中华书局1985年版，第978页。

虽然可以从现存的古籍中辑佚到一些零缣寸楮，但古人引书或者改动原文，或者曲解原意，或者颠倒次序，或者引用的是不同版本，辑佚本与亡佚的原书必然出入很大，有时甚至可能面目全非，所以古书是否"名亡实不亡"，要根据每本书的具体情况论定。郑氏还有《阙书备于后世论》："古之书籍，有不足于前朝，而足于后世者。观《唐志》所得旧书，尽梁书卷帙而多于隋。盖梁书至隋所失已多，而卷帙不全者又多。唐人按王俭《七志》、阮孝绪《七录》搜访图书，所以卷帙多于隋，而复有多于梁者。如《陶潜集》，梁有五卷，隋有九卷，唐乃有二十卷，诸书如此者甚多。"郑樵《校雠略》中的这些诊断，开有清一代的辑佚之风。当然，这些议论也是精识与纰漏兼而有之，如果后世按前人的书目勤加寻访，可能求得前代遗留的残卷，但古书卷帙的分合代有不同，"竟以卷帙之多寡，定古书之全缺，则恐不可尽信也"[1]。他另有《亡书出于后世论》《亡书出于民间论》各一篇，议论都能见人之所未见，但他忽视了后世因求财而作伪、民间因求赏而作伪的问题，很可能求书心切反被伪书所愚。

　　文献的整理是郑樵文献学理论和实践中最精彩的部分，这主要体现在他的"类例"原则上。他认识到"学术之苟且由源流之不分，书籍之散亡由编次之无纪"[2]，而要编次书籍就得确立类例原则。杜定友在《校雠新义》中遗憾地指出："古之言类例者，未尝离书而立

---

1. 章学诚撰、叶瑛校注：《文史通义校注》，中华书局1985年版，第979页。
2. 郑樵：《通志总序》，《通志二十略》，中华书局1995年版，第8页。

类，盖其职司典守，奉命编次，故一代有一代之书，一代有一代之目。编目既竣，厥职乃尽，未尝以编目为世守之职，未尝以类例为专门之学也。类例条别，惟以既有之书为依归，未尝为后世法也。"[1]在郑氏之前有文献学的实践，却没有文献学系统的理论反思，只是因书而立类，未尝立类以分书，所以典籍的整理和分类因代而变，因人而异。郑樵才第一次提出立类以明书的理论原则："学之不专者，为书之不明也。书之不明者，为类例之不分也。"[2] 他依据自己类例的学术旨归和分类原则，对典籍进行了全新的分类。关于他的"类例"理论，将有另文专门讨论，这里不拟展开论述。

关于文献的保存与流通，他也提出了不少精辟的意见。首先，他认为册府校书应该由长期从事校雠的专家担任，《求书遣使校书久任论》说："求书之官不可不遣，校书之任不可不专。……司马迁世为史官，刘向父子校雠天禄，虞世南、颜师古相继为秘书监，令狐德棻三朝当修史之任，孔颖达一生不离学校之官。若欲图书之备，文物之兴，则校雠之官岂可不久其任哉！"[3] 首先，由该领域的专家出任册府校雠之官才能整理和保存好文物典籍，使书库的图书充实完备；其次，经由图书分类使"百家九流各有条理"，这样的"专门之书""虽亡而不能亡"[4]；最后，他强调文献的流通："欲三馆无素餐

---

1. 杜定友：《校雠新义》，台湾中华书局1969年版，第5页。
2. 郑樵：《校雠略》，《通志二十略》，中华书局1995年版，第1804页。
3. 郑樵：《校雠略》，《通志二十略》，中华书局1995年版，第1812页。
4. 郑樵：《校雠略》，《通志二十略》，中华书局1995年版，第1804页。

之人，四库无蠹鱼之简，千章万卷，日见流通。"¹ 从汉代向、歆父子到清朝的四库馆臣，从官方校书之官到私人藏书之家，基本上没有文献学家想到文献的流通与知识的普及。官方册府进行文化垄断，典籍自然不会向平民开放，私家书阁属个人秘藏，很少有私人藏书提供大众阅览。书籍的流通问题极少被人提及，更没有被人深入探讨，郑樵是提出和探讨这个问题的先导。为了让"千章万卷，日见流通"，他还做出"凡目之书只要明晓"的编目要求²。这些地方表现了郑氏文献学思想的过人之处，当然也体现了他文献学知识论取向的平民色彩。

尤其让人感到惊叹的是，郑樵特别重视知识的接受与传播，他一方面高度肯定华僧译经在传播域外知识上的贡献："七音之韵，起自西域，流入诸夏。梵僧欲以其教传之天下，故为此书，虽重百译之远，一字不通之处，而音义可传。华僧从而定之，以三十六为之母，重轻清浊，不失其伦，天地万物之音，备于此矣。"另一方面，他又致憾于儒家思想文化不能传播得更远："今宣尼之书，自中国而东则朝鲜，西则凉夏，南则交阯，北则朔易，皆吾故封也，故封之外，其书不通。何瞿昙之书能入诸夏，而宣尼之书不能至跋提河，声音之道，有障阂耳。此后学之罪也。"³ 这里涉及世界文化知识的

---

1. 郑樵：《通志总序》，《通志二十略》，中华书局1995年版，第8—9页。
2. 郑樵：《校雠略》，《通志二十略》，中华书局1995年版，第1823页。
3. 郑樵：《七音略》，《通志二十略》，中华书局1995年版，第353—354页。

交流，难得的是郑氏对与异域文化知识的交流持一种平常的心态，既没有古人常见的那种文化上的自傲，也没有今人面对西方文化的那种自卑，他只是主张各个国家和民族文化知识的广泛传播与平等交流，就像他主张书籍应广泛流通一样。

五、结语：郑樵文献学知识论取向的历史意义

郑樵在文献学理论与实践上的"绝识旷论"，不只远迈前辈和时流，很长时期内还引领后代；他文献学的这种知识论取向，在古代文献学家乃至在整个学术界都十分罕见，难怪他久久在时人和后人中找不到学术知音，难怪他发出了"物稀则价难平，人稀则人罕识"的孤独浩叹[1]。

我们的传统文化基本上是一种德性文化，文化的重心是人格的完善和境界的提升，其价值目标就是道德君子——成为圣人或者贤人。要成为道德君子只须修养和完善自我，用不着改变社会和改造自然，因而人们也就不太重视对社会制度的探索，也不太关注对自然规律的认识，着力点只是反求诸己的自我内省，久而久之，泯灭了对外在自然的好奇，冷淡了对社会与自然知识的兴趣，并形成贵"德"而贱"艺"、尊"形而上之道"而轻"形而下之器"的倾向。这

---

1. 郑樵：《图谱略》，《通志二十略》，中华书局1995年版，第1827页。

一倾向在古典文献学中表现得尤为突出，经、史、子、集四部全都属于人文知识，没有一个部类是以属于自然知识或社会知识的学科命名，如天文、地理、草木昆虫、医方、算术、技艺甚至经济、语言等等，都被文人学士贬为"技""艺""器"一类的知识类型。这些非"经"非"史"非"子"非"集"的知识类型，只能淹没和消融于经、史、子、集之中，失去了与四部并肩而立的地位与资格。

郑樵重新确立了文献学的价值目标——以造就"会通""博雅"之才为志向，而非以修成圣人君子为目的。为此，他对现有的知识类型进行了价值重估，通过对知识与书籍的分类，凸显"技""艺""器"一类"实学"的地位。他以"明专门之书"和"存专门之学"为其旨归，并重新建构了现有的知识系统，《艺文略》中所分的十二大类具有近代知识与学术分类的某些特点。总之，郑氏文献学的知识论取向为传统文化开启了另一精神向度，它可能纠正了某些文人学士蔑视实证知识的狭隘和偏颇，激发了人们知识主义的热情，引起了人们对外在自然与社会的兴趣，将人们学习和创造的冲动引到了"实学"的方向。

郑樵文献学知识论取向的另一历史意义，就在于它可能成为后来接引西方新知的精神资源。他重新建构的知识系统，对自然、技艺、考证一类"实学"的崇尚，还有他关于书籍的流通、知识的平等交流与广泛传播的观念，为我们民族后来接受西方异质文明，减轻了许多精神上的抵触，为日后学习西方自然科学知识，预做某种心理上的"铺垫"，扫除了不少心理上的障碍。

郑樵文献学知识论取向至今仍未受到学人的关注,《通志二十略》这座文献学宝藏也有待人们更深入地开采和发掘,但愿有更多的学人去倾听郑氏在文献学上的"绝识旷论",但愿郑氏在九泉之下不再有"人稀则人罕识"的遗憾。

原刊武汉大学《图书情报知识》2009年第5期

"类例既分,学术自明"
——论郑樵文献学的"类例"理论

在学者们群起讥嘲贬损郑樵之际,独章学诚认为"自石渠天禄以还",唯有郑樵可继踵刘向、刘歆父子之业,能于文献校雠之中"推阐大义,条别学术异同"[1]。可惜,虽然对郑樵文史校雠的"别识心裁"推崇备至,但章氏并没有识得郑樵文史校雠中"别识心裁"之所在,如他几次批评郑樵不重视叙录解题和"删去《崇文》叙录"[2],全然没有认识到郑樵文献校雠中的"别识心裁"主要体现于他的"类例"理论,而不在于他对每本书的叙录解题。郑樵《艺文略》《校雠略》既首重"类例",他对文献学的贡献也当首推"类例"。"类例"理论的提出和成熟标志着我国古典文献学理论上的自觉,标志着这

---

1. 章学诚撰、叶瑛校注:《文史通义校注》,中华书局1985年版,第945页。
2. 章学诚撰、叶瑛校注:《文史通义校注》,中华书局1985年版,第959页。

门学科从"自在"走向"自为",从"因书立类"走向"以类明书"。本文试图从其"类例"在文献学中的地位、"类例"的学术旨归、"类例"的原则、"类例"的属性等方面,论析郑氏文献校雠中"类例"的理论价值与实践意义。

一、文献学的灵魂:"类例"的确立

从向、歆父子的《别录》《七略》、班固《汉书·艺文志》六略分类的成熟,到《隋书·经籍志》四部分类的定型,我国古代的文献学家一直在进行知识与图书分类的实践探索,但没有一个文献学家对"类例"做过理论反思,更没有归纳和抽象出类例理论。他们关注的焦点反而是叙录解题,有无叙录解题或叙录解题的优劣才是他们衡量文献学著作好坏的重要准绳,只有书目而无叙录的文献目录向来被人轻视,《隋书·经籍志·簿录类》的意见很有代表性:"古者史官既司典籍,盖有目录,以为纲纪,体制湮灭,不可复知。孔子删书,别为之序,各陈作者所由。韩、毛二诗,亦皆相类。汉时刘向《别录》、刘歆《七略》,剖析条流,各有其部,推寻事迹,疑则古之制也。自是之后,不能辨其流别,但记书名而已。博览之士,疾其浑漫,故王俭作《七志》,阮孝绪作《七录》,并皆别行。大体虽准向、歆，而远不逮矣。"[1]"既司典籍"便"为之序"似乎是孔子定下的成规，向、歆父子的叙录也不过是沿袭"古之制"罢了，后世"但记书名"违反了"古制"，这类著作当然就不能入流。在郑樵之前的文献学家看来，要对各家各派学术"辨其流别"，断然离不了对每本书的叙录解题，没有叙录解题的目录书，典籍仍然处于"浑漫"散乱的状态。所以，那些对于"作者之意，无所论辩"的目录书无足轻重，而那些"文义浅近"的叙录也同样"未为典则"[2]。直到清代，著名文献学家章学诚仍然认为叙录解题"最为明道之要"[3]，目录之书必须"附以辨章流别之义，以见文字之必有源委，亦治书之要法。而郑樵顾删去《崇文》叙录，乃使观者如阅甲乙簿注，而更不识其讨论流别之义焉，呜呼可哉"[4]？文献校雠"辨章学术，考镜源流"只能经由叙录来实现，删去了叙录"徒为甲乙部次"的流水账式书目[5]，根本就无法"辨章流别之义"。和《隋书·经籍志》史官一样，章学诚视叙录解题为文献学的核心。

相反，郑樵认为对每本书都进行叙录解题是一种不必要的累赘，古人"编书"也"未尝注解"："古之编书，但标类而已，未尝注解，其著注者，人之姓名耳。盖经入经类，何必更言经？史入史

---

1. 魏徵等：《隋书》，中华书局1973年版，第992页。
2. 魏徵等：《隋书》，中华书局1973年版，第906—907页。
3. 章学诚撰、叶瑛校注：《文史通义校注》，中华书局1985年版，第952页。
4. 章学诚撰、叶瑛校注：《文史通义校注》，中华书局1985年版，第959页。
5. 章学诚撰、叶瑛校注：《文史通义校注》，中华书局1985年版，第966页。

类，何必更言史？但随其凡目，则其书自显。惟《隋志》于疑晦者则释之，无疑晦者则以类举。今《崇文总目》出新意，每书之下必著说焉。据标类自见，何用更为之说？且为之说也已自繁矣，何用一一说焉？至于无说者，或后书与前书不殊者，则强为之说，使人意怠。"把经书编入经类何必再说此书属经？史书并入史类何必再说此书属史？对每种典籍"标类"就能"辨章流别之义"，"每书之下必著说焉"则纯属多余。他接下来举《崇文总目》中《太平广记》的解题说："《太平广记》者，乃《太平御览》别出，《广记》一书，专记异事，奈何《崇文》之目所说不及此意，但以谓博采群书，以类分门？凡是类书，皆可博采群书，以类分门，不知《御览》之与《广记》又何异？"[1]这种解题就是多余的废话。当然，郑樵也认识到典籍中"有应释者，有不应释者，不可执一概之论"，那些在知识和学术归类上模棱两可的典籍应有叙录解题，那些"可以睹类而知义"的典籍别类分门就行了。[2]

由此可见，在文献校雠中，叙录解题近乎可有可无，而"类例"则必不可少；叙录解题只能算是文献校雠的一种辅助补充，而"类例"则是文献校雠的灵魂。因此，郑樵论文献学首重"类例"。近代文献学家杜定友对"类例"曾有过相当形象的比喻："图书之不分类者，犹药石寒热之不分也。以寒热不分之药石治病，以类例不明之

---

1. 郑樵：《校雠略》，《通志二十略》，中华书局1995年版，第1818页。
2. 郑樵：《校雠略》，《通志二十略》，中华书局1995年版，第1919页。

部别治书，其不失者几希矣。"[1] 郑樵的比喻更加绝妙，杜氏将治书喻为治病，将"类例"喻为药方，郑氏则把"类书"比为"持军"，把"类例"比为军规："类书犹持军也，若有条理，虽多而治。若无条理，虽寡而纷。类例不患其多也，患处多之无术耳。"[2] 所谓"类例"，就是典籍的总体分类原则和具体分类方法，类例之于治书就像军规之于治军一样重要。没有军规部队就是一群乌合之众，士卒再多也会灭亡；没有类例典籍就将散乱失纪，图书再多也会亡佚。

为什么"类例"之于文献学如此重要呢？

他认识到"学术之苟且由源流之不分，书籍之散亡由编次之无纪"[3]，而要编次书籍就得确立类例原则。杜定友在《校雠新义》中遗憾地指出："古之言类例者，未尝离书而立类，盖职司典守，奉命编次，故一代有一代之书，一代有一代之目。编目既竣，厥职乃尽，未尝以编目为世守之职，未尝以类例为专门之学也。类例条别，惟以既有之书为依归，未尝为后世法也。"[4] 郑氏之前有文献学的实践，却没有文献学系统的理论反思，只是"因书而立类"，未尝"立类以分书"，所以典籍的整理和分类就带有极大的随意性和偶然性，因代而变，因人而异。早在宋代的郑樵就已发现文献校雠中的这一痼疾，因而，他首先提出"立类以明书"的理论原则："类例既分，学

---

1. 杜定友：《校雠新义》，台湾中华书局1969年版，第2页。
2. 郑樵：《校雠略》，《通志二十略》，中华书局1995年版，第1805—1806页。
3. 郑樵：《通志总序》，《通志二十略》，中华书局1995年版，第8页。
4. 杜定友：《校雠新义》，台湾中华书局1969年版，第5页。

术自明,以其先后本末俱在。"[1]

"类例既分,学术自明"八字可作为文献校雠的纲领,它扭转了古代文献校雠中重"叙录"而轻"类例"的倾向。其实,"辨章流别之义"并非只有叙录解题才能完成,经由典籍分类也可以让人们"睹类而知义"。学必有传承,类必有所本,学派不可凭空而有,典籍也自有源流,在进行书籍分类的同时就完成了学术分类。通过类例让某学科或某学派的典籍按"先后本末"归为一类,自然就明白了某一学科或某一学派的本末源流与兴衰轨迹。

为了使典籍的"先后本末俱在",郑樵强调"编次必记亡书",为此还特地写了《编次必记亡书论三篇》:"古人编书,必究本末,上有源流,下有沿袭,故学者亦易学,求者亦易求。谓如隋人于历一家最为详明,凡作历者几人,或先或后,有因有革,存则俱存,亡则俱亡。"[2]要使某学科某学派"上有源流,下有沿袭",编写书目时就不能"只记其有,不记其无"。[3]

郑樵"类例既分,学术自明"的理论主张,长久被人们误解、曲解甚至不解,人们一直没有认识到这一主张的理论价值和实践意义。郑氏批评《崇文总目》"每书之下必著说"的方式为"泛释无义",还遭到了诸如朱彝尊、四库馆臣、章学诚的指责,这些学者都将《崇

---

1. 郑樵:《校雠略》,《通志二十略》,中华书局1995年版,第1806页。
2. 郑樵:《校雠略》,《通志二十略》,中华书局1995年版,第1807页。
3. 郑樵:《校雠略》,《通志二十略》,中华书局1995年版,第1806页。

文总目》后来刊削叙录解题一事归罪于郑樵[1]。且不论指责是否有理，归罪是否属实，指责和归罪本身就说明，包括章学诚在内的文献学家骨子里都觉得"但记书名"的书目没有什么价值，文献校雠只有通过叙录解题才能"辨章学术，考镜源流"。郑樵的"类例"理论是古典文献学中的"绝识旷论"，不只远迈前辈和时流，很长时期还引领后代。可惜这一理论在他生前难以得到首肯，在他身后也很少听到掌声，难怪这位孤独的学术先导生前发出了"物稀则价难平，人稀则人罕识"的无奈喟叹[2]。

当然，也不是所有文献学家都无视和贬低郑氏"类例"理论的价值与意义，余嘉锡在《目录学发微》中指出："樵所谓类例者，不独经部分六艺，子部分九流十家而已。则其自谓'类例既分，学术自明'者，亦非过誉。然此必于古今之书不问存亡，概行载入，使其先后本末俱在，乃可以知学术之源流。故又作编次必记亡书论，则樵之意可以见矣。"[3] 余氏不仅发现了"类例"的理论价值，而且认识到"类例"对文献学家提出了更高的要求："编撰书目，不附解题，而欲使其功用有益于学术，其事乃视有解题者为更难。"[4] 要通过"类

---

1. 朱彝尊：《曝书亭集》四十卷《崇文总目跋》；永瑢等：《四库全书总目·崇文总目提要》八十五卷《崇文总目提要》；章学诚：《校雠通义·宗刘第二》。参见余嘉锡：《四库提要辨证》卷九，云南人民出版社2004年版，第412—414页。
2. 郑樵：《图谱略》，《通志二十略》，中华书局1995年版，第1827页。
3. 余嘉锡：《目录学发微》，《余嘉锡说文献》，上海古籍出版社2001年版，第14页。
4. 余嘉锡：《目录学发微》，《余嘉锡说文献》，上海古籍出版社2001年版，第15页。

例"辨章学术源流,文献学家不但要对各科学术、各家学派了如指掌,还要对知识分类和图书分类有深刻的理解;不但要有娴熟的专业知识,还得有广阔的学术视野。

以叙录解题的方式"辨章学术,考镜源流",只适应知识相对贫乏、典籍比较稀缺的时代,在学术分科越来越细、知识越来越丰富普及、图书成千万倍增加的后世,这种方式在实践上根本行不通。试想,在一个存书几百万册或几千万册的图书馆,要以叙录解题方式编馆藏目录或借阅目录,图书馆将要增加几十倍甚至几百倍的工作人员,即使编成了这样的书目,在电子文本出现以前要以纸张形式印出这样的书目,对图书馆、对读者都将是一个"灾难"。从"叙录解题"到"以类明书"是历史的一种必然要求,因而郑樵的"类例"主张具有理论前瞻性,就是在今天仍然具有实践意义。

二、"类例"的学术旨归:"存专门之学"

郑樵把"会通""博雅"作为文献学的价值目标和学术的最高境界[1],同时又将守"专门之书"和存"专门之学"作为文献"类例"的学术旨归,这二者看似相互矛盾,其实它们相反而实相成。郑樵在

---

1. 关于郑樵文献学的价值目标,将在另一拙文《论郑樵文献学的知识论取向》中阐述。

《通志总序》中说:"当迁之时,挟书之律初除,得书之路未广,亘三千年之史籍,而局蹐于七八种书,所可为迁恨者,博不足也。"[1]没有各科"专门之学"又怎么能够"会通"?没有各科"专门之书"学者如何能"博雅"?"会通"就是对各种专门知识的融会贯通,要是没有各种专门知识,"会通"就无从谈起,所以,"专门之书"与"专门之学"是"博雅"与"会通"的必要条件。

他敏锐地发现类书与类学密不可分:"学之不专者,为书之不明也。书之不明者,为类例之不分也。有专门之书则有专门之学,有专门之学则有世守之能。人守其学,学守其书,书守其类,人有存没而学不息,世有变故而书不亡。以今之书校古之书,百无一存,其故何哉?士卒之亡者,由部伍之法不明也。书籍之亡者,由类例之法不分也。类例分则百家九流各有条理,虽亡而不能亡也。巫医之学亦经存没而学不息,释、老之书亦经变故而书常存。观汉之《易》书甚多,今不传,惟卜筮之《易》传。法家之书亦多,今不传,惟释、老之书传。彼异端之学能全其书者,专之谓矣。"[2] "类例不分"将导致"书之不明","书之不明"又将使"学之不专",只有书分其类才能学守专门,"类例"是存"专门之学"的关键,而存"专门之学"则是类例的学术旨归。之所以"有专门之书则有专门之学",是由于各种专门学术探究的是各种专科知识,而各种"专门之书"的分类

---

1. 郑樵:《通志总序》,《通志二十略》,中华书局1995年版,第1页。
2. 郑樵:《校雠略》,《通志二十略》,中华书局1995年版,第1804页。

是以各种专门知识的分类为前提的。这里还得梳理一下郑樵"专门之学"的特定内涵。

"古人最重家学"[1]，这一传统的渊源可以追溯到汉代经学。汉代经师常常专通一经以教授弟子，治韩诗的不掺杂齐、鲁，传古文的不旁通今文，经师传其学，弟子受其业，弟子代代相传而不悖师说，这样就逐渐形成了某家某派的学术。人们把某家某派的学术传统称为"家学"或"家法"，这种家学或家法就是"专门之学"。显然，古人"专门之学"的内涵不同于现代知识分类的"专门之学"，后者是指各种专门的学科知识或学问，它有其特定的研究对象和研究方法。古人所谓"专门之学"往往在各家各派的研究对象上相互重叠，如治《诗经》的分齐诗、鲁诗、韩诗、毛诗等四家之学，治《易经》今文分施雠、孟喜、梁丘贺、京房四家之学，这些不同"家学"研究的对象完全相同，差异只在于对同一对象的解释方法和研究结论不同而已。古代的这种"家学"或"专门之学"，总是随着某家某派大师的崛起而兴盛，又随着大师的过世而消亡，相关的典籍也随着学派的消亡而散佚。古代大部分"家学"的典籍百不一存，这非常不利于学术的进展和知识的积累。西方近现代的"专门之学"，如物理、数学、化学、心理学、经济学等，由于有固定的研究对象，所以后代学者可以站在前代学者的肩膀上，后人比前人对同一研究对象会有更大的突破和创新，真正做到了"人有存没而学不息"。

---

1. 章学诚撰、叶瑛校注：《文史通义校注》，中华书局1985年版，第966页。

郑樵在知识类型上崇尚"可行于世"的"实学"，鄙薄"不务行而务说"的"空言"[1]，其"专门之学"的内涵也与传统的同一概念有别。他的"专门之学"虽包括了前人所说的"家学"，但主要是指现代所说的专科学问知识。如他说"《易》本一类也，以数不可合于图，图不可合于音，谶纬不可合于传注，故分为十六种"。"《春秋》虽一类而有五家，以啖、赵杂于《公》《穀》可乎？"[2]《春秋》一类"五家"是指传《春秋》的《左氏》《公羊》《穀梁》《邹氏》《夹氏》，啖、赵指唐代治《春秋》的学者啖助、赵匡。这里的"五家""啖、赵"的"专门之学"即"家学"，还是以学人归类而不是以学科归类，也就是在"类人"而不是在"类学"。他"专门之学"内涵中最重要的一面是指今天所说的专门学问和专科知识，这才是他"专门之学"中的亮点。他《艺文略》中的十二大类，除"经类""诸子类""类书类"有丛书性质外，其他九类都基本上以学科分类，也就是说十二大类中有九种是今天所谓一级学科。如"礼类"近于今天的法学、"乐类"即音乐学、"小学类"即语言学、"史类"即历史学等等，它们都是某一专门知识的大类。

从他关于类例原则的论述中也可以看出其"专门之学"的内涵："观图谱者可以知图谱之所始，观名数者可以知名数之相承。谶纬之学盛于东都，音韵之书传于江左，传注起于汉、魏，义疏成于

---

1. 郑樵：《图谱略》，《通志二十略》，中华书局1995年版，第1827页。
2. 郑樵：《校雠略》，《通志二十略》，中华书局1995年版，第1805页。

隋、唐，睹其书可以知其学之源流。或旧无其书而有其学者，是为新出之学，非古道也。"[1]他主张通过"类例"来辨章学术源流，以图书的分类并按时代先后编目，就能明了各科学术的渊源和流变，如旧有其书而现无其学，就知道某一古学业已消亡，如旧无其书而现有其学，就知道某一新学术已经产生。此处的"图谱""名数""谶纬""音韵"等"专门之学"都不是"家学"，而是指某一门类的专门学问知识。

因为类例的旨归是"守专门之书"以"存专门之学"，而"专门之学"又主要指专门学问和专科知识，所以他的类例原则强调知识的分类与学术的分科，并指出古人编书只知"类人"不知"类书"："古之编书，以人类书，何尝以书类人哉。"[2]"以人类书"的分类标准是不同的学人，"以书类人"的分类标准是不同的知识或学科。"以人类书"就会"人以群分"，最终形成不同的"家学"或学派；"以书类人"就会"物以类聚"，最终形成不同的知识类型和不同的学科。"以书类人"必须对各个学科和各门知识的特性有深刻的理解，需要更高的归纳和抽象能力。既然"类例"原则贵在"专门"，那么类分得越细，知识就越"专"，学术贵在"专门"，类例贵在"细分"。《艺文略》实践了他的类例"细分"原则，这一点早为古今文献学家所认可和称道，余嘉锡在《目录学发微》中说："考之樵之《艺文略》，虽不

---

1. 郑樵：《校雠略》，《通志二十略》，中华书局1995年版，第1806页。
2. 郑樵：《校雠略》，《通志二十略》，中华书局1995年版，第1820页。

免牴牾讹谬,而其每类之中,所分子目,剖析流别,至为纤悉,实秩然有条理。"[1]"细分"要求文献学家对各种知识的异同有更精细的体会,"胸中元无伦类"者对学科和知识"冗杂不明",就根本没有办法进行典籍的"细分":"凡编书惟细分难,非用心精微,则不能也。"[2]可见,要想经由类例而"存专门之学",文献学家必须具备极高的素养和极广的学识。现代著名文献学家姚名达在《中国目录学史》中,对郑樵的学识与胆量就赞叹有加:"莆田郑樵撰《通志》,其《艺文略》尽列古今目录所收之书于一篇,分为十二类,一百五十五小类……对于四部四十类成法,彻底破坏;对于小类节目之分析,不惮苛细,其胆量之巨,识见之宏,实旷古一人。"[3]

三、"类例"的原则:"不如此论高卑"

郑樵在知识类型上崇"实学"而弃"空言"[4],这一知识类型的价值判断,深刻地影响了他文献学的知识与图书分类。

我国第一次知识与图书的分类,是汉代确立"独尊儒术"这一意识形态之后完成的。向、歆父子既是古典文献学的奠基人,又是

---

1. 余嘉锡:《目录学发微》,《余嘉锡说文献》,上海古籍出版社2001年版,第14页。
2. 郑樵:《校雠略》,《通志二十略》,中华书局1995年版,第1821页。
3. 姚名达:《中国目录学史》,上海古籍出版社2002年版,第84页。
4. 郑樵:《图谱略》,《通志二十略》,中华书局1995年版,第1827页。

著名的经学大师;《汉书·艺文志》撰者班固同样深湛经术,有经学名著《白虎通义》传世,而且他本人还是一位坚定的圣学卫道者,批评司马迁"其是非颇谬于圣人,论大道则先黄老而后六经"[1],所以从《七略》《别录》到《汉书·艺文志》的知识和典籍分类中,儒家的六艺(六经)处于独尊的地位,这种独尊地位一直保持到晚清。顾颉刚先生在《古史辨自序》中说:"中国学问是向来只有一尊观念而没有分科观念的。"[2]由于古代学者心存"一尊观念",其他各科知识自然就失去了独立存在的空间。在《七略》及《汉书·艺文志》的知识系统中,六经之外的知识不过是"六经之支与流裔"[3],所有知识都是六经的流裔和派生物。在《隋书·经籍志》及《四库全书总目》那里,经为各学之权衡,史为经之羽翼,子为经之流裔,集为经之鼓吹,总之,在这种知识的价值等级中,各科知识离开了经就没有独立存在的价值依据。难怪唐代的文献学家称自己整理文献的目的主要是为了"弘道设教"[4],清代集古代文献学之大成的《四库全书总目》更宣称:"盖圣朝编录遗文,以阐圣学、明王道者为主,不以百氏杂学为重也。"[5]什么是这些文献学家眼中的"杂学"呢?《四库全

---

1. 班固:《汉书》,中华书局1962年版,第2737—2738页。
2. 顾颉刚:《古史辨自序》,《走在历史的路上——顾颉刚自述》,江苏教育出版社2005年版,第31页。
3. 班固:《汉书》,中华书局1962年版,第1746页。
4. 魏徵等:《隋书》,中华书局1973年版,第909页。
5. 《凡例》,永瑢等撰《四库全书总目》,中华书局1965年影印本,卷首第19页。

书》编者对此有明确的界定："夫学者研理于经，可以正天下之是非；征事于史，可以明古今之成败，余皆杂学也。"[1]他们以是否遵经为唯一的判断标准，对所有的典籍"一一辨厥妍媸，严为去取"，对那些"离经叛道、颠倒是非者，掊击必严；怀诈狭（当作'挟'——引者注）私、荧惑视听者，屏斥必力"[2]。这与其说是在"编录遗文"，还不如说是在宣扬"圣学"。近人杜定友在《校雠新义》中也对这一做法大为不满："学无门户而强分内外，经为宏道，史以体尊，子为杂说，集为别体，一以尊崇圣道，以图书分类为褒贬之作，失其本旨远矣。"[3]郑樵早就认为"《七略》所分，自为苟简，四库所部，无乃荒唐"[4]。

任何一个文献学家都有自己的知识价值判断，但文献学"类例之法则又不宜存褒贬于其间，有其书当有其目，有其目当有其类"[5]，如果有"经学"与"杂学"的贵贱之分，有形而上之"道"与形而下之"术"的高下之别，类例条别就将毫无准的。郑樵鄙薄"空言"崇尚"实学"，这表现在类例中就是给予"空言"与"实学"各类知识相应的学科地位，不像此前的文献学家那样，让"空言"挤压"实学"的生存空间，而是强调各科知识的相对独立性，反对通过类例分出

---

1. 《子部总序》，永瑢等撰《四库全书总目》，中华书局1965年影印本，第769页。
2. 《凡例》，永瑢等撰《四库全书总目》，中华书局1965年影印本，卷首第19页。
3. 杜定友：《校雠新义》，台北中华书局1969年版，第23页。
4. 郑樵：《校雠略》，《通志二十略》，中华书局1995年版，第1805页。
5. 杜定友：《校雠新义》，台北中华书局1969年版，第5页。

各种知识的"高卑"。有些文献学家将道家与道术同条，法家与刑法共类，郑樵对这种分类深致不满："旧类有道家，有道书，道家则老、庄是也。有法家，有刑法，法家则申、韩是也。以道家为先，法家次之，至于刑法、道书，别出条例。刑法则律令也，道书则法术也，岂可以法术与老、庄同条，律令与申、韩共贯乎？不得不分也。《唐志》则并道家、道书、释氏三类为一类，命以'道家'，可乎？凡条例之书，古人草昧，后世详明者有之，未有弃古人之详明，从后人之紊滥也。其意谓释氏之书难为，在名、墨、兵、农之上，故以合于道家。殊不知凡目之书只要明晓，不如此论高卑，况释、道二家之书自是矛盾，岂可同一家乎？"[1]"不如此论高卑"就是他确立的"类例"原则，也即在知识和图书分类中保持价值中立，客观地给予各科知识相应的地位，不通过类例来分出各科知识的贵贱。像《唐志》将释氏混同于道家，将刑法并入法家，以此来凸显道家与法家，并取消佛教与刑法这两种知识的独立地位，这种经由类例条别来显示各科知识贵贱尊卑的分类方法，不仅会使典籍分类凌乱失次，而且会严重影响到某些知识类型的积累和承传，严重压缩和窒息某些学科与学术的生存发展空间。在郑樵的《通志二十略》中，尤其是在其《艺文略》中，他给予当时已有的各科知识最大的生存空间，确立各科知识相对独立的学术地位。

首先，郑樵突破了"七略"和四库分类的藩篱，通过自己的类

---

1. 郑樵：《校雠略》，《通志二十略》，中华书局1995年版，第1823页。

例原则重新划定了知识的版图,并由此确立了各科知识的学术地位。《艺文略》彻底打破《隋书·经籍志》的四部成法,将古今图书分为十二类:经类第一,礼类第二,乐类第三,小学类第四,史类第五,诸子类第六,天文类第七,五行类第八,艺术类第九,医方类第十,类书类第十一,文类第十二。从现代眼光来看,图谱和金石也属于文献典籍的范畴,要是再加上《二十略》中的《图谱略》《金石略》,他划定的典籍共有十四类。后来的文献学家们虽肯定郑氏《艺文略》的这种分类,但大多是称道他将图籍进行了更仔细的条别,一是将图书分为十二大类,二是扩大了分类的级数,创立了三级类目体系——大类之中再分小类,小类之中又细分子目,而这种类例的知识论意义却一直被人们所忽视。比起经、史、子、集四部分类来,郑氏《艺文略》中的十二大类,加上《图谱略》《金石略》二类,使不少知识类型摆脱了经的笼罩,并获得了与经并立的地位。如析礼、乐、小学于经之外,使得礼、乐、小学从经的附庸变为与经并肩而立,出天文、五行、艺术、医方、类书于诸子之中,使天文、五行、艺术、医方、类书更易于显示各自的知识特性,不再削足适履地依附于诸子。这种分类表明郑氏对各类知识特性与地位具有深刻的认识。属于古代礼仪法制的"礼类"需因时因地制宜,不应列于亘古不变的"经";"小学"的研究对象是人人习用的文字,将它侧于儒家经典有何理据?天文探究星辰日月,医方传法以治病救人,为什么要与立言以明道的诸子混而为一?衡之以郑樵的知识论标准,一为虚论其理的"空言",一为实纪其迹的"实学",将"实学"并入"空言",就意味着剥夺了"实学"这一知识类型的存在空间与独立地位。金石碑刻是另一种形态的历史文献,有的文献学家将它附丽于经,有的将它并入于史,可它们在内容上既非经非史又亦经亦史,是一种有别于经史子集的知识类型。郑樵对此有独到的认识:"方册者,古人之言语;款识者,古人之面貌。以后学跂慕古人之心,使得亲见其面而闻其言,何患不与之俱化乎?所以仲尼之徒三千皆为贤哲,而后世旷世不闻若人之一二者,何哉?良由不得亲见闻于仲尼耳。盖娴习礼度,不若式瞻容仪,讽诵遗言,不若亲承音旨。今之方册所传者,已经数千万传之后,其去亲承之道远矣。惟有金石所以垂不朽。"[1] 他将三代鼎彝、秦人石鼓、秦后石刻,进行搜集、整理、分类而别为《金石略》,这表现了他深远的学术眼光与开阔的知识视野。江人度上书张之洞论目录学编撰时,对郑氏此举有高度评价:"'金石'之学,《隋志》列'经',《宋志》属'史',已觉歧异。且昔之考核者少,尚可附丽;今之研究者多,岂容牵合?六义附庸,蔚为大国,夹漈《通志》所以别为一略也。盖其中有证经者,有资史者。居之甲部,既病其偏枯;置之乙帙,亦嫌其泛滥。"[2] 可见郑樵单列《金石略》有先见之明。他撰《图谱略》是有感于从向、歆以来,文献学家重书籍而轻图谱的倾向,也是他重"实学"在类例上的表现。

---

1. 郑樵:《金石略》,《通志二十略》,中华书局1995年版,第1843页。
2. 江人度:《与张之洞论目录学书》,引自姚名达《中国目录学史》,上海古籍出版社2002年版,第118页。

当然,《艺文略》的典籍分类仍然存在时代的局限,比如少数地方图书分类标准尚未完全统一,又如对某些知识类型没有足够的重视,最明显的是仍旧将"地理"并于"史类"。历史学处理的是历史时间,而地理学探讨的是宇宙空间,二者可以说"义不同科"。《通志二十略》中有《地理略》,《艺文略》中却没有"地理类",把史学著作与地理学典籍混在一块。清人孙星衍《孙氏祠堂书目》显然受到郑氏《艺文略》的影响,同样将典籍分为十二类,不同的是出地理于史类,在一定程度上弥补了郑氏留下的缺憾。

　　其次,郑樵在类书过程中,既没有意识形态的傲慢,也没有学术的偏见,能客观地平视各种类型的知识,如他将"类书"单列一类而与经、史、诸子并列,这显示了他在知识论上的公心与卓识。为何将类书别为一类呢?他在《校雠略》中对此做过清楚的阐述:"类书者,谓总众类不可分也,若可分之书,当入别类。"[1]类书向为学者所鄙夷和不屑,连最推崇郑樵的章学诚也是如此。他将学术知识分为三类:比次之书、独断之学与考索之功。"高明者多独断之学,沉潜者尚考索之功","比次之书"则无须"高明"也不必"沉潜",任何读书人都可以编纂,因而,"独断之学、考索之功欲其智,而比次之书欲其愚"[2]。可是对于一个文献学家来说,有其学必有其书,有其书则应有其类,不可因对某一类学术知识心存偏见,就剥夺它独

---

1. 郑樵:《校雠略》,《通志二十略》,中华书局1995年版,第1816页。
2. 章学诚撰、叶瑛校注:《文史通义校注》,中华书局1985年版,第476—477页。

立存在的位置。类书的资料来源或经或史或子或集,古代公私文献目录往往将类书或入子部或附集部,可类书的知识形态又不同于子、集。《四库全书》的编者也认识到类书在四部之内无类可归,但又不能打破四部的框架,不得不仍将它附于子部。郑樵把难以归类的类书独立作为一类,深为近代张之洞所称道,张之洞认为丛书、类书在内容上"经、史、子、集皆有,势难隶于四部,故别为类"[1]。张之洞的《书目答问》在经史子集四部之外,又另立第五部"丛书目"无疑受到了郑樵的启发。不过,郑樵的"类书类"中类书多而丛书少,张之洞的"丛书目"中丛书多而类书少。"类书类"中有至今常用的《艺文类聚》《太平御览》《册府元龟》,还有杜佑的名著《通典》,也有丛书性质的《经史子集名数》《诸史总要》等。从郑氏的编目与题注看,他丝毫没有轻视类书和丛书的倾向。

最后,由于郑氏文献学的价值目标是"成学"而非"致圣",所以与古代大多数文献学家不同之处就在于他极少卫道色彩,他在类书时总能兼顾各科知识系统本身的特性,绝不会因为知识的价值评价而任意扭曲各科知识本身的性质,把同一知识类型的书籍强归于不同类别中,这一点只要将《四库全书总目》与《艺文略》做一比较就一目了然。中国古代社会具有深厚的礼乐传统,《礼记·乐记》称"乐由中出,礼自外作",礼具有外在的强制力量,乐具有内在的感化功能,它们都是安邦治国的重要组成部分,礼、乐在古代文献目

---

1. 范希曾编:《书目答问补正》,上海古籍出版社2001年版,第243页。

录中都入六艺略或经部。《四库总目·经部·乐类》小序说："大抵乐之纲目具于《礼》，其歌辞具于《诗》，其铿锵鼓舞则传在伶官。……特以宣豫导和，感神人而通天地，厥用至大，厥义至精，故尊其教得配于经。而后代钟律之书，亦遂得著录于经部，不与艺术同科。顾自汉氏以来，兼陈雅俗，艳歌侧调，并隶《云韶》，于是诸史所登，虽细至筝、琶，亦附于经末。循是以往，将小说、稗官未尝不记言记事，亦附之《书》与《春秋》乎？悖理伤教，于斯为甚。今区别诸书，惟以辨律吕、明雅乐者，仍列于经，其讴歌末技、弦管繁声，均退列'杂艺''词曲'两类中，用以见大乐元音道侔天地，非郑声所得而奸也。"[1] 从知识论的角度看，不论是"辨律吕"还是谈"讴歌"，不论是属于风雅还是隶于艳曲，它们都同属音乐知识的范畴，这方面的典籍理应同归乐类。四库馆臣由于固执的卫道观念，将"明雅乐者"入经部乐类，将"艳歌侧调"归于子部艺术类。如《羯鼓录》一书，馆臣们认为它是"论管弦工尺者，不过世俗之音"，将它归于"艺术"类中。[2] "辨律吕、明雅乐"属阳春白雪，可以入于"乐类"，管弦讴歌之声属下里巴人，只能隶于"艺术类"，哪怕管弦之声属于音乐也不能入"乐"。郑樵则认为诗、乐同源，二者密不可分，"乐以诗为本，诗以声为用……然诗者人心之乐也，不以世之兴衰而存

---

1. 《经部·乐类小序》，永瑢等撰《四库全书总目》，中华书局1965年影印本，第320页。
2. 《凡例》，永瑢等撰《四库全书总目》，中华书局1965年影印本，卷首第17页。

亡，继风、雅之作者，乐府也"[1]。他将三代的风、雅、颂与汉代的民间乐府同隶于音乐，二者并无所谓等级上的尊卑。郑樵类书遵从"义例相近，使相比附"的分类原则，对各类知识不分尊卑，将属于同类知识的典籍归为一类。《艺文略·乐类》分十一小类，其中有"辨律吕"的"乐书"，也有讲演奏的"管弦"，有军乐"鼓吹"，还有"钟磬"与"琴"。"乐书"论乐理，"管弦"讲乐技，虽有"道""艺"之别，却无贵贱之分。它们的研究对象同属音乐，归入同一类符合它们相同的知识属性，这样有利于书库典藏和读者借阅，也有助于学术考镜源流。后来章学诚也应和郑樵的类例原则，强调不能因卫道而扭曲知识类型的性质："盖类有相仍，学有所本；六艺本非虚器，典籍各有源流；岂可尊麒麟而遂谓马牛不隶走部，尊凤凰而遂谓燕雀不隶飞部耶？"[2] 因为尊经而将本应属于音乐知识的"世俗之音"排斥于乐类之外，这不像为了尊凤凰而将燕雀逐出鸟类一样荒唐吗？

四、"类例"的属性：图书分类的准则与条例

郑氏"类例"中的"类"主要是指典籍所属的知识或学科类型，"例"是指典籍分类的条例准则。与此相应，"类例"自然是要立类以

---

1. 郑樵：《通志总序》，《通志二十略》，中华书局1995年版，第7—8页。
2. 章学诚撰、叶瑛校注：《文史通义校注》，中华书局1985年版，第1009页。

明书，也就是要确立知识与典籍的分类准则和条例。他的《校雠略》便主要是对知识与典籍分类准则与条例的理论探讨，而《艺文略》则是其"类例"理论的典籍分类实践。

图书分类的前提是要明簿录体例，要准确判明典籍所属的知识与学科特质，还要确立分类的统一标准，这对编目的文献学家提出了极高的学术要求。要对某学科的性质、某知识类型的特征了然于心，只有百科全书式的学者或该领域的专家才能做到，所以郑樵以"司马迁世为史官，刘向父子校雠天禄，虞世南、颜师古相继为秘书监，令狐德棻三朝当修史之任，孔颖达一生不离学校之官"为例，特别主张"校书之任不可不专"[1]。他认为最理想的编目是"出于一人之手"以"成于一家之学"[2]，如向、歆父子的《别录》《七略》和班固的《汉书·艺文志》；或者由某一学科专家来给某学科的典籍校雠和编目，如《汉书·艺文志》中"兵家一略任宏所校，分权谋、形势、阴阳、技巧为四种书，又有图四十三卷，与书参焉。观其类例，亦可知兵，况见其书乎？其次则尹咸校数术，李柱国校方技"。唐人编撰的《隋书·经籍志》虽成于众手，"亦皆随其学术所长者而授之，未尝夺人之所能，而强人之所不及"，因而《汉书·艺文志》中的兵书略、术数略、方技略颇有"条理"，"而《隋志》尤详明"。为此郑樵专门写了《编书不明分类论三篇》，指出"胸中元无伦类"者"不

---

1. 郑樵：《校雠略》，《通志二十略》，中华书局1995年版，第1812页。
2. 郑樵：《校雠略》，《通志二十略》，中华书局1995年版，第1821页。

明分类","无独断之学"者也"不明分类",让这些人来编书,其结果必然是书目归类混乱,典籍"冗杂不明"。[1]他在《编次之讹论十五篇》中,列举了大量典籍归类的讹谬,如"月令,乃礼家之一类,以其书之多,故为专类。不知《四库书目》如何见于礼类,又见于兵家,又见于农家,又见于月鉴。按此宜在岁时类"[2]。"月令"这类书本属"礼家",但由于后世月令这类书籍太多,文献学家将它从礼家析出单独列为一类。《四库书目》的编者不了解"月令"这类书籍的知识与学科属性,把该类书同时归入礼类、兵家、农家、月鉴四类中,这是典型的"无独断之学"而导致"不明分类"的例子。郑氏认为"月令"这类书籍当入"岁时类",显示了他独到的学术眼光。他还批评了《崇文总目》归类不当的现象:"岁时自一家书,如《岁时广记》百十二卷,《崇文总目》不列于岁时而列于类书,何也?"[3]

为了真正做到"以类明书",郑氏订立了哪些图书分类的重要条例呢?

第一,应"以书类人"而不能"以人类书",也就是说要以书籍的知识类型分类,不应以作者的学派归属分类,因为"类例"的功能是要给图书分类,不是要给学者分组或划派,"以人类书"不仅不能"存专门之学",还会造成图书归类的杂乱。"以书类人"上文有所

---

1. 郑樵:《校雠略》,《通志二十略》,中华书局1995年版,第1821—1822页。
2. 郑樵:《校雠略》,《通志二十略》,中华书局1995年版,第1815页。
3. 郑樵:《校雠略》,《通志二十略》,中华书局1995年版,第1816页。

论析，这里不拟赘述。

第二，给图书分类过程中，要以知识类型作为分类标准，"一类之书当集在一处，不可有所间也"[1]。譬如，属于某一知识类型的典籍就要归为一类，在编目和庋藏时统统都应集中在该类之中，如果散入两类或多类编目、庋藏，就学术史而言，不便于"存专门之学"和溯学术之源；就书籍典藏而言，容易造成图书的散失；就入库借阅而言，也给读者带来诸多不便。古代书目常见一书而两属甚至多属的现象，如《唐志》于仪注类中有玉玺、国宝之书矣，而于传记类中复出此二书。《四库书目》既立命书类，而三命五命之书复入五行卜筮类"[2]。出现这种情况的原因有三：一是编书目者"胸中元无伦类"，对某书的知识和学科属性缺乏准确的判断，如"遁甲，一种书耳，《四库书目》分而为四类，兵书见之，五行卜筮又见之，壬课又见之，命书又见之。既立壬课类，则遁甲书当隶壬课类中"[3]。遁甲是古代的一种术数迷信，属于五行卜筮或壬课一类，既已立了壬课一类就应归于壬课类中，散入兵书类和命书类明显是编目者分类失当。二是编目者的分类标准不统一，致使一书而二属或多属，如在《隋书·经籍志》中，"《嘉瑞记》《祥瑞记》二书，既出杂传，又出五行。诸葛武侯《集诫》《众贤诫》，曹大家《女诫》《正顺志》《娣

---

1. 郑樵:《校雠略》,《通志二十略》, 中华书局1995年版, 第1815页。
2. 郑樵:《校雠略》,《通志二十略》, 中华书局1995年版, 第1815页。
3. 郑樵:《校雠略》,《通志二十略》, 中华书局1995年版, 第1815页。

姒训》《女诫》《女训》，凡数种书，既出儒类，又出总集"[1]。《嘉瑞记》《祥瑞记》二书入"杂传"是"辨体"，入"五行"是"辨义"，时而以"体"分，时而以"义"别，是分类标准不统一造成了一书而二属。三是有些书籍属于多种知识的融合和不同学科的交叉，所以在分类时处于两可之间，既可隶于甲，也可归入乙，如"唐《艺文志》与《崇文总目》既以外丹煅法为道家书矣，奈何《艺文》又于医术中见《太清神丹经》、诸丹药数条，《崇文》又于医书中见《伏火丹砂》《通玄秘诀》数条？大抵炉火与服饵两种，向来道家与医家杂出，不独《艺文》与《崇文》，虽《隋志》亦如此"[2]。古代炼丹和服饵既用来延年也用来治病，所以这两种书可以归于道家也可以隶于医家。第一、二种一书多属的原因在于编目者自身，或者由于"不明分类"，或者是由于自乱其例。第三种一书多属是因为书本身内容上知识的交叉融汇，将该书隶于甲或隶于乙，既都于理有据，又都于义未全。这种情况下，还要谨守郑氏"一类之书当集在一处"而不可二属和多属的主张，在编目上就难免留下遗憾。后来章学诚想出了补救的办法："至理有互通、书有两用者，未尝不兼收并载，初不以重复为嫌；其于甲乙部次之下，但加互注，以便稽检而已。"[3]这就是文献学中所谓"互著"。作为文献学理论的奠基者，郑樵偶有思虑未周是可以

---

1. 郑樵：《校雠略》，《通志二十略》，中华书局1995年版，第1817页。
2. 郑樵：《校雠略》，《通志二十略》，中华书局1995年版，第1816页。
3. 章学诚撰、叶瑛校注：《文史通义校注》，中华书局1985年版，第966页。

理解的，对"一类之书当集在一处"这一分类方法，今天我们应继承其合理部分，弥补其不周全之处，让这一典籍分类方法日趋完善。

第三，分类过程中典籍编次要井然有序，在同一大类中要分出小类，在同一小类中再分出子目，即使不标出子目也必须或按内容或按时序分出次第，为此他写下《编次有叙论二篇》阐述编目次序问题："《隋志》每于一书而有数种学者，虽不标别，然亦有次第。如《春秋》三传，虽不分为三家，而有先后之列，先《左氏》，次《公羊》，次《穀梁》，次《国语》，可以次求类。《唐志》不然，三传《国语》可以浑而杂出。四家之学犹方圆冰炭也，不知《国语》之文可以同于《公》《穀》，《公》《穀》之义可以同于《左氏》者乎？"[1] 图书编次有序既便于考索学术源流，也便于读者查阅。当然，郑氏更多的是着眼于追溯学术源流："《隋志》于礼类有《丧服》一种，虽不别出，而于《仪礼》之后，自成一类，以丧服者《仪礼》之一篇也。后之议礼者，因而讲究，遂成一家之书，尤多于三礼，故为之别异，可以见先后之次，可以见因革之宜，而无所紊滥。今《唐志》与三礼杂出，可乎？"[2]《隋书·经籍志》中"礼类"虽没有标出"丧服"子目，但在《周官礼》后是《仪礼》，《仪礼义疏》六卷后，便是"《丧服经传》一卷（马融注）、《丧服经传》一卷（郑玄注）"。《丧服》本为《仪礼》中的一篇，但《隋志》中《仪礼》义疏只有四部共四十卷，《丧服》义疏

---

1. 郑樵：《校雠略》，《通志二十略》，中华书局1995年版，第1822页。
2. 郑樵：《校雠略》，《通志二十略》，中华书局1995年版，第1822页。

却多达五十部二百一十三卷。《丧服》虽说是别子为宗而自成一类，《隋志》将它置于《仪礼》之后《大戴礼记》之前[1]，一是表明《丧服》与《仪礼》的隶属关系，二是可以考见礼类的"因革之宜"。

第四，他强调在给图书分类编目时，一定要在书套上记下书名与卷数，要是不标上书名，时间一长该书就会与它书混淆，人们就将不知道世上尚有或曾有此书，久而久之这本书就可能亡佚。他在《编次失书论五篇》中指出："书之易亡，亦由校雠之人失职故也。盖编次之时，失其名帙，名帙既失，书安得不亡也。按《唐志》，于天文类有星书，无日月风云气候之书，岂有唐朝而无风云气候之书乎？编次之时失之矣。按《崇文目》（应为《崇文总目》——引者注），有风云气候书，无日月之书，岂有宋朝而无日月之书乎？编次之时失之矣。《四库书目》并无此等书，而以星禽洞微之书列于天文，且星禽洞微，五行之书也，何与于天文？"[2]《唐志》天文类中之所以只有星书而没有风云日月气候之书，是因为给图书分类编目的人没有在书套上记下书名，人们误以为这类书在唐朝全都亡佚，最后就可能真的导致这类书籍散佚。亡书者竟然是那些嗜书如命的文献校雠家！说来谁会相信呢？郑樵对此沉痛地感叹道："自汉以来，书籍至于今日，百不存一二，非秦人亡之也，学者自亡之耳！"[3]除必须记

---

1. 魏徵等：《隋书》，中华书局1973年版，第919—921页。
2. 郑樵：《校雠略》，《通志二十略》，中华书局1995年版，第1809页。
3. 郑樵：《校雠略》，《通志二十略》，中华书局1995年版，第1803页。

名帙外,郑樵同样也十分重视记卷帙,他在《编次之讹论》中对编目不计卷帙和计卷帙不规范的现象提出了批评:"凡编书,每一类成,必计卷帙于其后。如何《唐志》于集史计卷而正史不计卷,实录与诏令计卷而起居注不计卷?凡书计卷帙皆有空别,《唐志》无空别,多为抄写所移。"[1]《唐志》中有些书计卷数有些书又不记卷数,别的图书编目计卷帙都有"空别",《唐志》或许是抄写过程中的疏忽而没有留"空别"。他自己编撰的《艺文略》则非常规范,十二大类中每一本图书都记了卷数,每一小类和每一子目(郑氏称"种")都记了总部数和总卷数。如"经类第一"中《易》这一小类又分十六子目,第一个子目"古易":"《连山》,十卷。《归藏》,三卷。《三皇太古书》,三卷。""古易"子目结束后又标明"右《古易》三部,十六卷"。《易》小类最后又总计"凡《易》十六种(即《易》分十六子目——引者注),二百四十一部,一千八百九十卷"[2]。郑氏当年计卷帙留下的"空别"因原稿已佚而无从查证,但可以肯定他留有"空别"。为什么要记图书的卷数、子目、小类的总部数和总卷数呢?编目必须记下图书卷数的原因有二:一是常有同书而异名、异书却同名的现象,记下卷数便于辨别确证;二是记下卷数可以发现该书历朝卷帙的分合、版本的变动、书籍存亡的时间等。记下某子目和某类的部数与卷数,既可以从中看出某些学科、某些方向学术的兴

---

1. 郑樵:《校雠略》,《通志二十略》,中华书局1995年版,第1817页。
2. 郑樵:《艺文略》,《通志二十略》,中华书局1995年版,第1449—1457页。

衰，也可从中发现社会对某一学科的关注度，某些学术的兴奋点，还可见出哪些大类、小类、子目中典籍部数和卷数有无增减。

第五，在给图书分类编目时，不能见名不见书，不能看前不看后，一定要细读全书以明其知识与学科归属，否则将会因望文生义或主观臆断而出现分类的舛讹，郑氏在《见名不见书论二篇》中说："编书之家，多是苟且，有见名不见书者，有看前不看后者。《尉缭子》，兵书也，班固以为诸子类，置于杂家，此之谓见名不见书。《隋》《唐》因之，至《崇文目》始入兵书类。颜师古作《刊谬正俗》，乃杂记经史，惟第一篇说《论语》，而《崇文目》以为论语类，此之谓看前不看后。应知《崇文》所释，不看全书，多只看帙前数行，率意以释之耳。"[1] 这一条例对于图书分类编目来说实属真知灼见，可惜，他的《艺文略》中错入与重出的书籍不少，都是因为他作法而自蹈——自己分类编目时犯了"见名不见书"的错误，前人对此多有批评和纠谬。他明明知道分类编目时不能"见名不见书，看前不看后"，在《图谱略·明用》篇中他还说过"若无核实之法，何以得书之情？"[2] 郑氏自己给书分类编目时，何以触犯自己所订下的条例呢？其中必有许多难言之隐，我们了解一下他一生的处境，就会对他有一种"理解之同情"。郑樵一生绝大部分时间独处东南僻壤，五十五岁后才特补右迪功郎，还莫名其妙地接连遭人弹劾，只有极

---

1. 郑樵：《校雠略》，《通志二十略》，中华书局1995年版，第1809—1810页。
2. 郑樵：《图谱略》，《通志二十略》，中华书局1995年版，第1828页。

短时间才被允许到秘书省查书。在他编写《艺文略》时，有些书籍他根本无缘见到，自然也无法一本书一本书地"核实"，他"见名不见书"不是不愿"见"而是不能"见"，《艺文略》错谬的背后有多少后人难以想象的无奈和辛酸！

第六，为了避免图书的错收、漏收和重出，在分类编目完成后要反复校勘。他对《隋书·经籍志》评价很高，但《编次之讹论十五篇》也指出了《隋志》在这方面的失误："若乃陶弘景《天仪说要》，天文类中两出。赵政《甲寅元历序》，历数中两出。《黄帝飞鸟历》与《海中仙人占灾祥书》，五行类中两出。庾季才《地形志》，地理类中两出。凡此五书，是不校勘之过也。以《隋志》尚且如此，后来编出于众手，不经校勘者可胜道哉！"[1] 这里的一书"两出"与上文所说的一书两属或多属不同，两属或多属是一书置于两类或几类中，"两出"是一书重复置于同一类之中，这显然是分类编目者疏忽造成的。疏忽草率还容易造成图书的错收和漏收，如"萧何律令，张苍章程，汉之大典也，刘氏《七略》、班固《汉志》全不收"，这些典籍"至隋、唐犹存，奈何阙于汉乎"[2]？可见，分类编目完成后仔细校勘核对这一环节必不可少。不过，令人遗憾的是，《艺文略》中同样也偶有图书的错收、漏收和重出现象。

"类例"的卓绝之处在于发凡起例，其所振者为"鸿纲"，其所

---

1. 郑樵：《校雠略》，《通志二十略》，中华书局1995年版，第1817页。
2. 郑樵：《校雠略》，《通志二十略》，中华书局1995年版，第1811页。

失者属"小节"[1]，丝毫不影响郑氏"类例"理论在文献学史上的里程碑意义。

原刊武汉大学《图书情报知识》2009年第3期

---

1. 章学诚撰、叶瑛校注：《文史通义校注》，中华书局1985年版，第463—464页。

集部的起源与流变论略

在阐述"集部的起源与流变"之前,先来界定一下什么是集部和文集。"集部"是我国古代图书经史子集四部分类法中的第四部,它是各时代文集的总汇。所谓"文集"就是作家们各类作品的汇编,古代的"文"通常是各类体裁的泛指,并非专指散文这一种文体。集部主要包括作家的别集和总集。别集是作家个人作品的汇编,总集是各个朝代、某一朝代、某一文体的总汇或选编。

在我国传统的经史子集之中,要数集部的书籍最多,也要数集部的书籍最杂;要数集部形成最晚,也要数集部地位最低。集部中别集的作者和总集的编者都是"文人"。到南朝的时候,"文人"被范晔列入《后汉书·文苑传》,以与《儒林传》中的经学家和人文学者相区隔。列入《后汉书·文苑传》中的这些"文人",并不是秦代和西汉所说的"文学士",那时的"文学士"与"方术士"并列,"文学士"相当于今天的人文学者,"方术士"近似于今天的技术人员,《后汉书·文苑传》中的"文人"就是现在常说的作家诗人,古时也称他们为"骚人墨客"。开始,"文"与"学"没有"分家",学者可能同时又是作家诗人,《汉书》中只有《儒林传》而没有《文苑传》。扬雄既是大儒也是辞赋家,他的经学著作有《法言》《太玄》,小学著作有《方言》和《训纂》,古代小学是经学的重要组成部分。《汉书·艺文志》收录了《扬雄赋》,扬雄与司马相如同为汉赋的代表作家。不过,扬雄本人从来以"大儒"自居,对自己的赋家身份则十分不屑,甚至公开说赋是"雕虫篆刻,壮夫不为"[1]。三国时期虽然曹丕认为"文章乃经国之大业"[2],他的弟弟曹植仍然"耻以翰墨为勋绩,辞赋为君子"[3],初唐的刘知几还是"期以述者自命,耻以文士得名"[4],甚至伟大诗人杜甫也说"文章一小技,于道未为尊"[5],直到清初顾炎武还说"一为文人,便不足观"。

古代很多读书人鄙薄文人,最后大多数读书人都成了文人;声称"耻以翰墨为勋绩"者,一生最大的勋绩恰恰是其"翰墨";每个书生大多都希望"成一家之言",后来几乎都被动或主动"代圣人立言"。为什么会出现理想与结局的悖论呢?

---

1. 扬雄撰、汪荣宝义疏:《法言义疏》,中华书局1985年版,第45页。
2. 曹丕撰、魏宏灿校注:《曹丕集校注》,安徽大学出版社2009年版,第313页。
3. 曹植撰、赵幼文校注:《曹植集校注》,人民文学出版社1984年版,第154页。
4. 刘知几:《史通》,上海古籍出版社2008年版,第207页。
5. 杜甫撰、杨伦笺注:《杜诗镜铨》,上海古籍出版社1980年版,第612页。

这里我试图从民族精神的渴求、读书人的境遇,和大家一起聊聊集部形成的渊源、集部繁荣的动因以及读书人只得做文人的文化语境。

一、集部的起源

章学诚在《文史通义》中多次论述文集的起源:"子史衰而文集之体盛,著作衰而辞章之学兴。文集者,辞章不专家,而萃聚文墨,以为龙蛇之菹也。后贤承而不废者,江河导而其势不容复遏也。经学不专家,而文集有经义;史学不专家,而文集有传记;立言不专家,而文集有论辩。后世文集,舍经义与传记、论辩三体,其余莫非辞章之属也。"[1] 章氏虽向以思想深刻为人所称,可将文集勃兴归结为学术衰微和人情浇薄却大可商榷。文集盛与子史衰没有必然联系,如东汉魏晋南北朝和唐宋史学和文学都很兴盛,范晔与谢灵运既可同时,苏轼与司马光也不妨并世。战国时期诸子百家争鸣,并没有妨碍屈宋等人的楚辞兴盛。如果不以儒家有色眼镜来看,六经中有史体,有子体,也有诗文,以今天的知识分类《诗经》就属于诗集,《礼记》也有许多议论。张舜徽先生在《广校雠略》中说:"著

---

1. 章学诚撰、叶瑛校注:《文史通义校注》,中华书局1985年版,第61页。

述文字，无外三门：抒情一也，说理二也，记事三也。"[1] 被章学诚视为"先王之政典"的"六经"，就兼具抒情、说理和记事三种文字。抒情是人类的内在需求，我们不只有事实需要记叙，也不只有道理需要阐明，还有情感需要抒发。《汉书·艺文志·诗》小序说："《书》曰：'诗言志，歌咏言。'故哀乐之心感，而歌咏之声发。诵其言谓之诗，咏其声谓之歌。"[2]《诗经》中的许多诗歌产生年代早于六经中的有些文字。《隋书·经籍志·集部》总序说："唐歌虞咏，商颂周雅，叙事缘情，纷纶相袭，自斯以降，其道弥繁。"[3] 可见，不是经、史、子衰落后才产生集，而是集与经、史、子同时产生。

《汉书·艺文志》基本是向、歆父子《七略》的节删，其中的《诗赋略》其实就是后来的"集部"。除《河南周歌诗》七篇"和"《周谣歌诗》七十五篇"等可能是先秦作品外，《诗赋略》中收录的诗歌主要是汉诗，因为汉以前的诗歌总集《诗经》后世成为儒家六经之一，已入《汉书·艺文志》的《六艺略》。收录的"赋"也主要是汉赋，战国和秦代的辞赋比例很小，其中汉辞赋集有五十三种，共收辞赋共九百四十篇，战国和秦代辞赋集只有五种，共收辞赋仅六十四篇。

关于文集起源的时间，《四库全书总目·集部总序》说："集部之目，楚辞最古，别集次之，总集次之，诗文评又晚出，词曲则其

---

1. 张舜徽：《广校雠略》，华中师范大学出版社2004年版，第22页。
2. 班固：《汉书》，中华书局1973年版，第1708页。
3. 魏徵等：《隋书》，中华书局1973年版，第1090页。

闻余也。古人不以文章名，故秦以前书无称屈原、宋玉工赋者。泊乎汉代，始有词人。迹其著作，率由追录。"[1]四库馆臣将西汉刘向编《楚辞》作为文集的源头。《汉书·艺文志·诗赋略》中有《屈原赋》二十五篇、《宋玉赋》十六篇，但并无"楚辞"之名，自刘向将屈原、宋玉等人辞赋编为一集才定名《楚辞》，"楚辞"得名大概缘于此体创自楚人。古典文献学分类中，《楚辞》不仅是"最古"的集部，也是最早的总集。假如打破儒家的传统眼光，去除封建意识形态的成见，按现代的学术和知识分类，我国最早的诗歌总集当属《诗经》。

《汉书·艺文志》有《诗赋略》，是因为当时子史之外的文体只有诗赋。日益丰富的社会生活自然需要多种多样的文体来表现，东汉以后涌现出许多新的文体，有许多零碎的记叙文不能归入史书，有许多庞杂的论说文不能归入子书，有许多抒情作品不能并入诗赋，有许多应用文更无类可归。这些诗文或其记事可以证史，或其议论可以明理，或其抒情直指人心，作者本人十分珍惜它们，社会上也有不少读者，于是，就由本人或由他人将写于各个时期的作品集中起来编辑成册，这就是别集的由来。别集数量庞大后就出现了总集，总集不过是别集的汇编或选编。

魏晋南北朝时期新文体大量涌现，仅《文心雕龙》中论述到的文体就有二十多种，学者和文人都开始对文体进行归类，这

---

1. 永瑢等：《四库全书总目》，中华书局1965年影印本，第1267页。

样就出现了"文""笔"之分——"有韵谓之文,无韵谓之笔"。《文心雕龙》中属于"文"类的文体就有"骚""诗""乐府""赋""颂""赞""祝""铭""箴"等十几种,属于"笔"的文体也有"杂文""史传""论说""诏策""檄""移""封禅""章""表""奏启""议对""书记"等十余种。《诗赋略》显然涵盖不了魏晋南北朝出现的这些新文体,南朝宋齐时王俭《七志》改称《文翰志》,梁朝阮孝绪《七录》又改为《文集录》,他在《〈七录〉序》中阐释改名原因说:"王(即王俭)以诗赋之名,不兼余制,故改为《文翰》。窃以倾世文词,总谓之集,变'翰'为'集',于名尤显,故序《文集录》为内篇第四。"[1] 王俭以《诗赋略》"不兼余制"而改《文翰志》,阮孝绪以"文词总谓之集"而改为《文集录》。可见,将各种文体汇编成文集在梁时已成风习,社会上出现了很多总集和别集才会有"文集录"。《文集录》后来顺理成章地成了《隋书·经籍志》的"集部"。

就图书分类源流而言,"《隋志》《四库》为《七略》《七录》之后裔"[2],《诗赋略》更直接是后世"集部"的前身。

---

1. 阮孝绪:《七录序》,《全上古三代秦汉三国六朝文》,中华书局1958年影印本,第3345页。
2. 姚名达:《中国目录学史》,上海古籍出版社2002年版,第80页。

二、"何文人之多也！"

文集的作者通常都被称为"文人"。古代文集如恒河沙数，文人当然也就多如牛毛。是什么样的文化土壤有利于文人的产生呢？

汉武帝"独尊儒术"以后，思想学术的百家争鸣从此就变为儒家的一家独唱。两千多年来，朝代虽然走马灯似的不断更迭，但儒家思想差不多是历朝官方的意识形态。经学一旦成为士人的进身之阶，士人对经学自然也趋之若鹜。许多人一生就消磨在六经或十三经中，"穷经皓首"现在看来有些辛酸，过去却意味着尊严和学问。《四库全书总目》中，十三经的传、注、疏占了总目的四分之一。经学这种长期的一花独放，造成了思想学术的百花凋零。《四库全书总目》中，子部只有儒家"一家独昌"，墨家、道家、法家基本上都名存实亡。其实，经学和儒家的繁荣也是一种"虚胖"。儒生宗经从不疑经，释经更不敢驳经，"注不驳经，疏不破注"是必须遵守的解经原则，对经书稍存异议就可能成为"名教罪人"。要是只能信奉不能怀疑，任何思想都将僵化萎缩，儒家思想自然也不能例外。一种只能信奉而不能质疑的思想，对大多数人都不会有什么吸引力。只要国家的控制力减弱或放松，好学深思的人都会将它抛弃，像魏晋玄学家那样公开声称"非汤武而薄周孔"的人虽然极少，但内心不喜欢儒家名教的人肯定很多。至于从事经学研究，士人大多不具备这种学术功力，更没有这种学术兴趣。

春秋战国时士人讨厌儒家可以逃于墨家，不爱名家可以亲近道家，鄙视阴阳家可以崇奉法家，甚至自己还可以开宗立派，汉以后士人就失去了这样的思想空间，他们要么做谨守礼法的淳儒，要么就是蔑圣非礼的异端。"成一家之言"的司马迁，被东汉另一大史家班固指责为"其是非颇谬于圣人"。"立言"一直是志士追求个体生命不朽的冲动，可汉以后只能"代圣人立言"，"成一家之言"不仅是一种个人思想的历险，更是一种身家性命的冒险。自汉至今的两千多年来，独立思考给读书人带来的乐趣，远远抵不上给读书人造成的灾难。刘勰在《文心雕龙·序志》中交代自己为什么研究文学时说："敷赞圣旨，莫若注经，而马郑诸儒，弘之已精，就有深解，未足立家。唯文章之用，实经典枝条，五礼资之以成，六典因之致用，君臣所以炳焕，军国所以昭明，详其本源，莫非经典……于是搦管和墨，乃始论文。"[1]过去只觉得他的学术选择非常英明，现在才明白他的人生选择非常精明。像刘勰这样有思辨才能的天才，无疑不愿意像鹦鹉一样注经，又不敢像先秦诸子一样立说，于是就选择不容易犯"政治错误"的文学领域进行研究，而且研究文学之前还要申明文学本源"莫非经典"，这就等于给自己的研究工作加了双保险。顺便说一句，自《隋书·经籍志》后，所有史志目录和私家目录，都将《文心雕龙》入集部，其实，这部名著从性质上说应入子部，它研究的对象虽然是文学，但它本质上是立言的子书。

谨小慎微地注经心有不甘，大胆地创立新说又实属不敢，加之

---

[1]. 刘勰撰、范文澜注：《文心雕龙注》，人民文学出版社1958年版，第726页。

孔子告诫"君子不器",这使古代读书人既不愿做鹦鹉学舌的经学家,也不敢做不依门墙的思想家,更鄙视做某一行当的专家。《汉书·艺文志》中属于"形而下"的《兵书略》《术数略》《方技略》,尚能与"形而上"的《六艺略》《诸子略》《诗赋略》并列,到《隋书·经籍志》和《四库全书总目》的时候,后三略就完全并到了子部中。唐宋以后的知识界越来越轻视"见闻之知"和实用之学,汉志中的《兵书略》《术数略》《方技略》这类属于实用技术的知识失去了独立存在的空间。宋代理学家更高扬"德性之知"而贬抑"见闻之知":"世人之心,止于闻见之狭;圣人尽性,不以见闻梏其心,其视天下无一物非我,孟子谓尽心则知性知天以此。天大无外,故有外之心不足以合天心。见闻之知,乃物交而知,非德性所知;德性所知,不萌于见闻。"[1]张载认为"见闻之知"是与物相交而产生的外在知识,"德性所知"则属于尽心知性的内在道德自觉。"见闻之知"容易导致人们追逐外物而丧失自我,沉溺形器则"心丧于象",放纵耳目则便神溺于物。程颐在《伊川先生语十一》中说得更加明白:"闻见之知,非德性之知。物交物则知之,非内也,今之所谓博物多能者是也。德性之知,不假闻见。"后世儒者把先儒反求诸己推向了极端:"学也者,使人求于内也。不求于内而求于外,非圣人之学也。"[2]朱熹虽然偏向于"道问学",虽然强调"格物致知",但他的"学"和"知"

---

1. 张载:《正蒙·大心篇》,《张载集》,中华书局1978年版,第24页。
2. 程颢、程颐:《伊川先生语十一》,《二程集》,中华书局1981年版,第317页。

只"就自家身上推究","就自家身上理会","只就自家身上讨道理"。外物的客观知识不仅没有价值,"博物多能"反而成为德性之累。在这种价值取向的社会中,最要面子的士人怎么会去从事方技一类的职业呢?

这还涉及我国古代的学术分科和知识分类问题。从《七略》到"四部"的知识系统建构中,中国古代只有学派而没有学科。与孟子大体同时的亚里士多德,已经具有非常明确的学科分类观念,与我们先秦诸子笼统的《老子》《孟子》《韩非子》《荀子》大不相同,他的著作名称就标明了自己的研究对象:《形而上学》《范畴篇》《大伦理学》《政治学》《物理学》《气象学》《动物志》《经济学》《修辞学》《诗学》等。春秋战国虽然有诸子百家,但各家的研究对象基本都是人际社会,差别只是各家各派对人际社会的认识不同。南宋后期郑樵才有点模糊的学科意识,开始着手重新建构当时的知识系统,打破《七略》和"四部"的成规,把知识分为十二大类。可惜,他分类的标准也不统一,很多知识大类并非按学科划分。再说,郑樵在古代人微言轻,清代的四库馆臣绝没有把他看在眼里,即使他完全按学科进行分类,对我国古代学者也没有什么影响。我国古代知识分类的集大成者非《四库全书总目》莫属,经史子集四部分法每一部的分类标准都不同,这使经史子集四部具有丛书的性质,而没有任何学科的踪影。

中国几千年来没有产生任何学科分类,加之"君子不器"在价值取向上鄙视专家,读书人当然不可能选择做某学科的专家。唐代科举最重以诗赋取士的进士科,宋代进士科仍考诗、赋、论。从唐宋笔记小品就不难看出,会吟诗作赋最受世人崇拜,登进士后也容易进入官场,应验了《诗经》毛传所谓"登高能赋可以为大夫"的名言。因而,才智之士多挤着去做墨客骚人,难怪顾炎武在《日知录》中感叹说:"唐、宋以下,何文人之多也!固有不识经术,不通古今,而自命为文人者矣。韩文公《符读书城南》诗曰:'文章岂不贵,经术乃菑畬。潢潦无根源,朝满夕已除。人不通古今,马牛而襟裾。行身陷不义,况望多名誉?'而宋刘挚之训子孙,每曰:'士当以器识为先,一号为文人,无足观矣。'然则以文人名于世,焉足重哉!"[1]不管学者和显宦如何轻视文人,魏晋以后的文人越来越多。唐代有文才显然比有学问更吃香,在唐代"穷经皓首"成了嘲讽的对象,连书生王维也高喊"谁能书阁下,白首太玄经"。舞文弄墨是那时读书人从小养成的兴趣,也是他们成人后人生的出路,更是他们仕途的终南捷径。

其实,魏晋南北朝以后文人与学者就开始分离,最显著的标志是《后汉书》在《儒林传》之外另立《文苑传》,文人也对自己的身份越来越自觉,更对自己的身份越来越自豪。世上学者轻视文人的现象固然不少,历史上文人轻视学者的例子也同样很多。学者认为文

---

[1] 顾炎武著、黄汝成集释:《日知录集释》,上海古籍出版社2006年版,第1089—1090页。

人"其兴浮,其志弱"[1],文人则觉得学者"懦钝殊常","了无篇什之美"[2]。学者鄙视文人没有学问,文人则讥讽学者了无才华,彼此相轻由来已久。萧统甚至将老庄等诸子著作排除在文学之外,称它们只是以"立意为宗",而文学创作则必须以"能文为本",而"能文"的唯一标准就是"事出于沉思,义归乎翰藻"[3]。文学创作要求以"能文为本",并非要以"立意为宗",这一新奇的文学观念可能是世界上最早的"唯美主义"文学观。文学作品可以不在乎"意",但它绝不能没有"美","能文"的落脚点是章法与语言上的形式美。这一点从朱熹评价韩愈就能看出学者与文人的差异:"韩退之、欧阳永叔所谓'扶持正学,不杂释老'者也,然到得紧要处,更处置不行,更说不去。"[4]为什么"更说不去"呢?"缘他不曾去穷'理',只是学作文,所以如此"。柳诒徵在《中国文化史》中说:"盖古之学者以学为文,未尝以文为学。汉、魏而下,经子之学衰,而文章之术盛,作者如林,不可殚述。"[5]从"以学为文"到"以文为学",也就是从"以立意为宗"到"以能文为本",它是学与文的分离,也是子与集的分际,当然也是"作者如林"和文集繁盛的原因。

---

1. 裴子野:《雕虫论》,《全上古三代秦汉三国六朝文》,中华书局1958年影印本,第3262页。
2. 萧纲:《与湘东王书》,《全上古三代秦汉三国六朝文》,中华书局1958年影印本,第3011页。
3. 萧统:《文选》,中华书局1966年影印本,第2页。
4. 朱熹:《朱子语类》,中华书局1982年版,第1317页。
5. 柳诒徵:《中国文化史》,东方出版中心1988年版,第399页。

三、别集

别集是个人的诗文汇编或选编,作者生前自编的集子通常多为选集,因为作者顾惜自己的名声,必然要删去许多不满意的作品。作者死后由门人、后人编的集子一般多为汇集,这些人往往因为尊亲尊师,或者因为对死者的崇拜,或者因为对其作品的喜爱,他们大多愿意保存作者的所有作品甚至只言片字,所以《四库全书总目·集部总序》说:"四部之书,集部最杂。"[1] 别集除了主要收录作者诗文外,也收录同一作者的应用文体,如尺牍、奏章、杂记、杂论、逸闻等。别集不仅收录的文体和内容十分庞杂,别集的名称也千变万化。别集最早的时候简称为"集",到南朝齐梁时开始有"别集"之名,梁阮孝绪《七录》中有"别集部",此后别集的名称更五花八门。《四库全书总目·别集类序》说:

> 其自制名者,则始于张融《玉海集》。其区分部帙,则江淹有《前集》,有《后集》;梁武帝有《诗赋集》,有《文集》,有《别集》;梁元帝有《集》,有《小集》;谢朓有《集》,有《逸集》;与王筠之一官一集,沈约之《正集》百卷,又别选《集略》三十卷者,其体例均始于齐梁。盖集

---

1. 永瑢等:《四库全书总目》,中华书局1965年影印本,第1267页。

之盛，自是始也。[1]

　　个人别集命名的方式多种多样，或以作者姓名，如《司马相如集》《嵇康集》；或以字号，如《曹子建集》；或以官职，如《阮步兵集》《杜工部集》；或以籍贯，如《昌黎文集》；或以谥号，如《陶靖节诗》；或以创作之地；或以做官之所；或以文集内容；或以文集体裁……

　　后世别集的名称更是千奇百怪，张舜徽先生在《清人文集别录·自序》中说："清人自裒所为文，或身后由门生故吏辑录之，以成一编。大抵沿前世旧称，名之曰集，或曰文集，或曰类集，或曰合集，或曰全集，或曰遗集；亦名之曰稿，或曰文稿，或曰类稿，或曰丛稿，或曰存稿，或曰遗稿。而稿之中有初稿、续稿之分；集之中有正集、别集之辨。其不以集或稿为名者，则命曰文钞，或曰文录，或曰文略，或曰遗文。此正例也。亦有不标斯目，而别制新题者。如颜元《习斋记余》、万斯同《群书疑辨》、董丰垣《垣识小编》、法坤宏《宏学古编》、钱塘《溉亭述古录》、张宗泰《质疑删存》……名似笔记，实即文编。"[2] 到底是文集，还是笔记，抑或专著，不能只看书名就妄下结论，有的书名似笔记而实为文集，有的书名似文集实为学术专著。

---

1. 永瑢等：《四库全书总目》，中华书局1965年影印本，第1271页。
2. 张舜徽：《清人文集别录》，华中师范大学出版社2004年版，第2页。

别集的起源有好几种不同的说法：

一说起源于西汉。萧绎《金楼子·立言》称："诸子兴于战国，文集盛于两汉，至家家有制，人人有集。"[1]张舜徽先生也持这样的观点："《汉志》之《诗赋略》，即后世之集部也。观其叙次诸家之作，每云某某赋若干篇，各取其传世之文，家各成编，斯即别集之权舆。如云《屈原赋二十五篇》，即《屈原集》也；《宋玉赋十六篇》，即《宋玉集》也……是刘向父子校书秘阁时，即已裒集多家之文，依人编定，使可别行。当时无'集'之名，而有'集'之实。"[2]

二是起源于东汉。最早提出此说的是《隋书·经籍志》，《四库全书总目》也附和《隋书·经籍志》，前者说"别集之名，盖汉东京之所创也"，后者说"集起于东汉。荀况诸集，后人追题也"。[3]

三是起源于西晋。此说以清人章学诚为代表，《文史通义》内编说："自东京以降，讫乎建安、黄初之间，文章繁矣。然范、陈二史，所次文士诸传，识其文笔，皆云所著诗赋碑箴颂诔若干篇，而不云文集若干卷，则文集之实已具，而文集之名犹未立也。（《隋志》：'别集之名，东京所创。'盖未深考。）自挚虞创为《文章流别》，学者便

---

1. 萧绎：《金楼子·立言》，引自郭绍虞主编《中国历代文论选》第一册，上海古籍出版社1979年版，第342页。
2. 张舜徽：《四库提要叙讲疏》，云南人民出版社2005年版，第140页。
3. 参见《隋书·经籍志·别集类序》，《隋书》，中华书局1973年版，第1081页；《四库全书总目·别集类序》，《四库全书总目》，中华书局1965年影印本，第1271页。

之,于是别聚古人之作,标为别集,则文集之名,实仿于晋代。"[1]

魏晋以后,别集越来越兴盛。士人无不把文学创作和文集流传当作自己的名山事业。即使贵为天子的曹丕,也认为"文章乃经国之大业,不朽之盛事",《三国志·魏文帝纪》称:魏文帝"好文学,以著述为务,自所勒成垂百篇"[2]。可见,他不仅勤于写作,也细心收藏和编辑自己的作品,曹丕是自编文集较早的作家。他的弟弟曹植还严格编辑和删定自己的作品,他在自编文集《前录自序》中说:"余少而好赋,其所尚也,雅好慷慨,所著繁多。虽触类而作,然芜秽者众,故删定别撰,为《前录》七十八篇。"[3]齐代王融将自己的文集名为《玉海》。《梁书·王筠传》载筠与诸儿书说:"史传称安平崔氏及汝南应氏,并累世有文才,所以范蔚宗云:'崔氏世擅雕龙。'然不过父子两三世耳。非有七叶之中,名德重光,爵位相继,人人有集,如吾门世者也。"[4]

别集的编排方式主要有两种:或以创作年代为序,或以不同体裁分卷。邓广铭的《稼轩词编年笺注》属于前者,《四部丛刊》本《柳宗元集》属于后者。即使同一作者的别集也可能同时用这两种编排,如杜甫全集有仇兆鳌的编年《杜诗详注》,有浦起龙的分体《读杜心解》。这两种编排方式各有其长处和短处。

---

1. 章学诚撰、叶瑛校注:《文史通义校注》,中华书局1985年版,第296页。
2. 陈寿:《三国志·魏文帝纪》,中华书局1982年版,第88页。
3. 曹植撰、赵幼文校注:《曹植集校注》,人民文学出版社1984年版,第434页。
4. 姚思廉:《梁书》,中华书局1973年版,第486—487页。

别集中又细分为全集和选集。将作家所有作品汇编在一起就是全集，根据某种标准对一个作家作品进行取舍就是选集。就像全集可能是自己编也可能是他人编一样，选集同样也可能是自己选——如作家的很多自选集，也可能是他人选——如《苏轼诗选》《欧阳修散文选》。

四、总集

所谓总集就是众多作家作品的汇编或选编。汇编或选编的标准或根据同一时代，如《全唐诗》；或根据同一体裁，如《全元散曲》；或根据同一类型，如《唐宋八大家集》；有时按时代同时也按体裁汇编或选编，如《唐诗三百首》《宋词三百首》等。

对于编总集的原因及其总集的功用，《隋志·总集类序》曾有过简略的阐述："总集者，以建安之后辞赋转繁，众家之集日以滋广，晋代挚虞苦览者之劳倦，于是采摘孔翠，芟剪繁芜，自诗赋下各为条贯，合而编之，谓之为《流别》。是后，文集总钞，作者继轨，属辞之士，以为覃奥，而取则焉。"[1] 总集的起源和功能，《四库全书总目·总集类序》讲得最为透彻：

---

1. 魏徵等：《隋书》，中华书局1973年版，第1089—1090页。

> 文籍日兴，散无统纪，于是总集作焉。一则网罗放佚，使零章残什，并有所归；一则删汰繁芜，使莠稗咸除，菁华毕出。是固文章之衡鉴，著作之渊薮矣。《三百篇》既列为经，王逸所裒，又仅楚辞一家，故体例所成，以挚虞《流别》为始。[1]

四库馆臣这段话包括了几层意思：一、总集的功用既要网罗散佚，又得删汰繁芜，也就是说一方面可以汇聚所有作品，尽可能做到"应有尽有"，这样就有了"著作之渊薮"的全集；另一方面又竭力选取菁华，尽可能做到"当无则无"，这样就有了"文章之衡鉴"的选集。二、《诗经》三百篇列入经类，王逸编辑的《楚辞章句》又划出了总集，这样挚虞的《文章流别》就成了总集的开山始祖。

这里讲总集的功用全面透彻，讲总集的起源则不够准确。如果不囿于封建时代的意识形态，完全按文学标准进行分类，《诗经》是总集最早的源头，《楚辞章句》要算汉代第一部总集。即使除去这两部总集，《文章流别》也算不上总集的鼻祖。曹丕《典论论文》说："昔年疾疫，亲故多离其灾，徐、陈、应、刘，一时俱逝，痛可言邪！顷撰其遗文，都为一集，观其姓名，已为鬼录。"[2] 这部建安七子集就是三国时期的文学总集。南北朝后大型的全集和选集越来越多。

---

1. 永瑢等：《四库全书总目》，中华书局1965年影印本，第1685页。
2. 曹丕撰、魏宏灿校注：《曹丕集校注》，安徽大学出版社2009年版，第313页。

唐前的单篇文章搜集最全的总集是清人严可均的《全上古三代秦汉三国六朝文》，这是以一人之力辑的大型文章总集，是隋以前经、史、子之外的文章总汇。清董诰主编的《全唐文》，当代学者曾枣庄、刘琳主编的《全宋文》，当代学者李修生主编的《全元文》，是唐、宋、元代的文章总汇。清初黄宗羲编的《明文海》(原名《明文案》)，清末沈粹芬、黄人、王文濡等人编的《清文汇》，是明清文章总汇，但这两部书都存在收文不全的问题。历代诗词总集也大体编全了，唐前诗歌总集有现代学者逯钦立的《先秦汉魏晋南北朝诗》、清人彭定求等编的《全唐诗》，北京大学古文献研究所编纂的《全宋诗》，现代学者杨镰编的《全元诗》，复旦大学正在编纂《全明诗》，浙江大学正在编纂《全清诗》。词总集有：现代学者曾昭岷等编纂的《全唐五代词》，唐圭璋编的《全宋词》，唐圭璋编的《全金元词》，饶宗颐、张璋先生编纂的《全明词》，南京大学张宏生教授等编纂的《全清词》。赋、杂剧、散曲、歌谣都有了总集。

另一种总集是选编，其目的是"删汰繁芜，使莠稗咸除，菁华毕出"。唐前最著名的选集是萧统编纂的《文选》，宋代李昉、徐铉等编纂的《文苑英华》，这两部选集都是按文体分，尤其是《文选》沾溉无数作家，古代没有一个作家不精读《文选》，唐代以后还形成了"文选学"。后世各朝各代的诗文选集层出不穷，无论是韵文还是散文的各种文体都有选集，散文如清姚鼐的《古文辞类纂》，吴楚材、吴调侯的《古文观止》；骈文大型选集有《文选》，李元洛的《骈体文钞》，精选骈文读本有许梿的《六朝文絜》。诗歌选集更是数不胜数，即以明清两代为例，唐前诗歌选集有钟惺、谭元春的《古诗归》，陈祚明的《采菽堂古诗选》，沈德潜的《古诗源》，吴淇的《六朝诗选定论》等。唐宋元明清诗词都有选集，如沈德潜的《唐诗别裁集》《明诗别裁集》及《清诗别裁集》(原名《国朝诗别裁集》)，张景星等的《宋诗别裁集》《元诗别裁集》，蘅塘退士的《唐诗三百首》。

原刊《国学论丛》2016年第1辑

学术流派的盛衰与各科知识的消长

——论张舜徽《汉书艺文志通释》的知识考古（上）

王鸣盛在《十七史商榷》卷二十二中引述金榜的话说："不通《汉艺文志》，不可以读天下书。《艺文志》者，学问之眉目，著述之门户也。"[1] 章学诚更以此志为"学术之宗，明道之要"[2]。张舜徽先生承清儒之绪，也认为此志是"治学之纲领，群书之要删"，他诱诲及门弟子与当代学子说："《汉书·艺文志》为书短简……如能反复温寻而有所得，以之为学，则必有如荀卿所云：'若挈裘领，屈五指而顿之，顺者不可胜数也。'"张先生本人更是"从少好读是书，常置案头，时加笺记"，直到"晚年重温是书，复有笺记"[3]，可以说，《汉书

---

1. 引自王鸣盛《十七史商榷》（上），商务印书馆1937年版，第194页。
2. 章学诚撰、叶瑛校注：《文史通义校注》，中华书局1985年版，第1024页。
3. 张舜徽：《汉书艺文志通释自序》，《汉书艺文志通释》，华中师范大学出版社2004年版，第165页。

艺文志通释》(以下简称《通释》)倾注了他一生心血,是他从少至老精读此志的学术结晶。

《通释》在学术体式上属传统校雠学的叙录解题,但它不只是循文阐明辞义,也不只是随条解释书名,而是"以《汉书·艺文志》溯学术之流派,明簿录之体例"[1]。可见,张先生对《汉书·艺文志》(以下简称《汉志》)的"通释",既是在"我注六经",也是以"六经注我"。作者在该著中考辨了六经的经典化历程和权力—知识话语的形成,探寻了我国汉前各学术流派兴起的渊源、兴盛的条件和衰微的动因,考证了各个学派之间的亲缘关系及其变异,考索了各科知识产生与消亡的社会语境。由于图书在古代是最重要的知识载体,而《汉志》又是我国现存最早最完整的国家图书目录,它既录秘阁之书,也综百家之绪,更总知识之汇,因此,《通释》对《汉志》中每部书籍"上穷碧落下黄泉"式的考索,事实上也就成了别具一格的知识考古。

一

《汉志》首列《六艺略》意在宗"经",后世学者也认可班氏对

---

1. 张舜徽:《汉书艺文志通释自序》,《汉书艺文志通释》,华中师范大学出版社2004年版,第165页。

"经"的神化,好像六经一经产生就被供奉为"经"似的。如《汉志》中开篇所载的"易经十二篇施孟梁三家",古人通常都这样断句:"《易经》十二篇,施、孟、梁三家。"现在中华书局和上海古籍出版社的排印本《汉书》也无一不是如此标点和断句。张先生认为如此断句是一种误读:"此应读'《易》'字自为句,乃冒起下文之辞。下始云'经十二篇',传若干篇。证之下文:'《尚书》。古文经四十六卷,经二十九卷,传四十一篇。''《诗》。经二十八卷,齐、鲁、韩三家。''《礼》。古经五十六卷,经七十篇。'皆应作如此读。"为什么"世俗误连'经'字于《易》"呢?这主要是因为后世学者多"以为'易经'之名,早已有之"。其实,"古之六艺,本无经名。孔子述古,但言'《诗》曰''《书》云',而不称'诗经''书经'。下逮孟、荀,莫不如此。汉人援引《诗》《书》《礼》《乐》《易》《春秋》之文,亦不连'经'字为名也。况经者纲领之谓,原非尊称。大抵古代纲领性文字,皆可名之为经。故诸子百家之书,亦多自名为经,如《墨经》《法经》《道德经》《水经》《山海经》《离骚经》《黄帝内经》《神农本草经》《脉经》《针灸经》《相马经》《相手板经》之类皆是也。是经之为名,亦非儒家所得专"。他说《庄子·天运》中虽有"六经之名",但此处的"'六经'二字,乃总括之辞,初非分举六艺而各系以经名也。儒书惟《孝经》有经名,而别有取义。且其书自是七十子后学者所记,时代较晚,非《易》《书》《诗》《礼》《春秋》之比,又未可取以为证矣"[1]。《汉志·孝经类》小序称："夫孝，天之经，地之义，民之行也。举大者言，故曰《孝经》。"[2] 张先生训释这则序文说："天经、地义、民行三语，乃《孝经·三才章》所引孔子之言，此处沿用而明所以名为《孝经》之故。论者或谓儒书称经，盖自此始。不悟此书乃取天经地义之意，与他书直称某经者，固自不同也。"[3] 可见，《孝经》称"经"的本意，是说"孝"为人民大众"天经地义"的行为，而不是称《孝经》这本书是"经"书。

作者之所以要反复考论儒家后来奉为经典的《易经》《尚书》《诗经》《礼记》《春秋》，在先秦并没有被称为"经"，一是要复原历史的真实，二是要给儒家经典"去神化"，三是要考辨儒家思想成为权力—知识话语的深层原因。假如我们将《通释》与张先生的《汉书艺文志释例》并读，就更能明了作者的深意。汉朝开国皇帝不仅没有独尊儒术，开始还自恃"马上得天下"而鄙薄儒术和儒生，接下来的君主为了与民休息反而推尊黄老，所以"司马谈之论六家""推崇道家至矣"。"迨迁为《老庄申韩列传》述仲尼、老子问答语，贬抑儒学甚矣……班氏病其论大道先黄、老而后六经，故《汉志》诸子十家以儒冠其首，且重申之曰'于道最为高'。盖自孝武罢黜百家以来，

---

1. 张舜徽：《汉书艺文志通释》，华中师范大学出版社2004年版，第177—178页。
2. 班固：《汉书》，中华书局1962年版，第1719页。
3. 张舜徽：《汉书艺文志通释》，华中师范大学出版社2004年版，第245页。

尽人而同此心，势亦不可违耳。"[1] 政治上大一统的帝国必然要确立国家的意识形态来统一人心，时移势易，强调父子君臣的儒家此时正好适应了国家的这一政治需要。"罢黜百家，独尊儒术"，不过是国家通过权力使儒家由一家一派的思想变为国家的意识形态，而儒家又通过自身的思想知识使帝国统治显得合理合法。这是权力与知识的一次联姻，结果是儒家的思想知识变成帝国权力—知识的主流话语，学术由从前的百家争鸣变成后来的一家独霸，"经"字也由此前的百家共享变成了此后的一家独占，从此，除了方外释、道某些典籍尚可称"经"外，俗世只有儒家的少数典籍才能名之为"经"。"五经""六经""十三经"都成了儒家的专有名词。

《通释》的考辨重现了六籍的经典化历程，阐明了尊六籍为"经"是权力介入的结果。在张先生看来，"古代著述"不外子史二体，"立言为子，记事为史"，而立言之书也不过是"诸子百家学说思想史尔"，所以天地间古籍"何一不可统之于史乎"？古代著述既可"统之于史"，"古人所以读之之法，率不越一观字。故孔子告子夏读《书》，但曰：'《尧典》可以观美，《禹贡》可以观事，《咎繇》可以观治，《洪范》可以观度，六《誓》可以观义，五《诰》可以观仁，《甫刑》可以观戒。通斯七观，《书》之大义举矣。'其平日教门人，恒以学《诗》为亟，亦曰：'可以观。'""盖当时登诸简策，固以史料视之矣。

---

1. 张舜徽：《汉书艺文志释例》，《广校雠略》，华中师范大学出版社2004年版，第119页。

自后世传注既兴，经名乃立。学者率屏子、史、群书，不得与六经伍。遂于立言、记事之外，别尊六籍为天经地义之书，岂不过哉！"[1] 六经皆史早有不少学者谈过，章学诚《文史通义》更做了系统阐述。没有"后世传注"就没有六籍的经名，此论也并非张先生首创，《文史通义·经解上》早已明言"六经不言经，三传不言传"[2]，《通释》之可贵在于它阐释了六籍经典化的历程，并深入剖析了经典化过程中权力对知识的渗透。

《通释》还以知识考古来揭开儒家经典的本来面目。《汉志·书》小序称："《易》曰：'河出图，洛出书，圣人则之。'故《书》之所起远矣。"张先生认为这是将《尚书》的起源神化。《史记·孔子世家》称《尚书》定本由孔子编次，《尚书序》也出自孔子手笔，《通释》认为这些都是"附会之辞"："原始之《书》，盖如后世之资料汇编，丛杂猥多。自秦以前，即有人整理而铨次之，不必出自孔子之手也。"[3] 被儒家奉为神明的《尚书》，原来不过是"丛杂"的"资料汇编"，整理者也不一定就是孔子！《汉志·书》小序称："《易》道深矣，人更三圣，世历三古。"《通释》也不同意这种圣化《周易》的说法："《易》之为书，由来尚矣（'尚'通'上'，久远的意思——引者注）。创作之人，论者不一。自唐以上，多谓伏羲作八卦，文王重之为六十四

---

1. 张舜徽：《著述体例论》，《广校雠略》，华中师范大学出版社2004年版，第11页。
2. 章学诚撰、叶瑛校注：《文史通义校注》，中华书局1985年版，第93页。
3. 张舜徽：《汉书艺文志通释》，华中师范大学出版社2004年版，第195页。

卦，孔子作《十翼》以发挥其旨，尊之为三圣。自宋以来，争论竞起，众说纷纭，世远年湮，莫之能定矣。即以孔子而言，《论语》述其自道，但云：'加我数年，五十以学《易》，可以无大过矣。'仲尼惟言学《易》，而未尝言及说《易》；《论语》中亦不记载其事……以今观之，知《系辞》《文言》之属，乃七十子后学者所记，而非仲尼之作也。仲尼去今止二千数百年，尚不能论定其事，更何论于远古之伏羲、文王乎！"[1]《易经》和《尚书》的起源被神化或圣化，儒家的其他经书又何尝不是这样呢？儒家被"独尊"以后，《论语》在《汉志》中不是录在《诸子略》"儒家"类，而是列入《六艺略》经书中，孔子由士而尊为圣，《论语》也由"子"而升为"经"。张先生说《论语》的"论"字为"仑之借字"，"实即集合简策而比次之意"[2]。他在《广校雠略》中也说《论语》之名，实取义于纂辑。杂钞之书，斯为最朔矣"[3]。张先生将簿录体例分为三个层次：著作，编述，杂钞。"著作"是指那些最具原创性的书籍，"编述"是指那些自创义例以综合、阐述和引申已有的成果和观点一类书籍，"杂钞"则是指那些将各种材料分门别类编纂的书籍。可见，"述"次于"作"，"钞"又次于"述"。[4]原来儒家奉为"一字千金"的这部经书，不过是中国古代一本最早

---

1. 张舜徽：《汉书艺文志通释》，华中师范大学出版社2004年版，第185页。
2. 张舜徽：《汉书艺文志通释》，华中师范大学出版社2004年版，第240页。
3. 张舜徽：《著述体例论》，《广校雠略》，华中师范大学出版社2004年版，第13页。
4. 参见张舜徽《著述体例论》，《广校雠略》，华中师范大学出版社2004年版，第12—13页。

的"杂钞之书"而已!

二

《通释》"溯学术之流派"不仅表现在阐述五经六艺的经典化历程,探究儒家权力—知识话语的成因,还表现在作者对各家学派学术渊源的追寻。

章学诚称"《汉志》最重学术源流"[1],这是因为向、歆父子"深明乎古人官师合一之道,而有以知乎私门初无著述之故也。何则?其叙六艺而后,次及诸子百家,必云某家者流,盖出古者某官之掌,其流而为某氏之学,失而为某氏之弊。其云某官之掌,即法具于官,官守其书之义也;其云流而为某家之学,即官司失职,而师弟传业之义也;其云失而为某氏之弊,即孟子所谓'生心发政,作政害事',辨而别之,盖欲庶几于知言之学者也"[2]。《汉志》在其《诸子略》小序中都指出某家出于某官,如《儒家》小序说"儒家者流,盖出于司徒之官",《道家》小序说"道家者流,盖出于史官",《阴阳家》小序说"阴阳家者流,盖出于羲和之官"等等。《通释》指出:"自刘班论列诸子,谓皆出于王官。后之辨章学术者,率奉此以为定论。"可见除

---

1. 章学诚撰、叶瑛校注:《文史通义校注》,中华书局1985年版,第994页。
2. 章学诚撰、叶瑛校注:《文史通义校注》,中华书局1985年版,第952页。

章学诚外,首肯诸子出于王官这一说法的学者大有人在。《通释》虽能见《汉志》深处,得刘、班用心,但对《汉志》这一观点并不随声附和。在张先生看来,《汉志》小序中沿流而溯源虽有辨章学术之功,但将某家某派的源头推本于先秦某一官守,从方法上讲未免有点胶柱鼓瑟,就事实而言也不符合历史的真实。称道家出于上古史官,只因为老子曾任过柱下史,但是,道家所倡导的秉要执本、清虚自守、淡泊无为,与史官记言记事毫不相关。称墨家出于清庙之守更属凭空臆断,墨子主张兼爱、非攻、俭约,能与清庙之守扯上什么关系?张先生认为春秋战国诸子百家蜂起是时代的要求:"余平生论及斯事,守《淮南·要略篇》之论,以为诸子之兴,皆因时势之需要,应运而起,不必有期渊源所自也。使徒牵于某家出于某官之说,则不足以明学术自身发展之因,而莫由推原其兴替,故其说必不可通。观《淮南》论诸子之学,皆起于救世之弊,应时而兴。故有殷周之争,而太公之阴谋生;有周公之遗风,而儒者之学兴;有儒学之弊,而墨者之教起;有齐国之兴盛,而管仲之书作;有战国之兵祸,而纵横修短之术出;有韩国法令之新故相反,而申子刑名之书生;有秦孝公之励精图治,而商鞅之法兴焉。其所论列,确当不移。凡言诸子之所由起,必以此为定论,足以摧破九流出于王官之论也。"[1]张先生所守之论或许更通达更近真,先秦诸子都是为了解决当下的社会和人生问题,是为了救时之弊而非为学术而学术。譬如就法家而

---

1. 张舜徽:《汉书艺文志通释》,华中师范大学出版社2004年版,第346—347页。

言，大多数法家本人既是政治理论家又是政治家，"其职志端在富国强兵。而明法立制，特其致治之术耳"[1]。早在两千多年前的司马谈就说过："夫阴阳、儒、墨、名、法、道德，此务为治者也，直所从言之异路，有省不省耳。"[2]先秦诸子的勃兴是因为世乱，其宗旨也是务为治乱，在周王朝既已礼崩乐坏之后，此时诸子百家怎么可能出自早已消亡或根本不曾有过的某官某守呢？《汉志》说法家"出于理官"，看起来好像言之成理，法家和理官不都是以治理好国家为天职吗？细究则似是而非，儒家、墨家哪一家不是为了重整乾坤？哪一家不是为了治理国家呢？只是治理的方法不同罢了。如果说法家出于理官能够成立，说儒家也出于理官不同样可通吗？

古代文献学家特别看重叙录"解题"，文献学家学问的大小、眼界的广狭和见识的深浅，都能在簿录解题中表现出来，"辨章学术，考镜源流"，也只能经由簿录解题来实现。如《汉志》的《书类》首列："《尚书》。古文经四十六卷。"这几个字只记了书名和卷数，如今许多读者看后肯定不知所云。我们来看看《通释》中此书目后的叙录解题。作者先训释书名："此籍本但称《书》，不称《尚书》，'尚'字乃古之编录者所加。'尚'与'上'通，谓其为上古之书也。"当代人不会将自己时代的著作名为"上古之书"，"《尚书》"书名显然是后世编者所加。《汉志》中所说的"古文经"又是怎么回事呢？还是

---

1. 张舜徽：《汉书艺文志通释》，华中师范大学出版社2004年版，第309页。
2. 司马迁：《史记》，中华书局1982年版，第3288—3289页。

来看看《通释》的阐释:"后历秦焚,此书损缺最重。汉初,伏生曰传二十九篇,用当时隶书写成,称'《今文尚书》';武帝末,鲁共(恭)王刘馀,从孔壁中得古代文字写成之竹简,称'《古文尚书》'。孔安国以当时字体校读之,多十六篇,然此种《古文尚书》,虽曾献之朝廷,终未列于学官,不久即佚。东晋元帝时,忽有豫章内史梅赜,奏上孔安国作传之《古文尚书》,增多伏生二十五篇,又从伏生所传诸篇中分出五篇,并《书序》凡五十九篇,为四十六卷。此本流行于世最久,唐初诸儒修《尚书正义》,陆德明《经典释文》,皆用此本,今日通行之《四部丛刊》《四部备要》中之《尚书》,悉此本也。此本除《书序》外,实有正文五十八篇。其中真伪相杂,必须去伪存真而后可读。自宋儒吴棫、朱熹首疑其伪,至清初阎若璩著《尚书古文疏证》,列举一百二十八条证据,于是此案乃成定谳。其后崔述撰《古文尚书辨伪》,条辨更为明晰矣。今据昔人所考订,其中较可信赖之史料,实止二十八篇。"此则叙录对《尚书》书名的本意、古文《尚书》的流传和真伪,一一做了深入细致的阐述和考辨。《汉志》的《书类》次列:"《经》二十九卷。大小夏侯二家。欧阳经三十二卷。"《通释》对此《经》的叙录解题重构了这三句话中所蕴含的学术史:"此即伏生《今文尚书》也。上云'古文经';此但云'经',则为今文明矣。"上文"《古文经》四十六卷",《今文尚书》为什么只二十九卷呢?还是来听听《通释》是怎么说的:"《史记·儒林传》云:'伏生者,济南人,故为秦博士。秦时焚书,伏生壁藏之。其后兵大起,流亡。汉定,伏生求其书,亡数十篇,独得二十九篇。'《汉书·儒林传》说同。而刘歆《移太常博士书》言'《泰誓》后得,博士集而读之'。《汉志》所云'经二十九卷',其时'卷'与'篇'同,二十八篇外,合《泰誓》计之也。""大小夏侯二家。欧阳经三十二卷"又是怎么回事呢?原来,"汉世传《尚书》者,有欧阳、大小夏侯之学。观《汉志》自注,知大小夏侯经本乃二十九卷。又云'欧阳经三十二卷','二'当为'一',写者误之。由分《盘庚》为上、中、下三篇,故为三十一卷。与下文'《欧阳章句》三十一卷'正合"[1]。

　　《汉志·六艺略》录书的顺序是经、传、章句、训诂等,《书类》在古文经和今文经后面,登录了"《传》四十一篇""《欧阳章句》三十一卷"和"《大、小夏侯章句》各二十九卷"三书。《通释》循《汉志》顺序对三书做了叙录解题。解《传》说:"此即《尚书大传》也。《经典释文·叙录》云:'《尚书大传》三卷,伏生作。'《隋书·经籍志》亦云:'《尚书大传》三卷,郑玄注。'此后唐宋志以迄《郡斋读书志》,并著录三卷;而《直斋书录解题》则作四卷。盖其阙佚已久,叶梦得、晁公武皆言今本首尾不伦,是宋世已无善本,至明遂残。清儒从事辑录者多家,以陈寿祺《尚书大传定本》为善。是书虽由掇拾而稍存概略,然阐明大义,训辞深厚,除《诗传》外,为汉世经说之近古者。惟其义例,颇与《韩诗外传》为近,与《诗传》之详于训诂名物者不同耳。"《书传》为什么改名《尚书大传》呢?《通释》解释说:"其书本但名'传',《汉志》仍其旧题。后乃称为'大传',此

---

[1] 张舜徽:《汉书艺文志通释》,华中师范大学出版社2004年版,第188—190页。

'大'字盖汉人所增,犹之《太史公论六家旨要》引《易系辞》称《易大传》也。"[1]对《欧阳章句》三十一卷,清庄述祖《载籍足征录》解释说:"《欧阳经》三十二卷,《章句》三十一卷,其一卷无《章句》,盖序也。"[2]庄氏的解释明显不通,假如经有三十二卷,其中一卷为序,章句即使不训释序文,章句照样还是三十二卷,其中包括一卷序文。《通释》力辨庄氏之非,并提出了更合情合理的考释:"伏生所传今文《经》二十九篇,自二十八篇外,连《泰誓》计之也。欧阳分《盘庚》为三篇,故成三十一卷,其时本无序篇,庄氏《载籍足征录》所言,非也。今本《汉志》所云'欧阳《经》三十二卷','二'字乃'一'字之讹,已辨于上矣。经文三十一卷,故章句亦为三十一卷耳。欧阳生,《汉书》儒林有传。《经典释文·序录》云:'伏生授济南张生、千乘欧阳生,生授同郡兒宽,宽又从孔安国受业,以授欧阳生之子。欧阳氏世传业,至曾孙高作《尚书章句》,为欧阳氏学。高孙地馀,以《书》授元帝,传至欧阳歙。歙以上八世,皆为博士。'"[3]再看《通释》对"《大、小夏侯章句》各二十九卷"的叙录解题:"欧阳生、张生亲受业于伏生。张生再传得夏侯胜,是为大夏侯氏学;胜传至侄建,是为小夏侯氏学。始立学者唯欧阳《尚书》,至宣帝时乃立大、小夏侯。传至后汉,夏侯二家,亦不如欧阳之盛。及晋永嘉之乱,

---

1. 张舜徽:《汉书艺文志通释》,华中师范大学出版社2004年版,第190页。
2. 张舜徽:《汉书艺文志通释》,华中师范大学出版社2004年版,第190页。
3. 张舜徽:《汉书艺文志通释》,华中师范大学出版社2004年版,第190—191页。

欧阳、大小夏侯《尚书》并亡，故隋唐志皆不著录。"[1]

《通释》对《汉志·六艺略》之《书类》中古文经、今文经、传、章句五部书的叙录解题，或阐述《尚书》古今文本的亡佚与流传，或考辨《尚书》学的学术渊流，或追溯各家《尚书》学的授受始末及各派的兴亡，依次读这些叙录解题，就像读一本《尚书》学的学术史。

这一特点也同样体现在《通释》其他的叙录解题中。如《汉志·六艺略》之《论语》类首列"《论语》。古二十一篇""《齐》二十二篇""《鲁》二十篇"，《通释》对此三书的叙录称："汉时《论语》有三本，首列孔壁所出古文《论语》，是鲁恭王坏孔子宅时所得，为二十一篇。何晏《论语集解序》云：'《古论》唯博士孔安国为之训解，而世不传。至顺帝时，南郡太守马融亦为之训说。汉末大司农郑玄，就鲁论篇章，考之齐古为之注。'可知汉世治《古论》者，尚多名家。惟孔、马注说早佚，郑氏注本虽有残卷出于敦煌石室，上虞罗氏为影印行世，仅存《述而》(首缺数章)、《泰伯》、《子罕》、《乡党》数篇耳。"[2]这些解题不仅指出了《古论》《齐论》"亡佚甚早"的史实，还告诉读者这两种亡佚《论语》有什么影印本和辑佚本。因《鲁论》是今天流传的《论语》，对此的叙录解题也更为详细，先指出《鲁论》是鲁人所传，因是汉张禹的传本，张禹封安昌侯，人们又称为《张

---

1. 张舜徽：《汉书艺文志通释》，华中师范大学出版社2004年版，第191页。
2. 张舜徽：《汉书艺文志通释》，华中师范大学出版社2004年版，第236—237页。

侯论》。从《通释》叙录可知，张禹先从夏侯建受《鲁论》，又从庸生、王吉受《齐论》，最后他将两种《论语》择善而从，就成了至今仍然流行的《论语》。《通释》进一步考索了《鲁论》在汉流传的盛况和原因："考《汉书·张禹传》称禹说《论语》，'采获所安，最后出而尊贵。诸儒为之语曰："欲为《论》，念张文。"由是学者多从张氏，余家浸微。'是《张侯论》在汉代，固一时之显学也。《鲁论》得传于后，张侯与有力焉。至魏何晏，集汉魏诸家善说，记其姓名，有不安者，颇为改易，名曰《论语集解》。"[1]这几则叙录解题是典型的"知识考古"，从《论语》的版本源流与存佚状况，到《论语》的师承授受和各家显晦，作者无一不原原本本地发掘呈现在我们面前。

三

"溯学术之流派"这一主旨，同样也体现于《通释》对学派与学派之间亲缘关系的深入探讨，对学派自身发展与变异的缜密考辨。前者是从异中见同，发现歧见百出的学派之间原属"近亲"；后者是从同中辨异，追踪同一学派的前后变化。

历史上有些学派彼此视若寇仇，好像势同水火，可实际上这些学派可能原先属于同一个家族，后来才分道扬镳；有些思想知识看

---

1. 张舜徽:《汉书艺文志通释》，华中师范大学出版社2004年版，第237页。

似判若胡越，相互毫无瓜葛，其实这些表面上针锋相对的思想知识，本质上可能具有深刻的内在联系，它们的最终目标也可能殊途同归。

孟子力辟杨、墨的名言，许多人都耳熟能详："圣王不作，诸侯放恣，处士横议，杨朱、墨翟之言盈天下。天下之言，不归杨，则归墨。杨氏为我，是无君也；墨氏兼爱，是无父也。无父无君，是禽兽也。"[1] 被后世尊为亚圣的孟子骂墨子是"禽兽"，儒、墨似乎是天生就势不两立，可《通释》在《墨子》一书的叙录解题中断言"墨学实出于儒"："其学盛行于战国之世，故《韩非子·显学篇》曰：'世之显学，儒墨也。儒之所至，孔丘也；墨之所至，墨翟也。'可知二家在当时，并见重于世。顾墨学实出于儒而与儒异者，《淮南·要略》云：'墨子学儒者之业，受孔子之术，以为其礼烦扰而不说，厚葬靡财而贫民，久服伤身而害事，故背周道而用夏政。'此论甚精，足以明其不同于儒之故。"[2] 墨子开始也是受孔子之术的，只是学习过程中发现儒家的许多弊端，如礼仪过于烦琐而不易施行，厚葬无谓浪费钱财而使人贫困，长久服丧更伤身误事。不过，墨虽从儒入却不从儒出，但儒、墨的差异并不如孟子所夸张的那样大，二者有许多思路相通甚至相同。孟子为何要声讨墨家"兼爱"呢？《通释》对此也做了间接的阐释："大抵墨学宗旨，兼爱乃其根本，而尚贤、尚同、

---

1. 《孟子·滕文公章句下》，朱熹《四书章句集注》，中华书局1983年版，第272页。
2. 张舜徽：《汉书艺文志通释》，华中师范大学出版社2004年版，第319页。

节用、节葬、非乐、非命、尊天、事鬼、非攻诸端，皆其枝叶。"[1] 打蛇要打七寸，批判对手当然要点要害。儒学的核心是仁爱，墨学的根本是兼爱。仁爱是一种以血缘为中心向外扩展的爱，是一种有亲疏有等差的爱，兼爱则是不以血缘为基础的爱，因而这种爱没有亲疏等差之别，兼爱对儒家仁爱这一核心命题的冲击在当时是可想而知的，难怪孟子要声嘶力竭地讨伐了。儒、墨后来虽越走越远，但他们渊源上"一百年前是一家"。

道家主张无为而治，法家强调严刑峻法，这两家在治国思路上可谓针尖对麦芒，而远在西汉的太史公偏将老、庄与申、韩合传，后世不少文献学家有的将某书列入道家，有的又将同一书列入法家，有的则用互著法将一书并列两家，为什么会出现这种情况呢？《通释》阐明了个中原因。《汉志·诸子略》中"法家"类收入"《慎子》四十二篇"，班固注说"名到，先申、韩，申、韩称之"。此书宋王应麟已称亡三十七篇，现只存七篇。《通释》对此书的叙录说："《史记·孟荀列传》：'慎到，赵人；田骈，接子，齐人；环渊，楚人；皆学黄老道德之术。因发明序其指意，故慎到著十二论。'……观史公所论，则慎子所著十二论，乃道家言。"既然慎到是学"黄老道德之术"，《汉志》为什么把他的书列入法家呢？张先生指出二家的渊源关系说："法家之学，本出于道。故史公以老庄申韩同列一传，而谓申韩皆原于道德之意也。疑十二论原在已佚之三十七篇中，今

---

1. 张舜徽：《汉书艺文志通释》，华中师范大学出版社2004年版，第319页。

则不可考矣。"[1]《通释》在《韩子》一书的叙录中对"法道同源"的思想阐述得更为透彻:"非之学虽为法家之集大成者,而实深于黄老无为之旨。今观其书,非特《解老》《喻老》,所以发明五千言者至为邃密,即如《主道》《大体》《扬权》诸篇,皆道论之精英也。史公称其'喜刑名法术之学,而其归本于黄老',可谓谛当。"[2]

儒与道的关系同样也纠缠不清,如《汉志·诸子略》的"儒家"中收录了"《内业》十五篇",并注明"不知作书者"。王应麟和马国翰都认为《汉志》中收录的《内业》即《管子》第四十九篇《内业》,马国翰还将《管子》中的《内业》重新厘为十五篇,正好吻合《汉志》所标明的篇数。过去研究思想史的学者很少关注《内业》,偶有论及此文的又将它附会"唐宋理学诸儒复性、主静之说"。张先生在《汉志》所收《内业》的叙录解题中指出:"余尝反复籀绎遗文,始悟是篇所言,皆为君道而发。举凡后起附会之说,悉非此文本旨也。今取《心术》上下及《白心篇》,与是篇彼此印证,则其所言乃人君南面之术,昭昭甚明。《管子》虽为糅杂之书,而言人君南面之术者,往往在焉。若《心术》上下、《白心》、《内业》四篇,其尤著者也。"张先生还从文字学上阐释了《内业》篇名的旨意,"内犹心也,业犹术也",《内业》不仅与《管子》中《心术》二文篇名义近,二者"所言亦表里相依","其间精义要旨,足与道德五千言相发明",同为

---

1. 张舜徽:《汉书艺文志通释》,华中师范大学出版社2004年版,第310页。
2. 张舜徽:《汉书艺文志通释》,华中师范大学出版社2004年版,第311页。

"主术之纲领，道论之菁英"。既然《内业》内容上与《老子》五千言相发明，为什么《汉志》将它列入"儒家"呢？张先生对此进行了推本求源的阐述："余则以为周秦诸子之言南面术业，莫不原于道德之意。此《淮南·齐俗篇》所谓'道德之论，譬犹日月也，江南河北，不能易其指；驰骛千里，不能易其处'者是也。观仲尼论政，有曰：'为政以德，譬如北辰，居其所而众星拱之。'又曰：'无为而治者，其舜也与！夫何为哉？恭己正南面而已矣。'叹尧之民无能名，唯能则天；称仲弓居敬行简，可使南面。可知孔子之言主术，亦无以远于道德之论。则《汉志》儒家有《内业》，不足怪也。先秦诸子之学，皆前有所承。故《庄子·天下篇》叙述诸子源流，每云古之道术有在于是者，某某闻其风而悦之。则百家之说，多非所自创，亦明矣。"[1] 老庄鄙弃仁义，儒生又诋毁老庄，儒与道似乎是冰炭不可共器，但实际上二家却有非常深远的精神渊源。

过去，一提到春秋战国时期百家争鸣，大家印象中的图景是当时各家彼此毫不通融，各自站在自家立场上相互对骂，《通释》对各家各派学术源流的考溯，才为我们还原了历史的真实景观：当时各家往往你中有我、我中有你，既相互影响借鉴，又彼此争论不休，激烈争论的两家或许还系出同源，更甚至可能"似二而实一"。假如诸子百家没有这种剪不断理还乱的复杂关系，百家之间就肯定井水不犯河水，不可能出现百家争鸣的热闹场面。

---

[1]. 张舜徽：《汉书艺文志通释》，华中师范大学出版社2004年版，第262—263页。

考辨同一学术流派自身的发展与变异，也是《通释》"溯学术之流派"题中应有之义，只是这里不是上溯渊源而是下寻流变。我们先看看《通释》对《汉志·诸子略》"儒家"类收录的《孙卿子》（即《荀子》——引者注）一书的叙录："孟荀同为儒学之宗，咸归于师法圣人，诵说王道，大张仲尼之说于后世。顾儒学自有孟荀，道遂分而为二：孟主于尊德性，荀主于道问学。论其终诣，则孟子多卫道之语，荀子有传经之功。其后两千余年儒学，皆二途并骛，争议遂多。孟荀之说，实其先导。孟荀二家之书，在汉世并列诸子。自宋以后既入《孟子》于经，《荀》犹与百家伍，而学者遂妄分轩轾矣。其实《荀子》三十二篇，多与两戴《礼记》相表里。如《小戴礼记》之《三年问》，全出《荀子·礼论篇》；《乐记》《乡饮酒义》所引，俱出《乐论篇》；《聘义》贵玉贱珉语，亦与《法行篇》大同。《大戴礼记》之《礼三本篇》，出《礼论篇》；《劝学篇》即《荀子》首篇，而以《宥坐篇》末见大水一则附之；哀公问五义，出《哀公篇》之首。可见其书醇粹以精，直与传记比重。唐人杨倞始为之注，乃谓'荀子之书，羽翼六经，增广孔氏，非诸子之言。'良不诬也。"[1] 儒学发展至孟荀便出现不同的精神向度：孟子主张以先验道德主宰人的感性而提出人性善，荀子则强调以礼义去克制和改造人的自然本能而提出人性恶；前者因人性善而"主于尊德性"，后者因人性恶而"主于道问学"；因尊德性而高扬人的"浩然之气"，因道问学而首重劝学

---

1. 张舜徽：《汉书艺文志通释》，华中师范大学出版社2004年版，第261页。

修为。孟荀也是后来儒学家所谓"内圣"与"外王"的分野,宋后士人精神的内在转向,出现了十分偏激的扬孟抑荀思潮,遂使《孟子》尊为经而《荀子》仍居于子,也使后来的士人精神严重失衡。"儒学自有孟荀,道遂分而为二",此论的确切中了儒学流变的脉搏。

儒学精神内涵与价值取向在其发展过程中也不断发生变异,《通释》在阐释《诸子略·儒家》小序时对此作了深刻的辨析:"自汉武帝罢黜百家,表章《六经》以后,儒学始居诸子之上,以'祖述尧、舜,宪章文、武,宗师仲尼'者为儒。故《淮南·俶真篇》高诱注云:'儒,孔子道也。'是即汉人之所谓儒耳。若汉以前之所谓儒,乃术士之通称。故秦之坑儒,实坑术士也。汉人多以濡柔释儒,流于懦弱无能。而孔子与鲁哀公论及儒行,则谓'非时不见,非义不合';'见利不亏其义,见死不更其守';'可亲而不可劫,可杀而不可辱';'身可危也,而志不可夺也';其刚毅有守如此。是岂自汉以下褒衣博带、张拱徐趋、柔弱不振之所谓儒乎?故论儒术崇卑广狭,自必上溯其原,以校其异同;而未可拘于一隅,以汉为断也。"[1]先儒不仅追求"可杀不可辱"这种精神的刚毅,也重视射、御以锻炼身体的强壮,更追求经纶宇宙拯世济民等外在事功,汉代的儒生将《周礼》中"五射""五御"当成起起武夫的粗事,甚至把济世这类外在事功视为"粗迹",以峨冠博带、打躬作揖为文雅,儒学的这一转向越到后世越趋于极端,使得后世的儒者柔弱得力不胜衣,弘毅刚烈

---

1. 张舜徽:《汉书艺文志通释》,华中师范大学出版社2004年版,第280页。

的士风日渐衰颓。[1] 儒学精神自汉以后由崇而趋卑、由广而变狭,《通释》所言可谓一语中的,既有溯学派流变的学术价值,也有警醒社会的现实意义。

四

在考辨学术流派发展与变异的同时,《通释》还非常注重阐释各家各派的承传与断裂,各种知识的兴盛与消亡,并揭示学术和知识产生、承传、断裂、消亡的深层原因。

随着历史的发展与形势的变化,有些当年的"显学"成为"绝学",如墨家由社会上从者如流到人们觉得"俭而难遵"[2],墨家在墨子之后便无其传者;有些知识技术从公开转入地下,如《汉志·方技略》"房中"类中所载的大量有关房中术典籍,到后世文人就羞于写这方面的东西;有些一时如日中天的学派随着改朝换代就偃旗息

---

1. 参见张舜徽《汉书艺文志释例·叙次第三》:"儒者之效,在能匡时济物,以有为于当世,其次则贵明教化,以助熙平之治,荀子所谓在本朝则美政,在下位则美俗是也。"汉前儒者"大抵宗师仲尼,以德显于当世,虽不克开物成务,而各怀淑世之术,使得志于时,所建立亦不在小。虽徒托之空言,顾犹儒效之所寄,非后来著述敷演空论者比也。儒效之隐,原于汉世,史迁为《儒林传》,以纪当世经生,盖嘲之也"。《汉书艺文志释例》,华中师范大学出版社2004年版,第123页。
2. 司马迁:《太史公自序》,《史记》,中华书局1982年版,第3291页。

鼓,如战国时期的纵横家到汉后失去了存在的空间。中国的知识界由春秋战国的百家争鸣,变为汉武帝后的一家独唱。

到底有哪些知识成了绝响?有哪些技术转入地下?《通释》在一定程度上还原了当时知识界的繁荣局面,勾勒了过去学术知识的历史轮廓。

《汉志·方技略》"房中"类中载有研究"房中术"的著作有《容成阴道》《务成子阴道》《尧舜阴道》《黄帝三王养阳方》等八家共一百八十六卷之多,某某"阴道"明显是讲男女性交的方法和技巧,《黄帝三王养阳方》一看书名就知道该书讨论的内容大致相当于今天所说的"壮阳术"。王朝钦定的正史中居然收录了这么多有关性交、壮阳和男女生殖器的书籍,《汉志》"房中"类小序中更说"房中者,情性之极,至道之际"。虽然学者通常认为《汉志》的总序和小序主要节略向、歆父子《七略》的旧文,因而主要代表了向、歆父子的观点,但这些总序和小序即使不被班固修改润色,它们所表述的观点至少也为班固所首肯。刘、班都是两汉方正博学的大儒,他们坦然地宣称性交是男女性情的极致,是人类至道的顶点,这对于后世那些一本正经的经学家和理学家来说是不可想象的,他们听到男女交欢都会掩耳而逃。《通释》的叙录阐述了古人对性的态度和在后世的变化:"古人于男女阴阳交合之事,非但不讳言,且用以教人。《白虎通义》有云:'父所以不自教子何?为渫渎也。又授之道,当极说阴阳夫妇变化之事,不可父子相教也。'据此,可知古人易子而教殆由于此。斯说虽不见于他书,要必有所受矣。古人施教,必举阴阳夫妇变化之事谆谆言之者,盖以其间有关卫生养身之术,不可不于未成年时详说之,犹今日学校为青少年讲授生理卫生课,无他意也。"[1]《通释》敏锐地指出古人并不"讳言"性,因为性在古人眼中是一种自然的生理需求,而且交欢是男女性情快乐的极致,可在后世的士人眼中,性成了一种丑恶的兽性发泄,一切与生殖无关而只求快感的性行为都在谴责之列,于是,坦坦荡荡的性就变为遮遮掩掩的性,"性爱艺术"就变成了性欲秽行。有头有脸的正人君子再也不会写什么"房中术"著作了,已有的此类著作或者转入地下秘密流行,或者逐渐归于消亡。儒家思想越到后世越固陋褊狭,在以这种思想作为主导话语的社会里,性就主要不是一种生理行为,它首先是一种关涉个人伦理和社会规则的知识形态——怎样的性行为才符合社会道德?与什么人发生性关系才能为社会所接受?性行为具有什么目的才符合社会期待?以快感为指向的性行为,即使不是万恶之源,也肯定要被千夫所指。性在汉以前还只是单纯的生理需求,社会上还没有什么性禁忌和性压抑,所以人们的性行为自然就"乐而有节",在性变成一种羞羞答答的丑行后,性压抑和性禁忌也随之出现了,有性压抑自然也就会出现性放纵,就像饥肠辘辘的人一看见食物就容易贪食过饱一样。《通释》指出古代易子而教是由于青少年教育离不开性教育,父子相教当涉及男女性生活时多有不便(顺便说一下,《孟子》对易子而教提出了另一种说法),可知性教育

---

1. 张舜徽:《汉书艺文志通释》,华中师范大学出版社2004年版,第423页。

是古代青少年教育重要的一环,也说明古代对性的态度比后人反而更加开明。即使在如此开放的今天,青少年的性教育对我们父母来说仍是难题,在孩子面前谈性还是半遮半掩。我国自汉至今近两千年历史时期,性话语在主流话语中沉默失声,性行为在上流社会里则趋于放纵。

《汉志》的《诸子略》中有"阴阳家"类,《隋书·经籍志》的"子部"就不再有阴阳家了,不仅作为学派的阴阳家消亡,连《汉志》"阴阳家"类中所录典籍也"皆亡佚无存"[1]。阴阳家在春秋战国时期可是威风八面。《汉志》"阴阳家"类列有"《邹子》四十九篇",并注明作者"名衍,齐人。为燕昭王师,居稷下,号谈天衍"。《通释》对此书的解题说:"邹衍始见《燕策》。亦或作驺。《史记·孟子传》称'驺子重于齐。适梁,梁惠王郊迎,执宾主之礼;适赵,平原君侧行撇席;如燕,昭王拥彗先驱,请列弟子之座而受业;筑碣石宫,身亲往师之,作《主运》。其游诸侯,见尊礼如此。岂与仲尼菜色陈蔡、孟轲困于齐梁同乎哉!'"[2] 阴阳家和儒家代表人物在各自生前死后的命运恰好相反:阴阳家邹衍生前在诸侯之间备受礼敬,死后整个学派却及身而亡;儒家孔孟生前"如丧家之犬",死后则享尽尊荣,前者封为"万世师表",后者被尊为"亚圣"。邹衍为什么在战国乱世能显于诸侯呢?《通释》在"《邹子终始》五十六篇"的叙录中回答

---

1. 张舜徽:《汉书艺文志通释》,华中师范大学出版社2004年版,第308页。
2. 张舜徽:《汉书艺文志通释》,华中师范大学出版社2004年版,第302页。

了这个问题："按:《史记·封禅书》云:'自齐威宣之时,驺子之徒,论著终始五德之运,及秦帝而齐人奏之,故始皇采用之。'又云:'驺衍以阴阳主运,显于诸侯。'"五德终始也就是五行相次相转,《文选·魏都赋注》引《七略》说:"邹子有终始五德,从所不胜。土德后,木德继之,金德次之,火德次之,水德次之。"《通释》的结论是:"盖其学主于阴阳五行,以五行生克,为帝王嬗代之应,故时君世主多信从之。"[1] 如此风光的学派怎么到秦帝国统一天下后就消亡了呢?阴阳家的特点是借天道以明人事,观天象以预吉凶,让人们敬天而顺时。"至于人之行事,有禁有宜,必择时日而后可动,此乃后世阴阳家附会五行生克之理,私定吉凶,以欺世惑民者,所宜杜绝而尽废之。"[2] 不仅古代常有"天意从来高难问"的感叹,就是以现代科学水平也难以了解"天意",春秋战国时期的阴阳家通过天象以观"天意",再通过"天意"以预人事,其结果多半是凭个人好恶"私定吉凶",既使老百姓动辄得咎,也使统治者"牵于禁忌",使官民都"舍人事而任鬼神",最后在官、民二方都不讨好。不过,阴阳家作为学派虽然废绝,但阴阳五行的知识传统却从没有中断。一方面,它被整合进此后各个朝代的主流文化,如汉代董仲舒的儒学就杂以阴阳五行之说,还有他那"天人感应"说中也糅进了阴阳家以天意论人事的思路;另一方面,在亚文化中阴阳五行更为盛行,甚至它

---

1. 张舜徽:《汉书艺文志通释》,华中师范大学出版社2004年版,第303页。
2. 张舜徽:《汉书艺文志通释》,华中师范大学出版社2004年版,第308页。

已经成为我国古人日用而不知的思维方式。《汉志》"阴阳家"类收录"于长《天下忠臣》九篇",章学诚认为此书应附于《六艺略》的《春秋》类:"盖《七略》未立史部,而传记一门之撰著,惟有刘向《列女》与此二书耳。附于《春秋》而别为之说,犹愈于搀入阴阳家言也。"[1]《通释》对该书的解题则说:"古之所谓忠臣,多见于谏诤;谏诤之言,多发于奏议。今观汉世大臣所上疏奏,率举阴阳灾变以警戒其上,引天道以切人事,如董仲舒、匡衡之所为皆是也。……其中言论,涉及阴阳五行,故列之于阴阳家耳。"[2]由此可知,作为学派阴阳家在汉世已不存在,但"阴阳五行之说"仍然十分流行,"凡言国政兴革者,皆附会焉"[3]。

刘向称春秋战国时的名家常"操两可之说,设无穷之辞"[4],其代表人物提出了不少著名的逻辑命题,如"离坚白""狗非犬""孤驹未尝有母""白马非马"等,表现了我们先人杰出的思辨智慧。公孙龙子、惠施都以辩才无碍闻名当世。庄子虽曾批评辩者"能胜人之口,不能服人之心"[5],但当惠施逝世后他又叹惋说"自夫子之死也,

---

1. 章学诚撰、叶瑛校注:《文史通义校注》,中华书局1985年版,第1043页。
2. 张舜徽:《汉书艺文志通释》,华中师范大学出版社2004年版,第307页。
3. 张舜徽:《汉书艺文志通释》,华中师范大学出版社2004年版,第306页。
4. 刘向:《〈邓析〉叙录》,姚振宗辑录《七略别录佚文·七略佚文》,上海古籍出版社2008年版,第61页。
5. 庄子:《天下篇》,郭庆藩辑《庄子集释》,中华书局1961年版,第1111页。

吾无以为质矣，吾无与言之矣"[1]，这段话表现了庄子的自负，也表明了庄子对惠施的推崇，举世好像只有惠施一人算得上他的辩论对手。《汉志》列"《公孙龙子》十四篇"，今仅存六篇；《庄子·天下篇》说"惠施多方，其书五车"[2]，可知惠施当时著述十分丰富，到汉代基本上散佚殆尽，《汉志》仅录"《惠施》一篇"，现在连这一篇也亡佚无存。《通释》称"惠施在当时乃好辩善说之人，实名家巨子"，他的著作现在荡然无存，是我国逻辑和理论界的巨大损失。看来，名家的命运比阴阳家还要惨，阴阳家作为一个学派存在的时间虽然不长，但该学派以天意明人事的思路与技巧，有时让统治者的行动有了许多禁忌和拘束，有时又让统治者的行为显得正当合理，因为只有阴阳家才是"天意"的解读人，他们事实上也就是"天意"的传达者，对诸侯统治的臧否、对其政策的可否、对其行为的毁誉，都使阴阳家有上下其意"私定吉凶"的空间，所以当时各国的诸侯对他们无不敬畏有加，或"侧行襒席"，或"拥彗先驱"，或"请列弟子之座"，或"身亲往师之"。名家可从没有过这样的幸运，由于名辩家的兴趣与重心所在不是"辩"的内容，而是"辩"本身的技巧和形式，他们所探讨的命题，一不能为诸侯带来富国强兵的实利，二不能为他们造就"仁慈""爱民"的美名，所以没有诸侯对"白马非马"这类东西有兴趣，再说也没有多少诸侯具备欣赏名家思辨技巧的才能，一般

---

1. 庄子：《徐无鬼篇》，郭庆藩辑《庄子集释》，中华书局1961年版，第843页。
2. 庄子：《天下篇》，郭庆藩辑《庄子集释》，中华书局1961年版，第1102页。

大众对这种辩论更为冷淡,因而,名家的辩论只是理论精英的智力游戏,能参与这种游戏的人本来就不多,为他们喝彩的人当然极少。春秋战国参加"争鸣"的学派,通常都关注所争论问题的内容——即命题所涵的"义"与"利",所争论的命题如果没有社会意义和社会效益,谁还有闲心去参加这种无益的争辩呢?难怪名家在儒家和道家那儿都不讨好,庄子还只是说辩者"不能服人之心",荀子对名家的批评几乎有点"上纲上线"了:"不法先王,不是礼义,而好治怪说,玩琦辞,甚察而不惠,辩而无用,多事而寡功,不可以为治纲纪,然而其持之有故,其言之成理,足以欺惑愚众,是惠施、邓析也。"[1]《通释》认为名家在战国乱世的各诸侯中就受到冷遇,在各家各派中受到排斥与夹击,到汉代各家学派自由辩论的氛围逐渐消失,更容不下名家那些"怪说""奇辞"了,汉初的《淮南子》给名家扣的帽子更是可怕:"公孙龙粲于辞而贸名,邓析巧辩而乱法。"[2]《通释》在《惠子》一书的叙录中说:"于是信从其言者渐寡。其后儒学勃兴,而其书悉归亡佚,非无故也。其学说今可考见者,惟《庄子·天下篇》而已。"[3]名家留下的逻辑知识成果后人没有好好保存,严重影响我们民族逻辑思维能力的提高。

《汉志》中的六经诸子重在立言以明道,其数术与方技则重在

---

1. 荀子:《非十二子》,梁启雄《荀子简释》,中华书局1983年版,第62页。
2. 刘文典集解:《淮南鸿烈集解》,中华书局1989年版,第472页。
3. 张舜徽:《汉书艺文志通释》,华中师范大学出版社2004年版,第316页。

守法以传艺，相对于主流上层重视明道的六经与诸子而言，守法传艺的数术方技对日常生活层面影响更大，老百姓更看重这些技艺的承传。这些技艺也更能表现底层人民的生活智慧，这些技艺的继承、中断和创新，又更直接地反映中下层人民的生活状况和价值取向。《通释》十分注重数术方技这类典籍的源流，关注这方面知识的承传与断裂。《汉志·数术略》"形法"类录"《相人》二十四卷"，下面这则《通释》对此书的叙录，表现了张先生知识考古的特征，不妨全录原文：

> 相人之法，起源甚早。孟子所言："存乎人者，莫良于眸子，眸子不能掩其恶。胸中正，则眸子瞭焉；胸中不正，则眸子眊焉。听其言也，观其眸子，人焉廋哉。"（见《孟子·离娄上》）此则辨人善恶最简易之法也。盖有诸内则形诸外，目为人之精神所注，藏于心者正，则眸子朗明；不正，则眸子昏暗。此可由外以知内者也。其次，窥其行动与习性，亦可知其人之始终。孔子尝言："视其所以，观其所由，察其所安，人焉廋哉！人焉廋哉。"（见《论语·为政篇》）即是此意。他如《大戴礼记·文王官人篇》举出观人之术有六：一曰观诚，二曰考志，三曰视中，四曰观色，五曰观隐，六曰揆德。言之尤为深切著明。大抵古初相人之法，语其大者，不外乎此。至于视其骨状以知吉凶贵贱，则又在其后矣。战国时其说盛行，而荀卿辟之曰："相人，

古之人无有也,学者不道也。古者有姑布子卿,今之世,梁有唐举,相人之形状颜色,而知其吉凶妖祥。世俗称之,古之人无有也,学者不道也。"(见《荀子·非相篇》)杨倞注末二句云:"再三言者,深非之也。"荀卿虽痛斥之,而其说未绝。至汉王充,以人生而有定形,于是强弱寿夭之数定焉。深信骨相之说,为不可易,作《骨相篇》以张之。论证甚详,载于《论衡》,自汉以下言相人者皆宗之。《隋志》五行家著录此类书,自《相书》四十六卷外,尚有《相经》《相经要录》《相书》《杂相书》《相书图》《相手板经》之属甚多,可觇其术之日出日繁也。[1]

这则叙录简直就是一篇我国古代的"看相史论",从看相最早的起源到隋唐的流变,从大儒硕学"不屑""不道",到因社会大众热衷而广为流行,无一不原原本本地挖掘呈现出来。这种对看相知识的穷源竟委,才算尽到了校雠学"考镜源流"的责任。

可见,《通释》经由对《汉志》所录每部典籍的叙录,考索了各个学术流派的兴盛与衰微,并进而探寻了各科知识的更替与消长。

原刊武汉大学《图书情报知识》2010年第6期

---

1. 张舜徽:《汉书艺文志通释》,华中师范大学出版社2004年版,第415—416页。

辨体·辨义·辨人·辨伪
——论张舜徽《汉书艺文志通释》的知识考古(下)

张舜徽先生《汉书艺文志通释》(以下简称《通释》)不仅通过对《汉书·艺文志》(以下简称《汉志》)所录典籍的叙录解题,考辨了各学术流派的盛衰与各科知识的消长[1],还对《汉志》所载典籍进行了辨体、辨义与辨人,并对各科知识进行了辨正与辨伪。张先生在《广校雠略自序》中指出:"又尝以为校雠之学,首必究心于簿录之体,而后辨章学术有从入之途;次必推明传注之例,而后勘正文字无逞臆之失。"[2] 可见,不辨其体,辨章学术便无从入之途;不辨其义,考镜源流便无着手之处;不辨其人,就不能判定典籍的归属;

---

1. 参见拙文《学术流派的盛衰与各科知识的消长——论张舜徽〈汉书艺文志通释〉的知识考古(上)》。
2. 张舜徽:《广校雠略自序》,《广校雠略》,华中师范大学出版社2004年版,第4页。

不辨真伪，就难以明了典籍产生的真实语境。簿录的体例（体）、内容（义）、作者（人）和真伪，无一不属于知识论的范畴，因而，在对《汉志》所录典籍进行辨体、辨义、辨人和辨伪的同时，《通释》也就是在进行独具特色的知识考古。

一

《通释》既"以《汉书·艺文志》溯学术之流派"，也以此志"明簿录之体例"。为什么"辨章学术，考镜源流"，非得要"明簿录之体例"呢？任何一种学术思路的背后，都有作者学术理念的支撑。张先生在《广校雠略·簿录体例论》中指出："书之体用既明，学之原流自显。"[1] 在古代，书籍是学术重要甚至唯一的载体，学术的源流与变化，知识的增长与消亡，可以通过簿录的变化呈现出来。书籍类例已分，学者便可即书以求学；簿录体用既明，学者便能沿流而溯源。作者这一理念可能受到郑樵的影响，郑氏在《校雠略》中说："类例既分，学术自明，以其先后本末具在。观图谱者可以知图谱之所始，观名数者可以知名数之相承。谶纬之学盛于东都，音韵之书传于江左，传注起于汉、魏，义疏成于隋、唐，睹其书可以知

---

1. 张舜徽:《簿录体例论》,《广校雠略》,华中师范大学出版社2004年版,第55页。

其学之源流。或旧无其书而有其学者，是为新出之学，非古道也。"[1]经由书籍可以追溯学术源流，也可以了解学科知识的发展变化。《通释》对《汉志》所收簿录的叙录解题，有很大一部分内容是"究心簿录之体"和"推明传注之例"，而且，这部分表现了作者许多独得之见。下面我们看看《通释》所阐明的几种簿录体例，这些簿录的体例现在基本消亡，学者很早就不用这些体式从事学术研究和写作了，现代有些著名学者对它们也可能不甚了了。

"传"就体例而言，在古代和现代通常都是指一种记叙文体，被列为"正史"的二十四史，从《史记》开始就有"列传"一体。《汉志·诸子略》"儒家"类却收录了"《高祖传》十三篇"，并有"高祖与大臣述古语及诏策也"的注语；《孝文传》十一篇"，并注说"文帝所称及诏策"。秦汉以前著述不外子、史、诗三体，子为立言，史为记事，诗为抒情。"立言"就得展开逻辑论证，做到以理服人；"记事"就得描写生动、逼真，让人能身临其境；"抒情"就得婉转、细腻、深至，真正能以情动人。立言的《诸子略》"儒家"类怎么会收录记事的《高祖传》和《孝文传》呢？梁启超在《高祖传》的解题中便称《诸子略》收录此二书是自乱其类："此及《孝文传》，以入儒家，本无取义。殆因编《七略》时未有史部，诏令等无类可归，姑入于此

---

1. 郑樵：《通志二十略》，中华书局1995年版，第1806页。参见拙文《"类例既分，学术自明"——论郑樵文献学的"类例"理论》，《图书情报知识》，2009年第3期。

耳。"¹张先生则认为将此二传收入儒家自有其道理:"古之以传名书者,既可以称纪录,亦可以名论述。褚少孙称《太史公书》为《太史公传》,其明征也。昔人论著中常称'传曰'或'传有之',亦谓为古书耳。汉高祖初起事时,虽质朴无文,鄙弃儒学;及天下既定,与诸大臣谋治安之道,遂不得不及书史。《汉书》本纪云:'初,高祖不修文学,而性明达,好谋能听。自监门戍卒,见之如旧。初顺民心,作三章之约。天下既定,命萧何次律令,韩信申军法,张苍定章程,叔孙通制礼仪,陆贾造《新语》……'若此所举萧何、张苍、叔孙通、陆贾之流,皆儒生也。高帝既常与之述古,又时颁诏策以论国政。简牍渐多,故有人裒辑以为《高祖传》十三篇……所载言论,多与儒近,故列之儒家。"²张先生的辨析有理有据,古人有时用"传"记事,有时也用"传"来立言。显然,梁氏的批评是由于他不明"传"在古时的簿录体例。

《春秋》列为儒家五经后,"春秋"也成了史书的代名词,"春秋"在簿录体例上通常多归入记事体。《汉志·诸子略》以立言宗,可"儒家"类却收录了"《李氏春秋》二篇"。这使许多学者大惑不解,记事体的《李氏春秋》怎么归入泛论名理的"诸子略"呢?《通释》对此书的叙录解题让人们的疑惑涣然冰释:"春秋二字,乃错举四时之名,足该一岁终始。故古之按年月四时以纪事者,谓之《春秋》。春生夏

---

1. 转引自张舜徽《汉书艺文志通释》,华中师范大学出版社2004年版,第269页。
2. 张舜徽:《汉书艺文志通释》,华中师范大学出版社2004年版,第269—270页。

长,秋收冬藏,实包天地万物。故古之以立意为宗而网罗弥广者,亦得谓之《春秋》。如《晏子春秋》《吕氏春秋》是也。此类书而名《春秋》,喻其所言非一,犹今称《丛刊》《汇编》耳。"[1]原来上古"春秋"这一体式,和上文所说的"传"一样,既可记事也可立言,但在立言时又与"传"同中有别:"传"往往专论某一方面,"春秋"则泛论多方,"传"的论域相对较窄,"春秋"的论域却须"网罗弥广"。

"说"这种学术体式后世学者用得不多,文献学家中明了这种体式特点的人自然也很少。《汉志·六艺略》"诗"类列《鲁说》二十八卷",《汉志·诸子略》"道家"类列"《老子傅氏经说》三十七篇",班固在书后注说"述老子学",同类列"《老子徐氏经说》六篇"。顾实在"《老子傅氏经说》三十七篇"的解题中说:"傅氏《说》亡,今《老子经》不详何本。牟融《理惑论》云:'吾览《佛经》之要有三十七品,老氏《道经》亦三十七篇。'则东汉之末,傅氏经犹存也。孙诒让《札迻》云:'即今《老子》上经三十七章。'然章篇不侔,盖非也。"张先生对此书的解题比顾实明晰通达得多:"牟融《理惑论》三十七篇,有人问其何以止著三十七?融答以法《佛经》之三十七品,《道经》之三十七篇,载其说于篇末。彼既明云老氏《道经》,而未及《德经》,则所称'三十七篇'者,实即《老子》上篇之三十七章也。属文之际,以章为篇,乃一时之率笔耳。不必以章篇不侔疑之。顾《经说》之体,与为原书作注解者有所不同。《汉志》著录《老

---

[1] 张舜徽:《汉书艺文志通释》,华中师范大学出版社2004年版,第266—267页。

子》《傅氏经说》三十七篇，乃讲说道家义蕴之文，固非注述之体。故班氏自注云：'述老子学'也。讲说老子之学而发为论著，其文可多可少。故傅氏、徐氏所为《经说》，篇数不一，其明征也。此处所云三十七篇，乃傅氏所撰《经说》论文之实数，自不得附会为《道经》之三十七章，意固明甚。"[1] 顾实解题将《傅氏经说》三十七篇附会《老子》经文三十七篇，导致这种错误的原因是他将"说"体与"注疏"体混为一谈。这两种学术体式虽都为解经，但"注疏"体要求随文施注，所以篇数与经文一致，"说"体内容虽是阐述经文义理，但论述时不必依附经文，可以申作者独得之见。同样是"说"《老子》经文，《傅氏经说》有三十七篇之多，《徐氏经说》却仅只六篇之数。《通释》在《汉志·六艺略》"诗"类列"《鲁说》"的解题中对"说"体的阐述更详尽："说之为书，盖以称说大义为归，与夫注家徒循经文立解、专详训诂名物者，固有不同。"[2] 不明簿录体例，对古人很多著述要么疑窦丛生，要么望文生义，甚至牵强附会。

"微"这种注述体式多见于汉代，后来学者很少人用这种体式从事著述，对"微"这一簿录体例自然也日渐生疏。《汉志·六艺略》"春秋"类列"《左氏微》二篇""《铎氏微》三篇""《张氏微》十篇""《虞氏微》二篇"。"微"这一体式有什么特点呢？看看《通释》对上面四书的解题："微亦古代注述之一体。唯治春秋者有是例，盖

---

1. 张舜徽：《汉书艺文志通释》，华中师范大学出版社2004年版，第288页。
2. 张舜徽：《汉书艺文志通释》，华中师范大学出版社2004年版，第200页。

以经文隐约，将欲循其微辞以通其义旨耳。颜《注》于《左氏微》二篇下明其义曰：'微谓释其微指'，是已。而沈钦韩驳之，谓微者《春秋》之支别，非传注之流，非也。"[1]《春秋》多微言大义，所以汉《春秋》才用"微"体，特点是循经文微辞阐明经文大义，属于汉代常用的一种注疏体式，并非沈钦韩所说的那样为《春秋》之别支。从《通释》解题得知，铎椒为左丘明四传弟子，铎椒授虞卿，虞卿授荀卿，荀卿授张苍。左、铎、虞、张一脉相传，"微"的簿录体例与授受源流一清二楚。

"钞撮"又名"撮钞"或"撮录"，这种东西类似于我们现在的"摘钞"。"钞撮""撮录"怎么能算著述呢？当然，汉代并没有典籍直接就名"撮钞"，可不少书籍本质上就是"撮钞"。如《汉志·六艺略》"春秋"类收录《公羊章句》三十八篇"《穀梁章句》三十三篇"。这两部章句没有注明作者，可见，它们不名于一家，不出自一手。《通释》称它们"皆西汉经师治公、穀者钞撮之编，择取诸家精义以备稽览者也。古人著书，不必言皆己出，如能博稽群言，采人之长，亦自不废"[2]。此外，《诸子略》中还有《儒家言》《道家言》《法家言》等。姚振宗在"《儒家言》十八篇"后的解题说："此似刘中垒裒录无名氏之说以为一编。其下道家、阴阳家、法家、杂家皆有之，

---

1. 张舜徽：《汉书艺文志通释》，华中师范大学出版社2004年版，第225页。
2. 张舜徽：《汉书艺文志通释》，华中师范大学出版社2004年版，第226页。

并同此例。"[1]《通释》则完全不同意姚氏的解说："昔之读诸子百家书者，每喜撮录善言，别钞成帙。《汉志·诸子略》儒家有《儒家言》十八篇，道家有《道家言》二篇，法家有《法家言》二篇，杂家有《杂家言》一篇，小说家有《百家》百三十九卷，皆古人读诸子书时撮钞群言之作也。可知读书摘要之法，自汉以来皆然矣。后人效之，遂为治学一大法门。《文心雕龙·诸子篇》亦言'洽闻之士，宜撮纲要。览华而食实，弃邪而采正'。韩愈《进学解》复谓'纪事者必提其要，纂言者必钩其玄'。证之隋唐史志，梁庾仲容、沈约皆有《子钞》。两宋学者，尤勤动笔。《直斋书录解题》有司马温公《徽言》，乃温公读诸子书时手钞成册者也。此皆步趋汉人读书之法，行之而有成者。《汉志》悉将此种钞纂之编，列诸每家之末，犹可考见其类例。古人于此类摘钞之书，不自署名，且未必出于一手，故不知作者也。"[2]这篇解题可谓一篇有关"撮钞"体裁的绝妙考论，概括了"撮钞"的特点，追溯了它的起源，并穷尽了它的流变，还分析了这种体式的功用。这篇解题比姚振宗的同篇解题更为详尽、准确、透彻、明达。

"究心簿录之体"和"推明传注之例"这一主旨贯穿于《通释》全书，对汉前簿录体例的源流、特征、存废与影响，都一一做了深入的考辨和详尽的阐释，这使《通释》既是一部簿录体例史，也是

---

1. 张舜徽：《汉书艺文志通释》，华中师范大学出版社2004年版，第277页。
2. 张舜徽：《汉书艺文志通释》，华中师范大学出版社2004年版，第277页。

一部学术流别史。

二

古人在部次图书时，有"辨体""辨义"和"辨人"之分，"体""义""人"是古人对图书分类的三种标准。《汉志》收录图书并没有贯彻统一的分类标准，或以"体"分，或以"义"别，或以"人"聚。上节所说的"明簿录之体例"，其实就是前人所谓"辨体"，这一节我们将论述《通释》如何"辨义"，也即对簿录内容的考证和阐释。

《汉志》中所列的许多典籍大多亡佚，现在根据书名基本无法得知其内容，由此引发了学者不少的猜测和争议。如《汉志·诸子略》"儒家"类收录了"《谰言》十篇"。班固在书下自注说："不知作者。陈人君法度。"什么是"谰言"呢？颜师古引如淳语说："谰音粲烂。"师古注说："说者引《孔子家语》云孔穿所造，非也。"[1]姚振宗对此书的叙录十分简略："今佚。师古曰：'说者引《孔子家语》云孔穿所造，非也。'周寿昌曰：'颜云非穿所造，亦以王肃伪造之《家语》，未足信也。'"[2]读完颜氏注和姚氏叙录，对"谰言"还是不明所

---

1. 班固：《汉书》，中华书局1962年版，第1728页。
2. 姚振宗：《汉书艺文志注解》，南京共和书局1924年版，第95页。

以。再看看《通释》对此书的叙录：

> 此处谰字，实当读谏。考《集韵》去声二十九换、谰字下又列谰、谏二体，释之云："诋谰、诬言相被也。或从闲从柬。"是谰之或体，亦可作谏矣。《汉志》著录之《谰言》，实即《谏言》。乃汉以前儒生裒录古代忠臣进谏之语以成此书，所言皆为君之道，故班氏自注云："陈人君法度。"至于谰之"诬言相被"一义，固不能以解《谰言》之谰也。此类书既由儒生纂辑而成，故班氏云"不知作者"。旧说谓为孔穿所造，非是。[1]

将《通释》这篇叙录与姚氏对同书的叙录稍做比较，二者的功力与识解高下立见。张先生从音韵学的角度，论证了"谰"即"谏"的异体字，"谰言"之"谰"从字义上不能解为"诬言相被"，"谰言"也即"谏言"。书的内容班氏注曰"陈人君法度"，而书名又叫"谏言"，可见此书无疑是汉以前儒生集录古代忠臣进谏君上之语以成书，"所言皆为君之道"，所以班固收入"儒家"类中。二千年前一本已亡佚的典籍，这篇不足二百字的叙录解题，将其书名、内容、作者考释得清清楚楚，并纠正了前人的曲解和误读。

不只《谰言》一书的叙录如此，经由文字、音韵的考辨进而考

---

1. 张舜徽：《汉书艺文志通释》，华中师范大学出版社2004年版，第265页。

证典籍的内容和义例,是《通释》叙录解题的常用方法。《汉志·六艺略》"礼"类载"《周官经》六篇",《汉志》自注说"王莽时,刘歆置博士"。今天所说的《周礼》本名《周官》,分天、地、春、夏、秋、冬六官为六篇,秦焚书时在民间隐藏百年之久,汉武帝时有李氏得之献于河间献王,缺《冬官》一篇,后以《考工记》补之。刘歆校理秘书才著录于《七略》,王莽时刘歆奏立博士,此书得以为世所重。不仅儒家学者大多相信"《周官》盖周公所制官政之法"(《隋书·经籍志·礼类》小序),一般读者通常也将《周官》理解为"周代官制"。《通释》对《周官经》的叙录则说:

> 自来论及《周礼》者,皆未究此书所以命名之义。愚意以为古之以"周"名书者,本有二义:一指周代,一谓周备。《汉志》著录之书,多有以"周"名者,儒家有《周政》六篇,《周法》九篇;道家有《周训》十四篇;小说家有《周考》七十六卷,臣寿《周纪》七篇,虞初《周说》九百四十三篇。细详诸书立名,盖皆取周备之义,犹《周易》之得义于周普,无所不备也。儒家之《周政》《周法》,盖所载乃布政立法之总论;道家之《周训》,小说家之《周考》《周纪》《周说》,犹后世之丛考、杂钞、说林之类耳。故刘、班悉载之每类之末,犹可窥寻其义例。自后世误以为言周代事,说者遂多隔阂不可通矣。专言设官分职之书,而名之为《周礼》,亦取周备之义。盖六国时人杂采各国政制编纂而成,

179

犹后世之官制汇编耳。由于集列邦之制为一书，故彼此矛盾重复之处甚多，与故书旧籍不合者尤广。是以建都之制，不与《诏诰》《洛诰》合；封国之制，不与《武成》《孟子》合；设官之制，不与《周官》合；九畿之制，不与《禹贡》合；不足怪也。学者如能审断《周礼》标题，实取周备无所不包之义，目为六国时人所辑录之官制汇编。非特成周时所未尝行，后世亦无行之者。直是一部古人理想中之职官设计书，可供后世参考而已。后世建国立制，分设六部，实原本《周礼》而稍变通之。可知此书传至今日，固考史者所不能废。[1]

儒家学者与普通读者对《周官》的误读与曲解，主要原因全出在将《周官》之"周"理解成了"周代"简称。假如《周官》真的是"周公所制官政之法"，就很难解释《周官》与《尚书》《孟子》等书的矛盾。张先生从文字训诂入手，将"周"训为"周备"，《周官》不过是"后世之官制汇编"，许多扞格不通之处就可豁然贯通。证之《汉志·诸子略》中以"周"名书的几部典籍，张先生的训释就更显得周全通达。如《汉志·诸子略》"儒家"类载"《周政》六篇""《周法》九篇"，清章学诚认为既关周代法度政教，"则二书盖官《礼》之遗

---

1. 张舜徽：《汉书艺文志通释》，华中师范大学出版社2004年版，第213—214页。

也。附之《礼》经之下为宜，入于儒家非也"[1]。可班固为什么不将它们收入《六艺略》"礼"类，而偏放在《诸子略》"儒家"类呢？张先生说这两书中的"周"都是指"周备"而不是指"朝代"："远古文献，散在四方。自官制汇编之外，遗言逸制未经收录者犹多。儒生各取所见，分类辑比以存之。儒家之《周政》《周法》，盖所载乃布政立法之余论。以其同出儒生之手，故列之儒家。"[2] 学者要是将"周"字"拘泥为专言姬周一代"，对《汉志·诸子略》"道家"类中的《周训》十四篇"更难说通了。颜师古注引刘向《别录》对此书的评语说："人间小书，其言俗薄。"[3] 如果《周训》是周代的遗训，刘向怎么会说它"俗薄"呢？《通释》对《周训》的解题说："著录于《汉志》之书凡以周名者，多为周普、周遍、所包甚广之意。道家《周训》十四篇，盖即习道论者随笔杂录之编，以备遗忘者也。与高文典册、精意著述不同，故刘向以小书俗薄目之。"[4] 一字误解便致全书误读。《通释》对《汉志》中以"周"名书各典籍的重释，澄清了学者两千多年常犯的学术错误。

张先生一生博涉四部，加之"潜研于文字、声韵、训诂之学者

---

1. 章学诚撰、叶瑛校注：《文史通义校注》，中华书局1985年版，第1035页。
2. 张舜徽：《汉书艺文志通释》，华中师范大学出版社2004年版，第264页。
3. 班固：《汉书》，中华书局1962年版，第1732页。
4. 张舜徽：《汉书艺文志通释》，华中师范大学出版社2004年版，第296页。

有年"[1]，他从经、史、文字、训诂入手治文献校雠十分得心应手，《汉志》中的许多疑难问题在他手中便迎刃而解。《汉志·诸子略》"小说家"类载"《待诏臣饶心术》二十五篇"，此前文献校雠家对此的解题都不得要领，问题的关键出在不明"心术"所指，《通释》在此书的叙录中指出："'心术'二字，犹言主术、君道，谓人君南面之术也。《管子》有《心术》上下篇，即为阐发君道而作，余已有《疏证》专释之矣。《管子心术上篇》开端即曰：'心之在体，君之位也。'可知以心比君，由来已旧。此二十五篇之书题为《心术》，意固在此。盖其书重在阐明君道，而亦杂以他说，为书不纯，故不列之道家，而竟归于小说，与伊尹、鬻子、黄帝诸《说》并叙，非无故矣。自来疏释《汉志》者，不解'心术'为何物，故特为发明之。"[2]"不解'心术'为何物"而又强为解题必然就臆断曲解，在典籍已经亡佚的情况下，对书名关键词的解读"差之毫厘"，对全书内容的把握就会"谬以千里"。《汉志》在《待诏臣饶心术》一书后列有"《待诏臣安成未央术》一篇"，对什么是"未央术"前人也众说纷纭，张先生仍从字义入手，"未央"从字面上讲就是未尽、无穷的意思，所以"'未央'二字，乃长乐无极之意。汉初萧何营未央宫，即取义于此。《汉志》著录之《未央术》一篇，盖专言养生之道以至健身长寿者。姚振宗疑与房中术

---

1. 张舜徽：《八十自叙》，《张舜徽学术论著选》，华中师范大学出版社2004年版，第2页。
2. 张舜徽：《汉书艺文志通释》，华中师范大学出版社2004年版，第343页。

相类，非也。《急就篇》末句云：'长乐无极老复丁。'即祝愿人皆永寿，未央意也。"[1]

  给一部典籍叙录"辨义"看似简单，实际上"看似平常最奇崛，成如容易却艰辛"。《颜氏家训·勉学篇》告诫子孙说："观天下书未遍，不得妄下雌黄。"[2] 腹俭识浅的人怎能"辨义"？又怎能写出有深度和识大体的叙录？《汉志·数术略》"五行"类收录《六合随典》二十五卷"。今天的读者绝大多数不知"六合"为何物。清末姚振宗用地支解释"六合"："子与丑合，寅与亥合，卯与戌合，辰与酉合，巳与申合，午与未合，转位十二神。"[3] 让十二支两支相合有点随意，读后我们还是不知所云。现在再看看张先生的叙录："六合之义甚广。而《神枢经》有云：'六合者，日月合宿之辰也。'《周礼》太师'掌六律六同以合阴阳之声'。贾公彦云：'六律为阳，六同为阴，两两相合，十二律为六合。'后人循阴阳相合之义而比附之，遂谓婚嫁之事为六合。此书盖专言婚嫁择日及其他宜忌之可为典要者，故名《六合随典》。《隋志》五行家有《六合婚嫁历》一卷，梁有《六合婚嫁书》及《图》各一卷，皆此类也。"[4] 什么叫"六合"？何以名"随典"？"六合"在古代有什么用途？待读完张先生这篇叙录后，上面这些问题

---

1. 张舜徽：《汉书艺文志通释》，华中师范大学出版社2004年版，第343页。
2. 颜之推撰、王利器集解：《颜氏家训集解》，上海古籍出版社1980年版，第219页。
3. 姚振宗：《汉书艺文志注解》，南京共和书局1924年版，第241页。
4. 张舜徽：《汉书艺文志通释》，华中师范大学出版社2004年版，第403页。

都有满意的解答。没有深湛的经学和史学功力,没有广博的民俗学知识,断然写不出这篇短短的叙录来。

古人论学最重家法,叙列一家之书尽可能穷源至委,使人能沿流而索源,因书以究学,但有时候"理有互通,书有两用"(《校雠通义·互著》),或既涉乎道也通于儒,或既论兵又申法,或既谈阴阳又讲礼制,这样的典籍如何归类呢?在这种情况下,部次图书很能显示文献学家的学术眼光和学术功力。《汉志·诸子略》"杂家"类载"《子晚子》三十五篇",班氏自注"齐人,好议兵,与《司马法》相似"。既然子晚子其人"好议兵",其书又"与《司马法》相似",难怪引起章学诚的疑惑:"注云:'好议兵,似《司马法》。'何以不入兵家耶?"[1] 班氏明明知道子晚子好议兵,却又偏偏将其书列入杂家,自有其这样归类的道理。我们还是听听张先生是怎样说的:

> 《诸子略》中,有著录其书于某家,而其术兼擅他家之长者,其例甚多。故一人既有此家之著述,亦可有他家之著述,似未能以一方一隅限之。子晚子好议兵,特其术之一耳。《汉志》著录之三十五篇,盖所包甚广,故列之杂家也。[2]

---

1. 章学诚撰、叶瑛校注:《文史通义校注》,中华书局1985年版,第1047页。
2. 张舜徽:《汉书艺文志通释》,华中师范大学出版社2004年版,第327页。

这篇短叙解释《汉志》列《子晚子》于杂家的原因，还阐述了秦汉诸子著书立说的通例，于《汉志》义例深心体贴，于《子晚子》内容曲得隐情。

"理有互通，书有两用"更明显的例子是《管子》，《汉志·诸子略》"道家"类收录"《筦子》八十六篇"，而《隋书·经籍志》和《四库全书总目》都归入子部"法家"类。这到底是部什么样的书？到底归入什么部类更为合适呢？张舜徽先生对此做了详细的阐述："《管子》之管，《汉志》作筦。颜师古云：'筦，读与管同。'是汉人本作筦也。此书在刘向前，乃杂乱无章之文献资料。经刘向去其重复，订其讹谬，写定为八十六篇，仍为一部包罗甚广之丛编，固非纪录管子一人之言行也。古人记事纂言，率资简策。积之既多，每取其相近者聚而束之。大抵河平校书以前之古代遗文，多属此类，不独《管子》然也……今观《管子》书中，多言无为之理，详于人君南面之术，班《志》列之于道家，即以此耳。自《隋志》改列法家之首，后世学者，咸以管子为申、商之前驱，非、斯之先导，谓为刻薄寡恩。不悟道家之旨，施诸后世，其流必为刑名法术之学，此史公所为以老庄与申韩合传、而谓申韩皆原于道德之意也。或谓《史记·管晏列传》《正义》引《七略》云：《管子》十八篇，在法家。'是《七略》原文本不在道家也。愚则以为《七略》所云十八篇之书，乃昔人从八十六篇中选录论法之文十八篇以裁篇别出者，班氏为《艺文志》时，以此十八篇已在八十六篇中，故但列八十六篇于道家，不复列十八篇于法家也。"[1] 申、韩法术"皆原于道德之意",而道家之旨一推行于现实生活世界,其流必然成为"刑名法术之学",道家为法家之渊源,法家为道家之流衍。《通释》进一步指出道、法二家在现实政治中的深刻联系:"要之道法二家,相须为用。惟任大道,始以法治国;惟明法令,始能无为而成。相济相生,似二而实一耳。"从理论渊源上看则法出于道,就现实政治而言法道又"相须为用",所以二家"似二而实一"。《汉志》列《管子》于道家,是从渊源立论;《隋书·经籍志》《四库》列《管子》于法家,是从流变着眼。这篇叙录从学术渊源流变讨论《管子》的学术归宿,从一典籍这样的细处着手,从道、法二家学术渊源的大处着墨,所以论断深刻而又透彻。

《通释》中有时从对一书的解题进而阐述一个时代的精神风貌,一个时代的学术思潮,一个时代的创作趋向,这样的叙录解题高屋建瓴,表现了作者开阔的学术视野。《汉志·诸子略》"儒家"类收录了"《扬雄所序》三十八篇",《诗赋略》收录了"《扬雄赋》十二篇",张先生对此二书的叙录就像两篇宏观论文。如《扬雄所序》叙录最后一段说:"西汉末期学者,以刘向、扬雄为最渊博。是为通人之学,与其时博士之学异趣。博士之学,在流于专固繁冗之后,忽有博学通人出,救弊起衰,以济其穷。物极必反,理势然也。王充《论衡·超奇篇》云:'能说一经者儒生,博览古今者为通人。'《别通篇》云:'能多种谷,谓之上农;能博学问,谓之上儒。'又云:'或以说

---

[1] 张舜徽:《汉书艺文志通释》,华中师范大学出版社2004年版,第285—286页。

一经为是，何须博览。夫孔子之门，讲习五经。五经皆习，庶几之才也。'王充生于东汉，目击西京博士之学，流弊甚大，故为斯论以振起之。西京之末，惟刘向、扬雄博学多通，与并世诸儒绝异。故后世论及博通之士，即取二人为例……西汉末期有此二人，遂开博通一派。于后世儒林，影响尤大。《汉志》叙次儒家诸书，而以刘向、扬雄二家殿尾，意固有在矣。"[1]西汉末，学术由博士之学的隘陋趋于刘、扬之学的博通，这篇短叙中敏锐地把握了西汉末崇尚博学的知识取向。张先生治学也尚博通，这篇叙录也写得恢宏大气。《通释》对《扬雄赋》的叙录也有同样的特点："《汉书》本传赞称其欲以文章著述名于后世，'以为经莫大于《易》，故作《太玄》；传莫大于《论语》，故作《法言》；史篇莫善于《仓颉》，作《训纂》；箴莫善于《虞箴》，作《州箴》；赋莫深于《离骚》，反而广之；辞莫丽于相如，作四赋。皆斟酌其本，相与放依而驰骋云。'然则雄所述造，盖无文而不规效前修。著述之体，至此一变矣。其学博大深醇，实西汉一通儒也。"[2]在扬雄之前，无论从事学术著述还是从事文学创作，学者和作家都很少模仿，学者期以立言用世，作家期以真情动人，莫不让思想和感情自然流露，或思想决定著述的表达体式，或情感决定作品的语言风格。扬雄登上文坛后，从模仿各种体式开始进行自己的创作，著述的体裁和形式就成了决定性的因素。在扬雄之前，著

---

1. 张舜徽：《汉书艺文志通释》，华中师范大学出版社2004年版，第279—280页。
2. 张舜徽：《汉书艺文志通释》，华中师范大学出版社2004年版，第359页。

述家依恃才华见识，扬雄而后则更靠学问功力；扬雄"欲以文章著述名于后世"的创作动机对后来的作者影响深远，"自东汉以来，士子竞以著书为弋名之具，雄实开其先"[1]。自此而后中国古代的文集日兴，所以张先生称"著述之体，至此一变"，一语切中了学术风尚转换的肇端。

三

《通释》"辨人"——考辨簿录作者——同样也能发千古之覆：要么指出作者张冠李戴，要么找到簿录的真实主人，要么确定作者的年代爵里，不管哪种情况，张先生都能为我们还原历史真相。

《汉志》所收录的图书中，有少数不仅书属于伪托，标注的作者可能是子虚乌有，如《汉志·诸子略》"道家"类载"《关尹子》九篇"，班氏自注其作者说"名喜，为关吏，老子过关，喜去吏而从之"。从宋陈振孙、清四库馆臣到梁启超都断其书为伪品，从西汉刘向、东汉班固以来学界又都认为作者实有其人，并都言之凿凿地说其人"名喜"。《通释》对此书的叙录一扫二千年有关作者的迷雾：

> 今本之伪，固众所周知矣。即著录于《汉志》之九篇，

---

1. 张舜徽：《著述体例论》，《广校雠略》，华中师范大学出版社2004年版，第12页。

亦难保其非依托。且"关尹"二字，乃称其人之职守，而非其姓氏。刘向入之《列仙传》中，又名关令子。彼既为神仙中人，岂复下笔著书？纪其事最早者，莫如《史记》。但言老子"见周之衰，乃遂去。至关，关令尹喜曰：子将隐矣，强为我著书。于是老子乃著书上下篇，言道德之意五千言而去"。而未尝言关尹亦著书。况《史记》所云"关令尹喜曰"，乃言关令尹见老子之至而心喜悦也。司马迁以后之人，误读《史记》，遽以"喜"为其名，或直称之为"尹喜"，自刘向、刘歆已然，班氏自《注》，亦沿其误。他如高诱注《吕览》，陆氏撰《释文》，皆谓其人名喜。名之不正，孰甚于此。后世对其人之姓名，不免以讹传讹，则其人之有无，自难遽加论断，遑论其著述乎？《汉志》著录九篇之书，殆秦汉间人所撰记，托名于关尹耳。[1]

细读《史记》原文就不难明白，"关令尹"显然是称其官职而非指其姓氏，"喜"是形容关令尹的心情而非指其人名，但自从向歆父子、班固、高诱、陆德明等通人硕学都称其人"名喜"，后世谁还会怀疑这些大儒可能误读《史记》呢？前人唱影后人绘声，就这样一代代以讹传讹，历代学者们共同"塑造"出一个"尹喜"来。如果没有《通释》这篇叙录探微索隐，"尹喜"不知还要"活"多少年多少代。

---

1. 张舜徽：《汉书艺文志通释》，华中师范大学出版社2004年版，第291页。

除了像"尹喜"这类作者是无中生有外,《汉志》中还有少数作者属于张冠李戴。《汉志》所录的书籍,其书名有的与今本不同,也与六朝、唐宋人所见本不同,甚至还不同于班氏之前的《别录》《七略》。古书书名并非作者所拟,常为编次其书的人所加。班氏撰《汉志》时为求体例统一,也时有改易书名的现象。由于一书而有数名,或数书而共用一名,加之此书后世亡佚,这易于滋生学者的困扰和疑窦。如《汉志·六艺略》"易"类载"《韩氏》(《易》传)(此二字承前省略,为引者所加——引者注)二篇",班氏自注"名婴"。因《汉志》改易了书名,班氏自注又过分省略,招致对其作者的猜测误解和其书真伪的怀疑。我们来看看《通释》如何梳理与判断这一学术公案:

《唐会要》载开元七年诏:"《子夏易传》,近无习者,令儒官详定。"司马贞议曰:"按刘向《七略》有《子夏易传》。又王俭《七志》引刘向《七略》云:'《易传》子夏,韩氏婴也。'"是其书本名《子夏易传》,不名《韩氏易传》。《七略》旧题,昭然可考。班固此《志》录诸家《易传》,自《周氏》二篇至《丁氏》八篇七家之书,悉题某氏。欲使前后一例,遂采《七略》之语,改题《韩氏》耳。但《儒林传》不言韩婴字子夏,后人遂误以为是孔子之弟子卜商。至《隋书·经籍志》乃直题之曰:"《易》二卷,魏文侯卜子夏传",则因子夏二字而傅会之也。于是异说纷起,争论不休。独宋翔凤《过庭录》谓"子夏当是韩商之字，与卜子夏名字正同。当是取传韩氏《易》最后者题其书，故韩氏《易传》为子夏传也"。其说甚通，可成定论。[1]

因《汉志》中的《韩氏易传》原名《子夏易传》，班氏注中又没有明言韩氏字子夏，《隋书·经籍志》撰者望文生义，将汉代的韩商"子夏"换成战国时的卜商"子夏"，由此使后世聚讼纷纭。直到现代余嘉锡先生辨于前，张舜徽先生申之于后，这一公案才得以了断。平心而论，对这一问题的考辨余先生应居首功。[2]

《汉志》所录书籍有时没有标注作者，《通释》在考定著作人归宿上多有发明。如《汉志·诸子略》"杂家"类收录"《博士臣贤对》一篇"，并注说"汉世难韩子、商君"。班注是说明此书内容，那么"汉世"是谁"难韩子、商君"呢？《通释》在此书叙录中说："此即汉武帝时之韦贤也。贤字长孺，鲁国邹人。《汉书》本传称其为人质朴少欲，笃志于学。兼通《礼》《尚书》，以《诗》教授，号称邹鲁大儒。征为博士，给事中。进授昭帝《诗》，稍迁光禄大夫詹事，至大鸿胪。昭帝崩，无嗣，大将军霍光与公卿共尊立孝宣帝。帝初即位，贤以与谋议安宗庙，赐爵关内侯食邑，徙为长信少府。以先帝师，甚见尊重。可知贤在昭宣之际，实为儒学重臣。既博通经义，则言治必

---

1. 张舜徽：《汉书艺文志通释》，华中师范大学出版社2004年版，第180—181页。
2. 参见余嘉锡《古书通例》，上海古籍出版社1985年版，第36—40页。

与法家异趣。此一篇盖其为博士时对朝廷之问也，故题云《博士臣贤对》耳。班固既未采录入《传》，文亦早亡。班氏自注云：'难韩子商君。'则非韦贤莫属矣。"[1]这则考辨确定了此书的作者，也阐释了此书书名的意义及其由来。

《汉志》中收录的书籍，其作者时有爵里乃至姓氏的错误，这些错误有的出在班氏本人，有的出在抄写《汉志》的后人。如《汉志·诸子略》"纵横家"类收录了"《庞煖》二篇"，并自注说"为燕将"。《通释》认为这是班氏的错误："《史记·赵世家》称'悼襄王三年，庞煖将攻燕，禽其将剧辛'。《燕世家》又称'燕使剧辛将击赵，赵使庞煖击之，取燕军二万，杀剧辛'。是庞煖乃赵之名将。班《志》自注云：'为燕将'，盖记忆偶误。《兵书略》权谋家又有《庞煖》三篇，其所言者，盖各有在也。"[2]以《史记》释《汉志》之误，起班固于地下也无以自辩。再如《汉志·诸子略》"杂家"类收录"《尸子》二十篇"，并自注其作者说："名佼，鲁人。秦相商君师之，鞅死，佼逃入蜀。"这次班氏在作者籍贯上又偶有疏误："《史记·孟荀列传》：'楚有尸子。'《集解》引刘向《别录》云：'楚有尸子，疑谓其在蜀。今案尸子书，晋人也。名佼，秦相卫鞅客也。卫鞅商君，谋事画计，立法理民，未尝不与佼规也。商君被刑，佼恐并诛，乃亡逃入蜀。自为造此二十篇书，凡六万余言。卒因葬蜀。'据此可知班《志》

---

1. 张舜徽：《汉书艺文志通释》，华中师范大学出版社2004年版，第333—334页。
2. 张舜徽：《汉书艺文志通释》，华中师范大学出版社2004年版，第322页。

自注所云'鲁人',鲁乃晋之误,二字形近而讹也。考《后汉书·宦者吕强传》注云:'尸子作书二十篇,十九篇陈道德仁义之纪,一篇言九州险阻,水泉所起也。'是此书二十篇之书,既富儒家之言,复有水地之记。其学多方,本不限于一隅。有如《文心雕龙·诸子篇》谓其'兼总杂术'者,不诬也。如徒以其为商君师,佐之治秦,遽谓为仅长于刑名法术之学,则犹浅视之矣。"[1]这则叙录以班氏之前和之后的史料,无可争辩地证明尸子不是鲁人而是晋人。还有《汉志·诸子略》"阴阳家"类收录的"《黔娄子》四篇",班氏自注称作者为"齐隐士。守道不诎,威王下之"。梁启超引《烈女传》"鲁黔娄先生死,曾子与门人往吊"的记载,怀疑黔娄子"非齐人,更不及威王时矣。或是两人耶"?张先生对此的解释更符合历史的真实:"齐鲁接壤,或实齐人而居于鲁,或实鲁人而居于齐,此乃事所常有。故记之者或称为齐人,或称为鲁人也。至于时君之名,间有不合,乃古人记忆偶差耳。皇甫谧《高士传》称'黔娄先生齐人,修身清节,不求进于诸侯。著书四篇,言道家之务,号《黔娄子》。终身不屈,以寿终。'"[2]刘向称黔娄为鲁人,班氏说他是"齐隐士",晋人也称黔娄为齐人,在目前没有更多史料确证的情况下,张先生的断语可能较为明智。当然,有些错误不能归咎于班固,如《汉志·诸子略》"阴阳家"类所录"《乘丘子》五篇",古今姓氏书并无"乘丘

---

1. 张舜徽:《汉书艺文志通释》,华中师范大学出版社2004年版,第329页。
2. 张舜徽:《汉书艺文志通释》,华中师范大学出版社2004年版,第294页。

氏"，而《汉志》自注又称他为"六国时"人。这是怎么回事呢？还是来看看《通释》的考释："《广韵》下平十八尤、丘字下云：'《艺文志》有桑丘公。'《通志·氏族略》云：'桑邱氏盖以地为氏者，《汉书》桑邱公著书五篇。'是今本《汉志》误桑为乘，为时不早，盖近世传钞致讹。"[1]南宋末郑樵所看到的《汉志》还是"桑丘"，可见现在《汉志》中的"乘丘"是南宋后传钞讹误。张先生的考辨使《乘丘子》的书名和作者都真相大白。

由于古代文字读音通假，《汉志》中作者的姓氏名字也常有因音近假借的现象，这样便有一人而有数名或数姓，使得后人确定一书作者时十分困难，如《汉志·诸子略》"道家"类载"《蜎子》十三篇"，并自注其作者说"名渊，楚人，老子弟子"。张先生通过秦汉史书证明"蜎"为"环"的假借字，"蜎渊"就是"环渊"："环、蜎古字通。《楚策》范环，《史记·甘茂传》作范蜎，可证也。《史记·孟轲荀卿列传》云：'环渊，楚人。学黄老道德之术，著上下篇。'即其人已。史言'著上下篇'，著之言犹注也，谓为《老子》上下篇解说，使其义著明也。其解说之文有十三篇，故《汉志》如实以著录之。"[2]虽然《蜎子》十三篇已经亡佚，但《通释》仍经由史料旁证和本证，考出《汉志》中的"蜎渊"即《史记》中的"环渊"。又如《汉志·诸子略》"道家"类载"《捷子》二篇"，并自注作者为"齐人"。可在秦汉其他

---

1. 张舜徽：《汉书艺文志通释》，华中师范大学出版社2004年版，第303—304页。
2. 张舜徽：《汉书艺文志通释》，华中师范大学出版社2004年版，第290页。

史书中找不到有齐人名"捷子",这是怎么回事呢?还是《通释》对此书的叙录能为我们释难:"《史记·孟荀列传》云:'慎到,赵人;田骈、接子,齐人;环渊,楚人;皆学黄老道德之术。'《汉志》著录之《捷子》二篇,乃其自得之言也。接、捷字通,犹《说文》箕字,或体作耳。《史记·田完世家》《孟荀列传》作接子,《汉书·古今人表》及《艺文志》作捷子,固一人也。《人表》列此人于尸子之后,邹衍之前,为六国时人。"[1]通过《说文解字》找到捷、接二字相通的例证,考出《史记》中的齐人"接子"即《汉志》中的齐人"捷子"。从这里可以看到,张先生继承并光大了清儒从小学入手的治学思路。

四

部次书籍离不开"辨体""辨义"和"辨人",而作为对《汉志》的"通释",当然也少不了辨伪:或辨典籍属伪书,或辨其内容为伪造,或辨作者属伪托。这同样也是"知识考古"的题中应有之义。

对《汉志》进行辨伪相当复杂,有时典籍既属伪书,作者也是伪托,这种情况是书与人都伪。如上文论及的"道家"类《关尹子》,关尹子其人就是子虚乌有,《关尹子》其书又岂能为真?

人与书均伪还可再细分两种不同的情况:有时伪书内容全属伪

---

[1] 张舜徽:《汉书艺文志通释》,华中师范大学出版社2004年版,第298页。

造,这种伪书就一无可取;有时伪书中有真事、真意或真情,即古史辨学派所谓"伪书中有真历史",这种伪书便有很珍贵的历史价值。《通释》很注意对作者与书籍辨伪,但对伪书并不是一概弃如弊屣。《汉志·诸子略》"道家"类首载"《伊尹》五十一篇",并注明作者即"汤相"。次列"《太公》二百三十七篇",同样注明作者"吕望为周师尚父,本有道者"。梁启超怀疑在文明初启之时,怎么可能写出几十篇或几百篇如此大篇幅的著作?因而他说二书"可断其必诬"。《通释》在二书叙录中不仅也断其书为伪,还分析了古人作伪的心理动因:"君人南面之术,所起甚早。然必君臣之分既立,而斯论始有所传。其不起于夏殷以前,无疑也。顾夏殷之世,君人南面之术虽已萌芽,初但口耳相传,至周末诸子,各述所闻,始著之竹帛耳。《淮南子·修务篇》有云:'世俗之人,多尊古而贱今。故为道者必记之于神农、黄帝,而后能入说。乱世暗主,高远其所从来。因而贵之。'可知诸子之书,例多托古,不足怪也。"[1]只有像张先生这样深明古书通例的人,才会写出这种入情入理的叙录,不只是满足于简单地指斥其伪,而是细致地分析先秦普遍作伪的原因。还有些学者一见其书既然属于伪书,便断定其义必然无取,张先生则认为周末诸子很多书虽为依托,但书中内容并非全是伪造,如他在《太公》一书的叙录中说:"上世言道术者,为使其书见重于世,故必依托古初,高远其所从来。言道术者之必推本于伊尹、太公,犹言方

---

1. 张舜徽:《汉书艺文志通释》,华中师范大学出版社2004年版,第282页。

技者之必推本于神农、黄帝耳。此类书战国时兴起最多，要必前有所承，非尽后起臆说也。学者籀绎遗文，可慎思而明辨之。"[1]其书虽为伪托但义并非杜撰，战国时期这些伪书仍值得后人细读明辨。张先生在《广校雠略》中也强调"伪书不可尽弃"："学者如遇伪书，而能降低其时代，平心静气以察其得失利弊，虽晚出赝品，犹有可观，又不容一概鄙弃也。"[2]

《汉志》中的少数典籍尽管其书不伪，但其内容全是杜撰臆造，《通释》对此类书籍和作者毫不假辞色。《汉志·六艺略》"春秋"类收录了"《太古以来年纪》二篇"，顾实称书的内容"皆汉古说"，张先生则认为这类以"年纪"形式写出的历史书籍，作者毫无历史责任感，内容也毫不足取："羲农以前之事，多见于纬书，其书已不完。即其所存者观之，多荒诞不经之说，犹各国古史之有神话也。诸纬书所述古事，始于三皇，继分十纪，大抵出于臆造。荒远无稽，不足信也。古人撰《书》，断自唐虞。而司马迁曰：'唐虞以上，不可记已'（《龟策列传》）；'神农以前，吾不知已'（《货殖列传》）。又称'百家言黄帝，其文不雅驯，荐绅先生难言之'（《五帝本纪赞》）。可知昔贤阙疑之义，为不可及。纬书起于西汉之末，故有撰《太古以来年纪》以欺世者。考《礼记正义序》有云：'伏羲之前及伏羲之后，年代参差，所说不一。纬候纷纭，各相乖背，且复烦而无用。'是其

---

[1]. 张舜徽：《汉书艺文志通释》，华中师范大学出版社2004年版，第283页。
[2]. 张舜徽：《审定伪书论》，《广校雠略》，华中师范大学出版社2004年版，第81页。

说为世诟病，由来久矣。"[1]这类所谓"年纪""史书"，根本就违背了历史"无征不信"和"多闻阙疑"的学术原则，作者有意地为了个人目的而凭空滥造，难怪《通释》严厉地斥责它"荒诞不经"。《太古以来年纪》这类书籍的恶果，造成读者历史知识的混乱尚在其次，因为这可以由严肃的史学家出来纠正，最可恶的是它带坏了一代甚至几代学风，哪怕其书久已亡佚，其流毒仍然难消，后来那些投机取巧者会见样学样地跟着作伪。《通释》接着指出它的恶劣影响："《汉志》著录《太古以来年纪》虽仅二篇而又早亡，然其余绪未绝，影响深远。后世若蜀汉时谯周之《古史考》，晋人皇甫谧之《帝王世纪》，唐人司马贞之《三皇本纪》，宋人罗泌之《路史》、金履祥之《通鉴前编》，皆其嗣音。"这是追索作伪的上游源头与下流余波，是在"考镜"作伪的渊源流别。最后，《通释》还阐述了现在史学家所当取的严谨态度："今日而言太古之事，必须以科学之律令，从事于实际之考察，得地下遗物证验，始可推知其年代，固非徒据书本，所可逞臆空谈者矣。"[2]今天学术界抄袭作伪之风盛行，不知还有多少人能像张先生所说那样，将"科学之律令"装在胸中？

张先生本人倒是身体力行，在《通释》中常利用现代的出土文物来证明前人论定的伪书不伪，如《汉志·兵书略》"兵形势"类录"《尉缭》十六篇，图五卷"，清代姚鼐、谭献等人都断定此书"为伪

---

1. 张舜徽：《汉书艺文志通释》，华中师范大学出版社2004年版，第233页。
2. 张舜徽：《汉书艺文志通释》，华中师范大学出版社2004年版，第233—234页。

书"，不过是"后人杂取苟以成书而已"。张先生在此书的叙录中则说："自一九七二年四月，在山东临沂银雀山西汉初期墓葬中，出土先秦古籍竹简数千枚，以兵书为多。而《尉缭子》与《孙子兵法》《孙膑兵法》《六韬》诸书俱在。藏于地下，已历二千一百余年，信为先秦遗编无疑。《汉志》杂家有《尉缭》二十九篇，注云：'六国时。'《隋志》杂家有《尉缭子》五卷，注云：'尉缭，梁惠王时人。'则与孟轲同世也。"[1]出土文物铁证如山，所谓《尉缭》属"伪书"的言论不攻自破。不管是证伪还是证实，最可靠的办法还是像张先生这样"拿出证据"来。

当然，《汉志》中能直接用地下出土文物证伪或证实的典籍不多，《通释》对书籍辨伪用得最多的方法是考之史志以验证其书籍与作者，考之本书以验证其内容前后是否吻合，考之他书以验其是否为原著。张先生说鉴定书之真伪万不可轻率："世之鉴定伪书者，固贵有证，尤贵有识，否则必以不伪为伪，则天下宁复有可保信之书！"[2]他在《汉书艺文志释例》中还以罕见的严厉语气批评后世那些未能"深明著述本原"的学者，"书未开卷，先辨真伪，苟未得其主名，辄臆定为赝鼎，任情轩轾，随声是非，终致经典束阁，不思窥览，岂不悖哉"[3]！《通释》辨伪的方法既非常科学，态度也十分慎重，有

---

1. 张舜徽：《汉书艺文志通释》，华中师范大学出版社2004年版，第380页。
2. 张舜徽：《审定伪书论》，《广校雠略》，华中师范大学出版社2004年版，第81页。
3. 张舜徽：《广校雠略》附录《汉书艺文志释例》，《广校雠略》，华中师范大学出版社2004年版，第124页。

时虽意有未安但查无实据，就只好存疑，从不轻下断语称某书为伪书，某作者属伪托，真正达到了他为自己所悬的学术高标："持论归乎至平，立义期于有据。"[1]《通释》的知识考古既体现了张先生的博学深识，也体现了他治学态度的认真严谨。

原刊武汉大学《图书情报知识》2011年第2期

---

1. 张舜徽:《广校雠略自序》,《广校雠略》,华中师范大学出版社2004年版,第4页。

中国古代学术史的重构

——论张舜徽《四库提要叙讲疏》

《四库全书总目提要》因其"辨章学术,高挹群言"而一直为学界广为推崇,"嘉、道以后,通儒辈出,莫不资其津逮,奉作指南"[1]。《四库全书总目》经、史、子、集四部中,经部分十类,史部分十五类,子部分十四类,集部分五类。四部各部前有总叙,每类前有小叙,将总叙和小叙连缀起来俨然就是一部"中国学术史论"。张舜徽先生对《四库提要叙》非常重视,六十多年前曾以此作为大学文科"国学概论"的教本,将每篇叙文都向学生进行讲论和疏通,这些讲论稿现已成为"二十世纪学术要籍"《四库提要叙讲疏》(以下简

---

1. 余嘉锡:《四库提要辨证》,云南人民出版社2004年版,第45页。

称《讲疏》）。[1]张先生在《四库提要叙讲疏·自序》中说："昔张之洞《輶轩语》教学者曰：'将《四库全书总目提要》读一过，即略知学问门径矣。'余则以为此四十八篇者，又门径中之门径也。苟能熟习而详绎之，则于群经传注之流别，诸史体例之异同，子集之支分派衍，释道之演变原委，悉憭然于心，于是博治载籍，自不迷于趣向矣。"其中"传注流别"和"体例异同"属于文献学中的"簿录体例""支分派衍"和"演变原委"属于"学术源流"，与之相应，张先生讲疏的内容便集中于考镜学术源流，辨明簿录体例，讲疏的方法则"首取《提要》本书以相申发，次采史传及前人旧说藉资说明，末乃附以愚虑所及而讨论之"[2]。可见，这部《讲疏》体例上虽为古代学者常用的注疏体，但它突破了"注不叛经，疏不破注"的陈规，对《四库提要》四十八篇叙文既有引申发挥，也有采史求证，更有正误纠谬，并由此完成了对中国古代学术史的重构。

---

1. 张舜徽：《四库提要叙讲疏》，收入张氏《旧学辑存》（下册），齐鲁书社1988年版，华中师范大学出版社2008年版。《四库提要叙讲疏》2002年台北学生书局出单行本，2005年云南人民出版社出单行本，为该社出版的"二十世纪学术要籍丛刊"之一。
2. 张舜徽：《四库提要叙讲疏》，《旧学辑存》下册，华中师范大学出版社2008年版，第953页。

一、正误：重溯学术之源

《四库全书总目提要》中总类、小类前的叙录承《汉书·艺文志》之绪，考镜学术渊源与流衍，阐述学派兴盛与衰微，论定各家的是非与高下。但追溯各家各派的学术渊源流变，可不像追溯黄河和长江的源头那样可以"逆流而上"，历史上各种学术和各个流派往往相互影响，彼此渗透，有的可能枝分而干同，有的可能源异而流合，更加之时代久远头绪纷繁，所以"认祖追宗"式的考镜源流绝非易事。《汉书·艺文志·诸子略》中将诸子百家的产生推源于上古的某官某守，如"儒家者流，盖出于司徒之官""墨家者流，盖出于清庙之守"等等，就常被人指责认错了祖、归错了宗，不只现代学者胡适等人提出反驳，连清代四库馆臣也认为"名家称出于礼官，然坚石白马之辨，无所谓礼；纵横家称出于行人，然倾危变诈，古行人无是词命；墨家称出于清庙之守，并不解其为何语"[1]。《四库提要》叙录考索源流时问题也同样不少，这次该由张舜徽先生来为四库馆臣正本清源了。譬如，《经部总叙》一开口就错："经禀圣裁，垂型万世；删定之旨，如日中天，无所容其赞述。"汉武帝以后，儒学之士都称孔子删定《诗经》《尚书》，制订《礼记》《乐经》。四库馆臣所谓"经禀圣裁""删定之旨"云云，不过人云亦云剿袭陈说。《讲疏》

---

1. 永瑢等：《杂家类一·杂学类案语》，《四库全书总目》，中华书局1965年版，第1012页。

阐述了这种说法不成立的理由：

一、"删定"之说既"无征于《论语》"，又"不见称于孟、荀"，"秦火以前"并无此说。"《论语》为孔门所同记，于其师一言一行，乃至饮食衣服之微，喜乐哀戚之感，无所不记。使果有删定之弘业，何其弟子无一语及之？"

二、《诗经》《书经》《礼记》《乐经》四经都是孔子之前就已存在的旧典。"史迁尝称'孔子以《诗》《书》《礼》《乐》教弟子'，然《管子》中已云'泽其四经'，可知以《诗》《书》《礼》《乐》为教者，不自孔子始。此四经者，皆旧典也，孔子特取旧典为及门讲习之，所谓'述而不作'也。"《讲疏》还特引龚自珍《六经正名》中的名言作为佐证："仲尼未生，先有六经；仲尼既生，自明不作。"六经为孔子以前"旧典"之说，张氏还可以找到更早的同道，章学诚在《校雠通义》中早就断言"六艺非孔氏之书，乃《周官》之旧典"[1]。《讲疏》还从社会背景和社会心理两方面探讨了这一说法的成因："盖自汉世罢黜百家，独崇儒术，言及六籍，必推尊为孔子所删定，此犹言易卦者，必托名于伏羲；言本草者，必托名于神农；言医经者，必托名于黄帝；言礼制者，必托名于周公，莫不高远其所从来，以自取重于世，后先相师，如出一辙，学者可明辨之。"[2] 推尊孔子删定六

---

1. 章学诚撰、叶瑛校注：《文史通义校注》，中华书局1985年版，第951页。
2. 张舜徽：《四库提要叙讲疏》，《旧学辑存》下册，华中师范大学出版社2008年版，第957页。

经,是儒者尊圣宗经的心理作祟,四库馆臣不是无能,而是无意去探寻六经产生的渊源。

如果说认定孔子删定六经是意识形态作祟,《四库提要叙》中对方志、职官、目录等类渊源的误断,则属于认知偏差或知识错误。如《四库全书总目提要·地理类叙》称:"《元和郡县志》颇涉古迹,盖用《山海经》例;《太平寰宇记》增以人物,又偶及艺文,于是为州县志书之滥觞。"这里所谓"州县志书"就是我们现在所说的"方志"。四库馆臣把《元和郡县志》,尤其是《太平寰宇记》视为"州县志书之滥觞",是因为前者记载了唐元和年间四十七节镇各府、州、县、户政区的沿革,及山川、道里、贡赋等情况,后者在沿袭《元和郡县志》门类之外,又增以风俗、姓氏、人物、艺文、土产等门,该著卷帙虽十分浩博,但"考据特为精核"。《太平寰宇记提要》称:"盖地理之书,记载至是书而始详,体例亦至是书而大变。"[1]但是,将二书作为方志的滥觞却犯了以"流"当"源"的错误。张先生在《讲疏》中说"方志之起源甚早",更远可以追溯到周代,"远在周代,百国分立,大者如后世之府、郡,小者仅同州县耳。《孟子》所谓'晋之《乘》,楚之《梼杌》,鲁之《春秋》,其实一也',以今视之,即最古之方志耳。"不只是周时没有"方志"的名称,"自隋以前,方志但称为'记'。即以著录于《隋书·经籍志》者而言,以三国时吴人顾启期所撰《娄地记》为最先。此后复有《洛阳记》《吴兴记》《吴郡记》

---

1. 永瑢等:《太平寰宇记提要》,《四库全书总目》,中华书局1965年版,第596页。

《京口记》《南徐州记》《会稽记》《荆州记》等数十种书。此皆后世州县志书之作"。张先生还指出，即使像《元和郡县志》《太平寰宇记》这样分门别类记载，其体式也是因袭而非首创："至于分门叙述，成为专门性记载者，尤不可胜数。《隋志·史部·地理类叙》称：'隋大业中，普诏天下诸郡，条其风俗物产地图，上于尚书。故隋代有《诸郡物产土俗记》一百三十一卷，《区宇图志》一百二十九卷，《诸州图经记》一百卷。'此乃历代帝王下诏编纂全国性方志图经之始。其后如唐代李吉甫所修《元和郡县志》，宋代乐史所修《太平寰宇记》，皆沿用其体，不得谓二书为州县志之滥觞也。下逮元、明、清三朝所修《一统志》，亦循斯例矣。"[1]《讲疏》从方志在上古的雏形，再到方志体例在隋代的成熟，以及《元和郡县志》《太平寰宇记》二书对隋代方志体例的承袭，通过探本溯源有力辩驳了四库馆臣有关方志"滥觞"的误判。

四库馆臣虽极一时之选，但《四库全书总目》既成之于众手，又迫之以时限，其间抵牾谬误在所难免。即使再渊博的学者也会有知识上的暗角，更不可能对每一学术问题细究深考，加之总其成者"纪氏恃其博洽，往往奋笔直书，而其谬误乃益多"[2]。《四库提要叙》在考镜源流时甚至还出现知识性的"硬伤"，如《目录类叙》断言："郑

---

1. 张舜徽：《四库提要叙讲疏》，《旧学辑存》下册，华中师范大学出版社2008年版，第1022页。
2. 余嘉锡：《四库提要辨证》，云南人民出版社2004年版，第47页。

玄有《三礼目录》一卷，此名所昉也。""目录"名称起于东汉后期的《三礼目录》吗？张先生以有力的证据作了否定的回答："'目录'二字连称，实起于西汉。《汉书·叙传》云：'刘向司籍，九流以别，爰著目录，略序洪烈。'《文选》任昉《为范始兴求立太宰碑表注》引《七略》云：'《尚书》有青丝编目录。'是刘向、刘歆校书汉成帝时，已有目录之名，远在郑玄《三礼目录》之前。特为专书目录，自郑氏始耳。"从现存资料看，"目录"名称西汉向、歆父子时就有了，至东汉郑玄才开始用"目录"作书名，说"目录"之名始于《三礼目录》，显然是馆臣一时疏于考证而轻下结论。这篇叙文在考镜源流上出错的还不止这一处："今所传者，以《崇文总目》为古。晁公武、赵希弁、陈振孙，并准为撰述之式。惟郑樵作《通志·艺文略》，始无所诠释，并建议废《崇文总目》之解题。"馆臣误以为但记书名而不录解题始于郑樵《通志·艺文略》，而且将删削《崇文总目》解题过错也归咎于郑樵。《讲疏》对此做了有力的辩证："论者咸以《崇文总目》之删去序释，出于郑樵，相与讥短而嫉恨之，此则不明乎簿录体例之过也。无论《崇文总目》之无序释，与郑氏不相涉，即书目下不录解题，其例实创于班固。盖史志之不同于朝廷官簿与私家书目，亦即在此，尤不可不明辨也。"张先生从簿录体例的角度分析了《汉书·艺文志》但记书名的原因："《隋书·经籍志》既举刘向《别录》、刘歆《七略》以别于后世但记书名一派，从知不独《别录》每书皆有叙录，即《七略》亦必删繁存简，各为解题，如《四库简明目录》之于《提要》无疑耳……班氏撰《艺文志》时，所以毅然删去《七略》解题而不顾者,诚以史之为书,包罗甚广,《艺文》特其一篇,势不得不芟汰烦辞、但记书名而已。若夫朝廷官簿与私家书目,意在条别源流,考正得失。其所营为,既为专门之事;其所论述,则成专门之书;考释务致其详,亦势所能为。刘、班二家编目之职志既有不同,则体例亦无由强合。郑氏《通志·艺文略》之于《崇文总目》,亦犹班氏《艺文志》之于《七略》耳。惟郑氏深明修史之不同于他书,故独遵班例,不为序释,其识已卓,岂特不可讥诋已哉!"[1]令人不解的是,郑樵《通志》和班固《汉书》同为史书,《汉书·艺文志》和《通志·艺文略》同样都是只记书名而无解题,为何四库馆臣不追究《汉书·艺文志》开始"但记书名",偏偏归咎于"唯郑樵作《通志·艺文略》,始无所诠释"?至于所谓郑樵"建议废《崇文总目》之解题"的指责,余嘉锡早已指出是四库馆臣偏信朱彝尊《曝书亭集》中的"意度之词",清代学者杭世俊、钱大昕早为郑氏洗刷了不白之冤。[2]当然,余嘉锡先生也可能百密一疏,郑樵嫌《崇文总目》解题"文烦无用",朱彝尊的"意度"也并非无风起浪,郑樵《校雠略》对《崇文总目》的解题的确多有批评:"古之编书,但标类而已,未尝注解,其著注者,人之姓名耳。盖经入经类,何必更言经?史入史类,何必更言史?但随其凡目,则其书自显……今《崇文总目》出新意,每书之下必

---

1. 张舜徽:《四库提要叙讲疏》,《旧学辑存》下册,华中师范大学出版社2008年版,第1028—1029页。
2. 参见余嘉锡《四库提要辨证》,云南人民出版社2004年版,第412—414页。

著说焉。据标类自见，何用更为之说？且为之说也已自繁矣，何用一一说焉？至于无说者，或后书与前书不殊者，则强为之说，使人意怠。"[1]郑樵的校雠学理论强调"类例"而不是"解题"，他认为"类例既分，学术自明"[2]，依类而查"其书自显"，无须在"每书之下必著说焉"，"于晦疑处则释之，无晦疑处则以类显"。[3]他批评《崇文总目》"不应释""亦强为之释"[4]，是基于自己校雠学理论而做出的判断，可四库馆臣对其动机做了最卑污的猜测："郑樵作《通志二十略》，务欲凌跨前人，而《艺文》一略，非目睹其书，则不能详究原委，自揣海滨寒畯，不能窥中秘之全，无以驾乎其上，遂恶其害己而去之，此宋人忌刻之故智，非出公心。"[5]馆臣认为郑樵抨击《崇文总目》的解题，是出于"我自己没有便不允许别人有"的小人心理，馆臣们以阴暗的心理去揣度他人，虽言之凿凿却全无依据。张先生说"《崇文总目》之无序释，与郑氏不相涉"，则既能征于史实也合符情理：郑氏一介海滨布衣，他的言论根本不足以耸动视听，更不足以左右朝廷，而且后郑氏一百多年的马端临《文献通考》尚引证过《崇文总目》解题，可见直到宋末元初，这些解题并没有删除，后来删除这些解题

---

1. 郑樵：《校雠略》，《通志二十略》，北京：中华书局1995年版，第1818页。
2. 郑樵：《校雠略》，《通志二十略》，北京：中华书局1995年版，第1804页。
3. 参见拙文《"类例既分，学术自明"——论郑樵文献学的类例理论》，武汉大学《图书情报知识》2009年第3期。
4. 郑樵：《校雠略》，《通志二十略》，北京：中华书局1995年版，第1805页。
5. 永瑢等：《崇文总目提要》，《四库全书总目》，中华书局1965年版，第728页。

与他全"不相涉"。从向、歆父子《别录》《七略》附叙录解题到班固《汉书·艺文志》"但记书名",我国古代目录学书籍就一直并存这两种形式。目录学著作"但记书名"既不自郑樵而始,《崇文总目》叙录解题更不因郑樵而删——《讲疏》追溯了源流,也澄清了史实。

《四库提要·术数类叙》对术数兴起时间的论断同样错得离谱:"术数之兴,多在秦汉以后。要其旨不出乎阴阳五行,生克制化。实皆《易》之支派,傅以杂说耳。"《讲疏》对这一说法断然否定:"《汉书·艺文志》有《数术略》,凡分六家:曰天文、曰历谱、曰五行、曰蓍龟、曰杂占、曰形法。《四库总目》术数类,大抵近之也。阴阳五行之说,所起甚早,不得谓秦汉以后始有之……《汉志》论及古者数术之士,则谓'春秋时,鲁有梓慎,郑有裨灶,晋有卜偃,宋有子韦;六国时,楚有甘公,魏有石申夫;汉有唐都'。则秦汉以前,已有以数术驰名周末者矣。即秦始皇所尊信之卢生、侯生,亦当时之方士也,以其行骗诈而久不能致奇药,大兴坑杀之狱,《史记·儒林传》称之为'坑术士',乃实录也。焉得谓术数之兴,多在秦汉以后乎?"[1]张先生的考辨肯定更近于历史真实。甲骨文中大量卜辞标示了占卜活动的盛行,《左传》《国语》也记载了不少术士占卜盛况,国君、贵族、军事家直至一般老百姓几乎都对占卜感兴趣。祈雨、征战乃至日常婚嫁,人们都离不开卜筮术数。从《荀子·天论》对

---

1. 张舜徽:《四库提要叙讲疏》,《旧学辑存》下册,华中师范大学出版社2008年版,第1051—1052页。

人们迷信占卜术数的批评中，就不难从反面猜想到当时人们对此沉迷的程度："卜筮然后决大事，非以为得求也，以文之也。故君子以为文，而百姓以为神。以为文则吉，以为神则凶。"[1]可是像荀子这样明白事理的天才毕竟极少，对卜筮信以为神的人无疑占大多数。上古术数活动如此频繁，饱读诗书的四库馆臣竟然将"术数之兴"的时间定在"秦汉以后"，着实令人费解。

　　正如余嘉锡先生所说的那样，《四库提要》看似"援据纷纶，似极赅博"[2]，可"按其出处"就会发现经、史、子、集的提要多取之于《经义考》《经籍考》《文献通考》有限的几部著作。再细查其《四库提要》的总叙和小叙，其议论也常常间接参考或直接借用《汉书·艺文志》《隋书·经籍志》的观点，而不是四库馆臣的新知独创，所以常和《汉书·艺文志》《隋书·经籍志》一起出错。《四库提要》中具体典籍提要的错误，余嘉锡先生多有辨证，而提要中总叙、小叙的错误，则多由张舜徽先生纠谬。我们再看看《讲疏》对《四库提要》有关"别集"和"总集"渊源的辨证。《四库提要·别集类叙》断言："集始于东汉。荀况诸集，后人追题也。"《讲疏》指出这一错误判断来于《隋书·经籍志》：

　　《隋书·经籍志》云："别集之名，盖汉东京之所创也。"

---

1. 荀子撰、梁启雄注：《荀子简释》，中华书局1983年版，第228页。
2. 余嘉锡：《四库提要辨证》，云南人民出版社2004年版，第45页。

《四库叙文》承用其说,而其实非也。《汉志》之《诗赋略》,即后世之集部也。观其叙次诸家之作,每云某某赋若干篇,各取其传世之文,家各成编,斯即别集之权舆。如云"《屈赋》二十五篇",即《屈原集》也;"《宋玉赋》十六篇",即《宋玉集》也;"《司马相如赋》二十九篇",即《司马相如集》也……循是以推,则《诗赋略》所收五种百六家之文,大半皆别集也。是刘向父子校书秘阁时,即已裒集多家之文,依人编定,使可别行。当时无集之名,而有集之实。集之创始,必溯源于此,不得谓至东汉而后有此体制也。特后人一一追题,纷加集名耳。[1]

"别集"源头始于西汉而非东汉,《汉书·艺文志》中《诗赋略》所收录某某赋若干篇,其实就是某某人作品的别集,只是没有冠以"集"名罢了。四库《总集类叙》对"总集"源头的论定同样是沿袭《隋书·经籍志》,《隋书·经籍志》"以挚虞《流别》为始",四库馆臣也将挚虞编的《文章流别集》作为"总集"的滥觞,《讲疏》则认为"总集"实际上始于刘向裒集的《楚辞》:《楚辞》本刘向所辑录,至东汉王逸作注时,又益以己作《九思》与班固二叙为十七卷。自此疏释《楚辞》者,咸以王注为定本,故《四库叙》文云'王逸所裒'也。

---

1. 张舜徽:《四库提要叙讲疏》,《旧学辑存》下册,华中师范大学出版社2008年版,第1085页。

《楚辞》本总集之始,《四库总目》仍探原于挚虞《流别》者,本《隋书·经籍志》之说耳。"[1]张先生说即使不算上刘向编的《楚辞》,挚虞编的《文章流别集》也不是最早的总集,早在挚虞之前就有曹丕编辑过建安作家总集:"考魏文帝雅重文学,自为太子时……《与吴质书》有曰:'昔年疾疫,亲故多离其灾。徐、陈、应、刘,一时俱逝,痛可言邪?……顷撰其遗文,都为一集。'……所谓'顷撰其遗文,都为一集',即总集之体例,远在挚虞《流别集》之前矣。"[2]总之,《别集类叙》和《总集类叙》都没有尽到文献学"考镜源流"的本分,未能追溯到"别集""总集"最早的源头。《类书类叙》也附和《隋书·经籍志》,将《皇览》定为类书的开端,《讲疏》则认为:"类书之兴,当溯源于《尔雅》。其书十九篇,有解说字义者,《释诂》《释言》《释训》是也;有专明亲属者,《释亲》是也;有记房屋器用者,《释宫》《释器》《释乐》是也;有纪自然现象者,《释天》《释地》《释丘》《释山》《释水》是也;有录生物品名者,《释草》《释木》《释虫》《释鱼》《释鸟》《释兽》《释畜》是也。分类登载,有条不紊,此非类书而何?特由帝王分命臣工依类纂录以成一书者,自魏文帝时编《皇

---

1. 张舜徽:《四库提要叙讲疏》,《旧学辑存》下册,华中师范大学出版社2008年版,第1087页。
2. 张舜徽:《四库提要叙讲疏》,《旧学辑存》下册,华中师范大学出版社2008年版,第1088页。

览》始耳。"[1]张先生在《广校雠略》中也有近似的议论:"《尔雅》首三篇专释故训,自《释亲》以下十六篇则备详六亲九族之礼,多识鸟兽草木之名,远而天地山川,近而宫室器用,庶物毕载,人事悉显,总括万殊,而皆以类相从,因物为号,盖类书之始也。"[2]《尔雅》在《四库全书总目》中入经类,古代儒生将它视为经书,现代学者把它当作语言学著作,而张先生独排众议将它作为类书的鼻祖,非深明学术精微和群言得失不能做出如此论断。《尔雅》将各种名物分门别类,后来的类书差不多都是依这一形式纂辑而成,从这一意义上说,《尔雅》的确开古代类书的先河。当然,考镜学术源流不只需要学术眼光,还需要学术勇气和胆略,否则在当时谁能把经书说成类书?

二、纠偏:别白是非与品定高下

上文我们阐述了《讲疏》对《四库提要叙》"考镜源流"上的正误,此处再分析对《四库提要叙》"辨章学术"上的纠偏。

在辨章学术的过程中,学者不同的价值取向决定了各自不同的价值判断,不同的学术倾向又影响着他们对不同学派、学科、学术

---

1. 张舜徽:《四库提要叙讲疏》,《旧学辑存》下册,华中师范大学出版社2008年版,第1063页。
2. 张舜徽:《广校雠略》,华中师范大学出版社2004年版,第22—23页。

的评价。由于尊圣、崇经、忠君的立场,四库馆臣毫不掩饰自己"编录遗文"的目的,是"以阐圣学、明王道为主,不以百氏杂学为事"[1]。他们认为经文"如日中天,无所容其赞述",对经书只能信仰而不得怀疑,对"天裁""圣谕"只能赞颂而不可否定,一切以"天裁"的是非为是非,以"圣谕"的好恶为好恶。尽管四库馆臣反复申言"参稽众说,务取持平"[2],不断强调"扫除畛域,一准至公"[3],可是由于特定的意识形态、政治态度及学术倾向,他们在月旦学人、论定学术、评价学派时,正如张先生所批评的那样,有时难免"逞爱憎之私,失是非之公"[4]。他们在总叙小叙中所阐述和勾勒的学术史,有些部分像夸张变形了的"学术漫画":有的学人被拔高圣化,有的学派学人又被贬损丑化。

先看四库馆臣对汉学、宋学的态度。他们主观上申明要"消融门户之见,而各取所长":"要其归宿,则不过汉学、宋学两家,互为胜负。夫汉学具有根柢,讲学者以浅陋轻之,不足服汉儒也;宋学具有精微,读书者以空疏薄之,亦不足服宋儒也。"[5]表面上看,似乎对汉学与宋学一碗水端平,而实际上正如《讲疏》所指出的那

---

1. 永瑢等:《凡例》,《四库全书总目》卷首,中华书局1965年版,第19页。
2. 永瑢等:《经部总叙》,《四库全书总目》,中华书局1965年版,第1页。
3. 永瑢等:《集部总叙》,《四库全书总目》,中华书局1965年版,第1267页。
4. 张舜徽:《四库提要叙讲疏》,《旧学辑存》下册,华中师范大学出版社2008年版,第1082页。
5. 永瑢等:《经部总叙》,《四库全书总目》,中华书局1965年版,第1页。

样,这些都是馆臣们的门面话,"然通观全书,于评定学术高下、审断著述精粗之际,仍多扬汉抑宋之辞。盖习尚移人,贤者不免"。《讲疏》还特地提醒读者说:"读是书者,宜知其论列古今,自不无偏袒之见也。良以纪昀学术根柢,仍在考证。江氏《汉学师承记》,取与江永、金榜、戴震诸家并列,以其治学趋向同耳。其撰述《提要》有所轩轾,不足怪也。"[1] 清从乾嘉开始,汉、宋之争形同水火,在《诗经》研究领域里,"攻汉学者,意不尽在于经义,务胜汉儒而已。伸汉学者,意亦不尽在于经义,愤宋儒之诋汉儒而已"。这两派名义上是论是非,而实际上是争胜负。《四库提要·诗类叙》两边各打五十大板,一边说对于两方的意见"全信全疑,均属偏见",一边又说"至于鸟兽草木之名,训诂声音之学,皆事须考证,非可空谈。今所采辑,则尊汉学者居多焉"[2]。从馆臣的取舍可以看出,他们对汉学、宋学的态度并不那么"持平",张先生在汉宋之争中才真正能"消融门户之见":

> 然余观朱子说《诗》,名虽废序,而阴本序说者实多。以意逆志,曲得诗旨。以视郑君牵于礼制、致纡曲而难通者,则有间矣。外此若吕氏(南宋吕祖谦——引者注)《读

---

1. 张舜徽:《四库提要叙讲疏》,《旧学辑存》下册,华中师范大学出版社2008年版,第961页。
2. 永瑢等:《诗类叙》,《四库全书总目》,中华书局1965年版,第119页。

诗记》、严氏（南宋严粲——引者注）《诗缉》，悉能原本旧义，兼录时人说《诗》之言，无适无莫，实事求是。严书尤后出，集诸家之成，实能镕铸汉唐旧义，为一家言。自来说《诗》之书，未有善于此者。自清儒治经，大张汉帜，率屏弃汉人经说不观，迄于今三百年矣。平心论之，清儒惟考证名物之情状，审别文字之异同，足以跨越前人。至于引申大义，阐明《诗》意，不逮宋贤远甚。二三拘儒，遽欲以广搜博引，上傲宋贤，斯亦过矣。余早岁治《诗》，于陈氏《毛诗传疏》，读之三反，旁涉乾嘉诸儒考证之书，锲而不舍。及反而求之注疏以逮宋贤遗说，始于篇中之微旨，词外之寄托，恍然有悟，信足以发墨守而开疑滞，下视有清诸儒之书，直糟粕耳。虽然，训诂之不明，则大义亦无由自见。清儒发疑正读之功，亦岂可泯！顾以此为治经之功则可，若谓治经之事遽止于此，则隘甚矣。晚近说经之弊有二：上焉者，蹈袭乾嘉以下经生余习，以解字辨物为工；下焉者，则蔑弃传注，以游谈臆断相尚。舍大道以适荆棘，通经之效乃晦。[1]

清儒治《诗经》"足以跨越前人"之处在"考证名物之情状，审

---

1. 张舜徽：《四库提要叙讲疏》，《旧学辑存》下册，华中师范大学出版社2008年版，第972—973页。

别文字之异同",宋贤治《诗经》之所长在阐述"篇中之微旨,词外之寄托"。在张先生看来,前者只能算"治经之功",只是治《诗经》的基础和准备,后者才是治《诗经》的目的,它代表一个时代对《诗经》理解和体验的深度。朱熹通过对《诗经》义的深心体贴和对《诗经》艺的细腻感悟,能够"以意逆志,曲得诗旨"。郑玄的《毛诗传笺》以《礼记》解《诗经》,自然有很多曲解和附会,所以说他"牵于礼制"致使"纡曲而难通"。难怪张先生将朱熹《诗集传》置于郑玄《毛诗传笺》之上了。其实,郑玄是张先生一生都非常景仰的大师,推崇他"学术渊湛,识断精审"[1],晚年还撰写《郑学丛著》以总结郑学的成就,该著可以说是郑学集大成的著作。景仰他却不偏袒他,这才说得上是"惟求义理之安,不存门户之异"[2],"一准至公",平视汉、宋。

在《四库提要叙》中,扬汉抑宋的学术倾向随处可见,如《春秋类叙》交代其审断标准说:"虽旧说流传,不能尽废,要以切实有征、平易近理者为本。其瑕瑜互见者,则别白而存之;游谈臆说,以私意乱圣经者,则仅存其目。"由于主其事者纪昀的学术根基在于考证,那些"切实有征"的著作容易受到四库馆臣的青睐,而那些"游谈臆说"一类的东西则被打入另册。《四库全书总目·春秋类》末

---

1. 张舜徽:《郑学丛著》,华中师范大学出版社2005年版,第27页。
2. 张舜徽:《四库提要叙讲疏》,《旧学辑存》下册,华中师范大学出版社2008年版,第983页。

的《案语》称："征实迹者其失小,骋虚论者其失大矣。"[1]从学理上讲,"征实迹"的史实考证和"骋虚论"的理论阐释不可偏废,古人将这二者分别名为"考据""义理",这两种学术路数都各有其优劣,"失小""失大"更是难见分晓,尚义理者容易失之空疏,尚考据者容易失之琐碎。当时"达人显贵之所主持,聪明才俊之所奔赴"多在名物、训诂、考证[2],纪昀等馆臣的观点不过是乾嘉学界主导学风的反映。《四库全书总目·凡例》就揭明了全书的取舍标准:"谢彼虚谈,敦兹实学。"[3]张先生对汉学与宋学无所偏心,因而对汉学与宋学的评价也就无所偏见。在《诗经》研究上,他认为郑玄不及朱熹;在三礼的研究上,他又认为郑玄远过宋贤:"郑氏遍注三礼,为世所宗。""宋人于名物度数,不能与之立异,惟力诋郑氏好以纬候说经……要之,三礼自是郑学。其于勘正文字异同,疏说名物情状,厥功不细,非可妄议,未宜以其小疵掩其大醇也。"同时,他也肯定宋儒治礼的独到之处:"汉儒说礼,考礼之制;宋儒说礼,明礼之义,各有攸长,自可兼采。"[4]"持论归乎至平,立义期于有据"[5],是张先生一生奉行的学术准的。他不薄汉学也尊重宋儒,所以他在清儒的

---

1. 永瑢等:《春秋类案语》,《四库全书总目》卷首,中华书局1965年版,第244页。
2. 章学诚:《上辛楣官詹书》,仓修良编注《文史通义新编新注》,浙江古籍出版社2005年版,第657页。
3. 永瑢等:《凡例》,《四库全书总目》卷首,中华书局1965年版,第18页。
4. 张舜徽:《四库提要叙讲疏》,《旧学辑存》下册,华中师范大学出版社2008年版,第976—977页。
5. 张舜徽:《广校雠略自序》,《广校雠略》,华中师范大学出版社2004年版,第4页。

汉宋之争中能不偏不倚。

四库馆臣不仅常常扬汉抑宋，还往往尊古卑今甚至是古非今。来看看《乐类叙》对古乐今乐的评价："顾自汉氏以来，兼陈雅俗，艳歌侧调，并隶云韶。于是诸史所登，虽细至筝琶，亦附于经末。循是以往，将小说稗官，未尝不记言记事，亦附之《书》与《春秋》乎？悖理伤教，于斯为甚。今区别诸书，惟以辨律吕、明雅乐者，仍列于经。其讴歌末技，弦管繁声，均退列杂艺、词曲两类中。用以见大乐元音，道侔天地，非郑声所得而奸也。"[1]《讲疏》分析了馆臣所谓"雅俗"之所指和其评断之所失："苟非兼陈雅俗，断不至繁杂至此，故《四库总目叙》痛斥之。而必谓为悖理伤教，失之过激矣。"馆臣为什么如此偏激呢？除了他们的审美偏好外，更主要的是他们"明王道"的政治立场，使他们把审美趣味上的雅俗，混同于政治上的是非和道德上的邪正——凡雅者必正，凡俗者必邪，于是便咬牙切齿地骂俗乐"悖理伤教"。《四库全书总目》将那些所谓"讴歌末技，弦管繁声"都视为是淫荡的"郑声"，将它们全部剔出"乐类"，归入"杂艺"或"词曲"二类中。"杂艺"被人鄙视自不待言，"词曲"在四库馆臣眼中同样"厥品颇卑"[2]，将流行的"弦管繁声"退出"乐类"而归于"杂艺"和"词曲"，就是把这一类音乐打入另册。从知识类型上看，无论是"律吕雅乐"还是"弦管繁声"都是音乐，将

---

1. 永瑢等：《乐类叙》，《四库全书总目》，中华书局1965年版，第320页。
2. 永瑢等：《词曲类叙》，《四库全书总目》，中华书局1965年版，第1807页。

前者收入乐类，后者贬入杂艺，完全不顾知识分类和图书分类的基本原则。张先生不同意馆臣将所有"弦管繁声""皆目为郑声"："大抵事物之兴，古简而今繁；古代朴素而后世华靡；万类皆然，无足怪者。太古之乐，惟土鼓、蒉桴、苇龠而已。后乃益之以钟磬弦管，亦有来自域外以补国乐之所不足者，于是音乐始臻极盛。如但一意尊古卑今，举凡今之所有而古之所无者，悉目为不正之声，概加屏弃，则违于事物进化之理远矣。此学者辨艺论古，所以贵能观其通也。"[1]《讲疏》敏锐地指出馆臣是以音乐产生时代的早晚来判定音乐本身的尊卑——但凡古乐必尊，但凡今乐必贱。这既"违于事物进化之理"，也悖于音乐社会学的常识，充分暴露了四库馆臣意识形态上的傲慢和知识社会学上的偏见。

这种意识形态的傲慢在子部各类小叙中表现得更为明显露骨。我们来看看《法家类叙》："刑名之学，起于周季，其术为盛世所不取。然流览遗篇，兼资法戒。观于管仲诸家，可以知近功小利之隘；观于商鞅、韩非诸家，可以知刻薄寡恩之非。鉴彼前车，即所以克端治本，曾巩所谓不灭其籍，乃善于放绝者欤！"说来令人无法相信，法家在四库馆臣眼中仅仅具有反面教材的价值。其所以不销毁法家典籍，就是为了让世世代代的人知道法家"近功小利"的狭隘及"刻薄寡恩"的冷酷，了解狭隘与冷酷给民族和国家造成的灾难。

---

[1]. 张舜徽：《四库提要叙讲疏》，《旧学辑存》下册，华中师范大学出版社2008年版，第991页。

《四库全书总目·凡例》称对那些"离经叛道、颠倒是非者,剖击必严"[1],也许馆臣们觉得法家"离经叛道"吧,所以才对这一学派彻底否定。《讲疏》批驳了这种对法家的否定性论述:"此儒家正统之见,未足以为定论也。诸子之言,皆主经世。各有所偏,亦有所长。苟能取其长而不溺其偏,自能相辅为用,有益治理。"接下来从理论价值和历史作用两个方面阐述了法家的历史地位:"若管仲、商鞅、韩非,皆古之大政治家也,其言治国之理,至明核矣。吾尝以为载籍极博,而独乏系统阐发政治理论之书。惟周秦法家于富国强民之道,生财教战之方,以及黜华崇实、肃化明纪诸端,言之兢兢,自成体系。管仲以之治齐,商鞅以之治秦,雷厉风行,悉奏肤功。而秦皇之一统宇内,立邦治法,一遵韩非之说,此其尤大章明较著者也。后世若霍光、诸葛亮、王猛、魏徵、王安石、张居正之流,皆实本其学以治天下。立法施度,勇毅能断,莫不有法家精神,是岂迂阔儒生所逮知哉!"[2]张先生还引证司马谈《论六家要旨》中对法家的论述,阐明"西汉学者,已于法家之学,早有定评",由此可知,法家的历史地位"何可一概抹杀"?我们在这里要特别补充的一点是,四库馆臣对管仲的评价比孔子还要尖刻严苛,孔子的确说过"管仲之器小哉"[3]!但孔子也多次赞赏管仲的仁爱和功德。当"桓公杀

---

1. 永瑢等:《凡例》,《四库全书总目》卷首,中华书局1965年版,第19页。
2. 张舜徽:《四库提要叙讲疏》,《旧学辑存》下册,华中师范大学出版社2008年版,第1041—1042页。
3. 朱熹:《四书章句集注》,中华书局1965年版,第67页。

公子纠，召忽死之，管仲不死"，孔子的学生子路和子贡先后指责管仲"非仁"时，孔子对这两位学生说："桓公九合诸侯，不以兵车，管仲之力也。如其仁，如其仁。""管仲相桓公，霸诸侯，一匡天下，民到于今受其赐。微管仲，吾其被发左衽矣。岂若匹夫匹妇之为谅也，自经于沟渎而莫之知也？"[1]管仲因其巨大的功业使广大人民"受其赐"，这种博施广济的大仁大爱竟然被四库馆臣说成是"近功小利"，比起管仲来，馆臣们真的是"匹夫匹妇之为谅也"；比起孔子的通达来，馆臣真的显得"器小"。《讲疏》并以西汉政治为例，说明中国历代统治者都是王霸杂施或儒法合用，"旷观历代兴亡，亦何尝专任儒术足以致治者乎"？这些议论表明张先生不只摆脱了意识形态的魔障，其见识境界也远逾清儒，显示了他对法家乃至古代政治的深刻思考。

忠君观念和政治态度也导致《四库提要叙》对学人、学派、学术评价的偏颇。譬如，《集部总叙》评论钱谦益时，就因政治态度而泯灭了学术良知："至钱谦益《列朝诗集》，更颠倒贤奸，彝良泯绝，其贻害人心风俗者，又岂鲜哉！"[2] 无庸讳言，钱氏为人可訾议者很多，不只降清一事大节有亏而已。不过，张舜徽先生认为，论及《列朝诗集》时就应桥归桥路归路，从学术立场来论述该著的学术成败：

---

1. 朱熹：《四书章句集注》，中华书局1965年版，第153页。
2. 永瑢等：《集部总叙》，《四库全书总目》，中华书局1965年版，第1267页。

尝集有明一代之诗为《列朝诗集》八十一卷。起洪武讫崇祯，共十六朝，凡二百七十八年。分为甲乙丙丁四集。上而列与诸王之诗，则入之乾集；下而僧道、闺秀、宗潢、妇寺、蕃服之诗，则入之闰集。而自元末至太祖建国，凡元之亡国大夫及遗民之在野者，则别编为甲前集。入选者一千六百余家。是书广揽兼收，无分男女贵贱，朝野华夷，以逮沙门道士。但录其诗，不论其人。逸篇零什，赖以保存者不少。在总集中为创格，于征文考献，不为无补。后人徒以谦益为两朝人物，节概行事，多可訾议，故论者多鄙薄之。然吾尝读其《初学集》《有学集》，知其湛深经史，学有本原，论议通达，多可取者。当时阎若璩以学问雄海内，而生平最钦服者三人，自顾炎武、黄宗羲外，则谦益也。又曾列谦益之名冠十四圣人之首。其推崇之至此，夫岂阿其所好哉！[1]

《列朝诗集》不仅"广揽兼收，无分男女贵贱，朝野华夷"的收录标准上，"在总集中为创格"，为后世保存了不少"逸篇零什"，有助于文史研究的"征文考献"，而且《列朝诗集小传》中纵论明代各家各派诗歌的优劣得失，视野宏阔而又议论精警，不失为一部系统

---

1. 张舜徽：《四库提要叙讲疏》，《旧学辑存》下册，华中师范大学出版社2008年版，第1082页。

而又透辟的明代诗歌史论。这部既具诗史价值又有理论价值的总集,却招致馆臣"颠倒贤奸,彝良泯绝"如此之重的恶评,真不知从何谈起。《讲疏》载钱氏《初学集》《有学集》"在乾隆时,以语涉诽谤,版被禁毁。修《四库全书》时,既未著录其著述,撰叙文者,又假论及《列朝诗集》,而抨击加剧,非定评也。逞爱憎之私,失是非之公,学者于此,必有辨矣"[1]。原来如此!钱氏因其著作"语涉诽谤",于是馆臣便剧加抨击以取悦龙颜,"逞爱憎之私"还说得太客气,四库馆臣们根本不敢有自己的爱与憎。作为极一时之选的四库馆臣,何尝不知道钱谦益的学问与地位,何尝不明白《列朝诗集》的学术价值,但他们只能以时君的爱憎为其爱憎,以朝廷的是非为其是非。

四库馆臣在"评定学术高下、审断著述精粗"中时见偏颇,并非全是政治态度、意识形态和学术倾向的原因,其中有一部分是由于识有未逮之所致,如《正史类叙》称:"盖正史体尊,义与经配,非悬诸令典,莫敢私增,所由与稗官野记异也。"[2]我国古代史书最常用的编年体和纪传体,此前并没有人将它们分出学术上或文体上的尊卑。《讲疏》考证了"正史"之名的来由和本义:"'正史'之名,唐以前未有也。自唐设馆修史,然后名朝廷诏修之史籍为正史,亦

---

1. 张舜徽:《四库提要叙讲疏》,《旧学辑存》下册,华中师范大学出版社2008年版,第1082页。
2. 永瑢等:《正史类叙》,《四库全书总目》,中华书局1965年版,第397页。

犹唐初诏修五经义疏为《五经正义》耳。"[1] 张先生这里可能记忆偶误，"正史"之名始见于南朝梁阮孝绪的《正史削繁》，它以《史记》《汉书》等纪传体史书为正史。因为唐代官修的几部史书都拟司马迁、班固的纪传体，此后纪传体史书虽然常被说成"正史"，但"正史"之名并没有为纪传体所独占。张先生还举例说："刘知几《史通》有《古今正史篇》，叙列所及，并举纪传、编年，初未尝专宗纪传。嗣《唐志》列纪传为正史，而编年别成一类，宋以后皆因之。"不过，"宋以后皆因之"的说法也并不准确，《明史·艺文志》仍将编年、纪传都作为正史。以纪传体为"正史"绝非定论，"顾如晁公武《郡斋读书志·史部叙》曰：'编年、纪传，各有所长，未易以优劣论。而人皆以纪传便于披阅，独行于世，号为正史，不亦异乎！'章学诚《史考释例》亦曰：'编年之书，出于《春秋》，本正史也。乃班马之学盛，而史志著录，皆不以编年为正史。纪传、编年，古人未有轩轾；自唐以后，皆沿唐志之称，于义实为未安。'可知自来学者，偶言及此，亦递有是非。必如《四库总目叙》所云：'正史体尊，义与经配。'揆诸情实，夫岂其然"[2]。无论是从史学实情来看，还是从簿录体例着眼，将编年体和纪传体分出尊卑，既是意识上的偏见，也是认识上的偏差。

---

1. 张舜徽：《四库提要叙讲疏》，《旧学辑存》下册，华中师范大学出版社2008年版，第1001页。
2. 张舜徽：《四库提要叙讲疏》，《旧学辑存》下册，华中师范大学出版社2008年版，第1002页。

四库馆臣的认知偏差也表现在对方志的理解上,《地理类叙》说:"古之地志,载方域山川风俗物产而已……王士祯称《汉中府志》,载木牛流马法;《武功县志》载织锦璇玑图。此文士爱博之谈,非古法也。"[1]《讲疏》对这一说法给予异常直率的批评:"斯论甚陋,不可为训。大抵方志取材,以社会为中心,与正史但详一姓之成败兴替者不同。举凡风俗习惯、民生利病、物产土宜、奇技异能,一切不载于正史中者,方志皆详著之。其足裨益国史,亦即在此。《汉中府志》载木牛流马法,《武功县志》载织锦璇玑图,实有其物,足资考证,笔之于书,有何不可!以文士爱博之谈斥之,非也。"[2]馆臣对方志的特征与功能缺乏深刻的理解,加之他们常患食古不化的毛病,要求每一种簿录体例僵守陈规,只能"因"而不能"创",因而,才有对方志载"木牛流马法"和"织锦璇玑图"的不满,才有对方志这一体例的陋识。

三、申发:明体与分类

如果说《讲疏》在溯学术源流时更多的是正误纠谬,在明簿录

---

1. 永瑢等:《地理类叙》,《四库全书总目》,中华书局1965年版,第594页。
2. 张舜徽:《四库提要叙讲疏》,《旧学辑存》下册,华中师范大学出版社2008年版,第1023页。

体例时则更多的是引申发挥和补充辩正。学问既各有源流，著述也各有体例，知识分类和图书分类离不开辨体和辨义，四库全书的分类不是以体分就是以义别，因此，辨明簿录体例是《讲疏》的另一重点。张先生认为簿录体例不明则群书畛域不分，群书畛域不分则学术源流莫辨，他在《广校雠略·自序》中说："尝以为校雠之学，首必究心于簿录之体，而后辨章学术有从入之途；次必推明传注之例，而后勘正文字无逞臆之失。"[1] 辨明簿录体例是考镜学术源流的必经途径，《讲疏》中经部特别注意"传注之例"，史部和集部特别注意簿录之体。

  《四库提要》的总叙小叙往往只陈述各簿录体例的兴衰，却未能深究兴衰的动因，《讲疏》则在此基础上引而申之——不仅明其然且能探其所以然，如《编年类叙》说："刘知几深通史法，而《史通》分叙六家，统归二体。则编年、纪传，均正史也。"[2] 后来纪传体"历朝继作"，而编年体"则或有或无，不能使时代相续"，这样，正史之名逐渐为纪传体所独占。四库馆臣只是陈述了纪传、编年二体在后世的兴衰，张舜徽先生进一步分析了它们兴衰的个中原因："校论二体，各有短长；学者沿波，遂分轩轾。盖纪传之体，立本纪以为纲，分列传以详事；典章繁重，则分类综括以为志，年爵纷纶，则旁行斜上以为表，实能兼编年之长而于事无漏，故后世多用其体。

---

1. 张舜徽：《广校雠略·自序》，《广校雠略》，华中师范大学出版社2004年版，第4页。
2. 永瑢等：《编年类叙》，《四库全书总目》，中华书局1965年版，第418页。

若编年之书，事系于年，人见于事。其有经国大制非属一年，幽隐名贤未关一事者，则以难为次序，略而不载，故后世病其体之局隘，多缺而勿续。此'班、马旧裁，历朝继作；编年一体，或有或无'之故也。"[1]纪传能兼编年所长而避其所短，记事比编年具有更广的容量，写人比编年更加灵活机动，而且将君主、世家、人物、典章、年爵分类叙述更便于阅览，尤其是以君主为纲的本纪凸显了皇权；相比之下编年则有诸多缺点——同一经国大事可能并非一年所能完成，一事就不得不分载于数年之中；同一人物往往隔数年或数十年才能提到，这就不可能刻画完整的人物形象；更要命的是编年"系日月以为次，列时岁以相续"的叙事特点，让君主淹没在时岁日月之中，没有办法突出王权，所以后世官方主修的史书全为纪传体，而编年体史书的命运则是"或有或无"。纪传体"历朝继作"与编年体断续无常，不只是反映了二者文体上的优劣，也反映了权力对知识的渗透。可见，张先生对纪传、编年二体特征的理解比四库馆臣更为深入。

《四库提要》总叙小叙中许多论断相当精审，如《纪事本末类叙》说："古之史策，编年而已，周以前无异轨也；司马迁作《史记》，遂有纪传一体，唐以前亦无异轨也。至宋袁枢，以《通鉴》旧文，每事为篇，各排比其次第，而详叙其始终，命曰《纪事本末》，史遂

---

1. 张舜徽：《四库提要叙讲疏》，《旧学辑存》下册，华中师范大学出版社2008年版，第1003—1004页。

又有此一体。"[1] 这段话阐述古代史书体例的变化虽然十分简洁，告诉了人们编年、纪传、纪事本末三种簿录体例的产生、嬗变，但它并没有交代纪事本末体何以产生于宋代的原因，也没有分析这种体例的文体特征，更没有比较编年、纪传、纪事本末各自的优劣，《讲疏》恰好为我们弥补了以上的缺憾。首先他引梁启超《中国历史研究法》中的话比较分析三者的文体特长："盖纪传体以人为主，编年体以年为主，而纪事本末体以事为主。夫欲求史迹之原因结果以为鉴往知来之用，非以事为主不可。"接着再从宋人治学方法的角度，分析纪事本末体何以出现于宋代的缘由："大抵宋人治学，好勤动笔。每遇繁杂之书，难记之事，辄手抄存之，以备观省，其于群经诸子，莫不皆然。袁氏之抄《通鉴》，初无意于著述，及其书成法立，遂为史学辟一新径，亦盛业也。"[2] 袁氏不过是因为"好勤动笔"抄书的习惯，将分置于不同年月的事件首尾连缀在一起，起初没有明确自觉的体例创新意识，后来"书成法立"而确立了一种新的史学体例，可见，纪事本末体在史学上虽然前无古人，在簿录体例上虽是袁氏独创，但这体例的产生却不是有意栽花而是无心插柳。清人章学诚在《文史通义·书教下》中称："纪事本末之为体也，因事命篇，不为常格，非深知古今大体，天下经纶，不能网罗隐括，无遗无滥。

---

1. 永瑢等：《纪事本末类叙》，《四库全书总目》，中华书局1965年版，第437页。
2. 张舜徽：《四库提要叙讲疏》，《旧学辑存》下册，华中师范大学出版社2008年版，第1008页。

文省于纪传,事豁于编年,决断去取,体圆用神,斯真《尚书》之遗也。"[1]章氏将纪事本末体的渊源追溯至《尚书》,张舜徽先生也不同意这种论断:"宋贤史学,大抵步趋汉儒:司马《通鉴》,衍荀悦之例者也;郑樵《通志》,衍太史公之例者也。若纪事本末之书,则实古无是体,而宋人创之。礼以义起,为用尤弘。何必远攀三古,谓为《尚书》之遗教乎!"[2]纪事本末体为宋人创体,在史学上具有里程碑的意义,用不着"远攀三古"或"拉扯家门"来撑门面。

《讲疏》"明簿录体例"主要从追溯体例的起源、阐述体例的发展和辨明体例的特征三个层面展开。《传记类叙》将《晏子春秋》《孔子三朝记》视为"记之权舆",《讲疏》认为"博征载籍,则传记开创之功,应推司马迁之书为最早。彼以本纪记人主之事,世家记诸侯之政,列传记公卿贤者之所为以及边裔地区之事物,由是传记之体始备"。张先生认为不能将"记"等同于"传记":"所谓记者,记一时所语也,自与叙一事之始末者有不同矣。"[3]《孔子三朝记》中的"记"不过记一时之所语,与记一人一事之始末的传记,从体例上看差别很大,不能把偶记一时之语的"记"说成传记的开端。司马迁《史记》或记"诸侯之政"的首尾,或记"公卿贤者"一生的始末,传

---

1. 章学诚撰、叶瑛校注:《文史通义校注》,中华书局1985年版,第51—52页。
2. 张舜徽:《四库提要叙讲疏》,《旧学辑存》下册,华中师范大学出版社2008年版,第1008页。
3. 张舜徽:《四库提要叙讲疏》,《旧学辑存》下册,华中师范大学出版社2008年版,第1014页。

记作为一种簿录体例才得以确立。张先生从《史记·大宛列传》中"《禹本纪》言河出昆仑"和《伯夷列传》中"其传曰"二语，推断在司马迁之前早已有纪有传，虽然现在找不到更多史料，但纪传这一体裁的渊源可能很早，司马迁也不过是"特承旧文理董之"。追溯了纪传体的渊源和分析了纪传体的特点以后，《讲疏》最后阐述这一体裁的发展："自两汉以逮六朝，传记之作大兴……学者沿波，厥流益广。"四库将这一体例的史籍分为"圣贤之属""名人之属""总录之属""杂录之属"四类，"而于历代高僧、地方耆旧之传记，概不之及"，对历代碑传更付阙如。《四库全书总目》不仅在典籍收录上远不能称为"全书"，而且由于"仰承帝王意旨"，在收录图书时"君臣上下之分既严，叛顺正僭之防尤峻"[1]，将《安禄山事迹》《平巢事迹考》《刘豫事迹》等这些本属传记的典籍统统归入别录，这是典型"政治挂帅，学术靠边"的恶例，使四库馆臣在图书分类时自乱其例，一方面使"四库全书"不"全"，另一方面又不能真实地反映传记这一体例的流变。

当然"明簿录体例"最主要还在于辨明簿录体例的性质与特征，如果对该簿录体例的特性不甚了了，就容易导致学术分类和图书分类的错误。《四库提要·小说家类叙》由于对小说的内涵没有清晰的界定，对有些书籍的分类就明显不当，如称"屈原《天问》，杂陈神

---

1. 张舜徽：《四库提要叙讲疏》，《旧学辑存》下册，华中师范大学出版社2008年版，第1015页。

怪,多莫知所出,意即小说家言"[1]。张先生阐述道:"子部之有小说,犹史部之有史钞也。盖载籍极博,子史尤繁,学者率钞撮以助记诵,自古已然,仍世益盛。顾世人咸知史钞之为钞撮,而不知小说之亦所以荟萃群言也……故小说一家,固书林之总汇,史部之支流,博览者之渊泉,而未可以里巷琐谈视之矣。"屈原《天问》按前人阐释,是写他遭放逐之后彷徨山泽,看见楚先王庙和公卿祠堂壁上所画的山川神灵圣贤怪物,睹画兴怀不禁呵而问之,提出自己对宇宙、社会、人生的困惑,其事幻,其理深,其辞奥,至今难得真正的解人,这首伟大的诗篇绝"非小说言所可比附"。"夫小说既与史钞相似,故二类最易混淆,与杂史一门亦复难辨。"《四库》中不当收入小说的书籍常常错收,当收入小说的书籍又往往漏收,尽管馆臣"百计辨之,适足以自乱其例耳"[2]。

明体与分类具有内在联系,簿录体例不明则图书分类必乱。如《四库全书总目》集部将楚辞别立一类,《楚辞类叙》阐述了如此分类的原因:"《隋志》集部,以《楚辞》别为一门,历代因之。盖汉魏以下,赋体既变,无全集皆作此体者。他集不与《楚辞》类,《楚辞》亦不与他集类,体例既异,理不得不分著也。"[3]如果按四库馆臣的逻辑推下去,《全汉赋》《全唐诗》《全宋词》《全元散曲》是不是也要

---

1. 永瑢等:《小说家类叙》,《四库全书总目》,中华书局1965年版,第1182页。
2. 张舜徽:《四库提要叙讲疏》,《旧学辑存》下册,华中师范大学出版社2008年版,第1066—1067页。
3. 永瑢等:《楚辞类叙》,《四库全书总目》,中华书局1965年版,第1167页。

单独分类呢?《讲疏》对此提出了异议:"六朝时赋集之编多家,《隋志》悉入总集;宋元人所编《乐府诗集》《古乐府》之类,《四库总目》亦归之总集。斯皆文以类聚,合集成书,与《楚辞》体例相近,惟时代不同耳。《楚辞》为总集之祖,取冠其首,尤足以明原溯本也。"[1]《楚辞》是刘向所编从屈原到西汉的辞赋总集,也是我国古代总集之祖。它与后人编的《全唐诗》《全宋词》属同一性质的总集,唯一的区别是它的时代更早,所以将它置于总集并"取冠其首",比让它别为一类"尤足以明原溯本"。再说,《四库总目》既已立总集类,又将本属于总集的《楚辞》另立一类,在图书分类上同样是"自乱其例"。又如《四库全书总目》入"起居注"于"编年",置"实录"于"别史",这一分类错误的根源同样在于对该体例的特征尚缺乏深入把握。张先生说"'起居注'但记人君言行,而'实录'则由删录国史而成。体之弘纤不同,而为用亦异",不过"实录"和"起居注"都属编年体,所以《讲疏》称:"《四库总目》并'起居注'于编年,是也;而置'实录'于别史,则伦类不侔矣。"[2]

由于辨体与分类具有深刻的内在联系,《讲疏》强调辨体与重视分类因而密不可分。四库馆臣虽然明白"盖既为古所未有之书,不

---

1. 张舜徽:《四库提要叙讲疏》,《旧学辑存》下册,华中师范大学出版社2008年版,第1084页。
2. 张舜徽:《四库提要叙讲疏》,《旧学辑存》下册,华中师范大学出版社2008年版,第1005—1006页。

得不立古所未有之例"的道理[1]，但他们在分类时常依附门墙，如《四库全书总目·地理类》仍是沿袭《隋书·经籍志》而稍加细密，将"地理类"中的图书又分为十个小类，这种分类看上去也很有条理，首官殿，次总志，次都会郡县，次河防边防，次山川古迹，次杂记游记，次外纪，等等。张先生在《讲疏》中说："顾吾以十类之中，总志及都会郡县，宜合为一而扩充之，在史部中别立方志一门，以与地理并列。自来簿录之家，不立方志独为一类，乃书目中缺陷也。亦由前人不重视方志之探研，仅目为地理书之附庸耳。"[2]《四库全书总目·地理类》中收录的典籍，将地理、方志、游记、考古等方面的书籍杂糅在一类中，从现在的学科分类和图书分类来看，这"地理类"完全是个大杂烩。张先生主张将其中的总志和都会郡县志析出"地理类"，别立"方志类"以与"地理类"并列，不仅显示了他的现代学科意识和分类意识，也显示了他对方志体例的透辟理解。

《四库全书总目》史部分别设置《诏令奏议类》和《政书类》。诏令为王言所敷，奏议为大臣所呈，其内容关乎军政得失与治乱兴衰。在古代，由于诏令奏议——尤其是诏令——大多出自文章大手笔，无一不训辞尔雅庄重得体，从萧统编《文选》到姚鼐的《古文辞类纂》和曾国藩的《经史百家杂钞》，都采录了诏令和奏议两类文体，

---

1. 永瑢等：《杂家类·杂品之属案语》，《四库全书总目》，中华书局1965年版，第1060页。
2. 张舜徽：《四库提要叙讲疏》，《旧学辑存》下册，华中师范大学出版社2008年版，第1023—1024页。

古人以此作为文章典范来模仿学习，所以诏令奏议此前常置于集部，《四库》从《唐志》改隶史部。不过，在张先生看来，"以'诏令奏议'标目，犹嫌局隘，未足以统括有关之书"。就是说"诏令奏议"涵盖面太小，难以统括这方面的所有图书，"故《四库总目》录《名臣经济录》入此类，《书目答问》乃并《经世文编》亦收进矣。良以此类书无类可归，不得不以附于诏令奏议耳"。[1] 如果说《诏令奏议类》所患在涵盖面太窄，《政书类》所失又在涵盖面太泛，四库馆臣称《政书类》"惟以国政朝章"为主，可诏令奏议算不算"国政朝章"？前朝故事当朝宪政算不算"国政朝章"？《讲疏》一针见血地指出："'政书'二字，所该至广，如诚循名求实，则《资治通鉴》《经世文编》之类，何一不可纳之政书乎？"《诏令奏议类》和《政书类》从分类到命名都多有可议。张先生建议在史部中立"政制""政论"二类，这样，"《四库总目》《书目答问》所立'政书'一目，可以'政制'代之，《通典》、《通考》、历代会要之属，皆入此类。'诏令奏议'一目，可以'政论'代之，诏令、奏议、《经世文编》之属，皆入此类"[2]。

  部类群书应因书而立例，不可设例类以统书；应"礼以义起"而因书命名，不"全袭前人"的类别旧名。张先生的图书类例理论以他的簿录体例理论为基础，簿录体例既然有创有因，图书分类当

---

1. 张舜徽：《四库提要叙讲疏》，《旧学辑存》下册，华中师范大学出版社2008年版，第1013页。
2. 张舜徽：《四库提要叙讲疏》，《旧学辑存》下册，华中师范大学出版社2008年版，第1013页。

然不能只因不创。

四、综论：重构学术史

《讲疏》在《四库提要叙》的基础上，重新追溯了各家各派学术的渊源与流变，重新审视了各学派的是非与各体例的优劣，重新辨析了各簿录体例的特征、承因、嬗变，并间接阐述了学科分类与典籍分类的原则。假如说将《四库提要叙》的总叙与小叙连缀起来是一部学术史论的话，那么《讲疏》则通过对《四库提要叙》的正误、纠偏与申发，完成了对中国古代学术史的重构。

对《四库提要》《经部总叙》和经部小叙的"讲疏"，不仅追溯了儒家经书的经典化历程，考索了各经书传注的流衍变化，还论析了汉学与宋学的兴衰更迭。我们来看看经部中对《书类叙》和《诗类叙》的讲疏。《尚书》的今文古文之辨，《诗经》的大序小序之争，《讲疏》在争论的两造之间务取持平，有时常能以古书通例决千古学术疑案。如《诗叙》的作者长期以来一直聚讼纷纭，从后汉郑玄到南宋郑樵、朱熹，可以说是人言人殊，莫衷一是。每一种说法都看似有理但又难以确证，每人都似乎言之凿凿却多属主观推断。张先生依据古代典籍的形成过程阐释这一聚讼说："其实古人之书，皆由手写，每喜各记所闻，附于其尾。书之不出于一手，不成于一时，乃常有之事。又古书多不标作者主名，后世不能的指其出于谁手，不足怪也。"[1]"古人之书，多后人附益之笔"[2]，后人附记之辞窜入正文是常有的事，人们读《诗经》时的批语附记也极有可能窜入大、小序中，一定要指实某篇某段全出谁之手，往往不失之武断便流于附会，在一时找不到确证的情况下，留有一定模糊空间可能更符合历史真实。因为否定大、小序与肯定大、小序，既牵扯着今文古文之争，也纠缠着汉学宋学之争，这样，学术之争很容易掺杂着意气之争。四库馆臣或明或暗地左袒汉学，《四库提要》中的总叙小叙当然难得平视汉宋，自然也就难有冷静的学术品评，只有像张先生这样消融门户之见，才可能使经义明而公理现。

  《四库提要》有些总叙和小叙，往往以数百字就能准确勾勒出学术史轮廓与特征，显示了四库馆臣开阔的学术视野和高度的抽象概括能力，但他们尊经卫道的意识形态色彩太浓，《四库提要·经部》的总叙难免偏颇，小叙自然也难以客观，如《子部总叙》就直言不讳地称颂"儒家尚矣"，儒家经史之外"余皆杂学"，诸子百家在四库馆臣眼中本来就不具有平等的学术地位。四库馆臣对法家虽然全盘否定，但总算还让它单独列为一类，《四库全书总目》将先秦儒家、法家、兵家、农家、医家之外的各家各派一并收在"杂家"中，"杂"字本身含有贬意，暗示这些学派不入流不入品。什么是四库馆

---

1. 张舜徽：《四库提要叙讲疏》，《旧学辑存》下册，华中师范大学出版社2008年版，第971页。
2. 张舜徽：《四库提要叙讲疏》，《旧学辑存》下册，华中师范大学出版社2008年版，第970页。

臣所说的"杂家"呢?《杂学类案语》有明确的界定:"实皆儒之失其本原者,各以私智变为杂学而已",它们或"谈理而有出入",或"论事而参利害",总之,都"不纯为儒家言"。[1]儒家之外的各家各派虽然都出于儒家,却由于各自的"私智"而失去了儒家的本原,改变了儒家的宗旨,"谈理"与儒家有出入,论事更渗透了一己之私,最后由"儒"而变为"杂"。称诸子百家全都出自儒家,当然没有任何学理上的根据,不过是四库馆臣为了抬高儒家身价的诡辩,这一说法的荒谬一目了然,不值一驳。但这种偏见让《四库提要叙》所建构的学术史,恰似我们从哈哈镜中看到的人像那样走样和变形。《讲疏》认为"诸子之言,皆主经世。各有所偏,亦有所长"[2]。在汉武帝独尊儒术之前,儒、墨、道、法、名等各家各派相互争鸣也相互影响,诸子百家之间无所谓"纯"也无所谓"杂",更无所谓"主"也无所谓"从"。张先生批评了四库馆臣入主出奴的门户之见,对儒家既无须一味仰视,对其他各家各派也从不鄙视,《讲疏》重构的学术史自然更逼近历史真实。

《四库提要叙讲疏》虽是对《四库提要叙》的注疏,但它是注疏者与原作者的一次平等对话。对于《四库提要叙》中的论述,《讲疏》有时"跟着"讲,有时"接着"讲,有时则"反着"讲,也就是说《讲

---

1. 永瑢等:《杂学类案语》,《四库全书总目》,中华书局1965年版,第1012—1013页。
2. 张舜徽:《四库提要叙讲疏》,《旧学辑存》下册,华中师范大学出版社2008年版,第1041页。

疏》对讲疏的对象有赞成，有引申，有订正，有辩驳。《讲疏》在"接着讲"的时候，补充了许多叙文中没有的内容，将原叙与"讲疏"结合起来读，某一科学术史就显得更为丰满。《四库提要叙·释家类叙》寥寥数行只简述了佛教典籍在历代史书中的分类和隶属情况："梁阮孝绪作《七录》，以二氏之文别录于末。《隋书》遵用其例，亦附于《志》末。有部数、卷数而无书名。《旧唐书》以古无释家，遂并佛书于道家，颇乖名实。然惟录诸家之书为二氏作者，而不录二氏之经典，则其义可从。今录二氏于子部末，用阮孝绪例；不录经典，用刘昫例也。"[1]《讲疏》则首先阐述佛教的起源与二氏名称的由来："佛教起自印度，始于释迦牟尼。佛姓释迦氏，略称释氏，奉其教者称释教。儒家排斥佛道，遂并称二氏。韩愈《昌黎集·重答张籍书》云：'今夫二氏行乎中土也，盖六百年有余矣。'是二氏之名，唐时已盛行。"接着详细考证传入中土的时间："佛教由西域传入中国，旧说皆以为在后汉明帝之世。然汉哀帝元寿元年（公元前2年），博士弟子秦景（一作秦景宪，当即一人），从大月氏王使伊存口授浮屠经，当为佛教输入之始。据《后汉书》记载，光武帝子楚王英，早已信佛，此亦佛教输入不始于明帝时之证。特明帝永平十七年，遣郎中蔡愔及秦景等使天竺，得佛经四十二章及释迦立像，与沙门摄摩腾、竺法兰，以白马负经归，乃立白马寺于洛阳城雍门西，此为佛教见重于中土之始耳。"现在治佛教史者有的仍然将后汉明帝时定为佛教输

---

[1] 永瑢等：《释家类叙》，《四库全书总目》，中华书局1965年版，第1236页。

入之始,是误将"佛教见重中土之始"作为佛教输入中土之始,张先生以史为证将佛教传入中国的时间大大提前。然后再阐述佛经在中土的翻译、传播与兴盛:"自是月氏、安息高僧踵至,多译经典。历两晋南北朝尤盛,而以后赵佛图澄、西秦鸠摩罗什为最著。而中国沙门如朱士行、宋云、智猛、法显、法勇等,亦西行求经;支遁、道安、慧远、慧持等,复讲经宏法。君主如赵石虎、秦姚兴、梁武帝、北魏明帝等,又竭力推崇,上好下甚,靡然向风,于是寺刹浮图,山崖佛象,遍于天下矣。"[1]最后讲佛教典籍的编辑、存佚与编目、分类,从梁僧佑《弘明集》到唐僧道宣《广弘明集》的编辑,讲到阮孝绪《七录序》中对佛教典籍的分类,再讲到沙门唱宝《经目录》和智升《开元释教录》的编撰。这是一篇有考辨、有阐述、有论析的佛教史论。集部《词曲类叙》的"讲疏"实践了作者本书《自序》中所说的"取《提要》本书以相申发"的方式,连续引用《御定历代诗余提要》《碧鸡漫志提要》《钦定词谱提要》《钦定曲谱提要》四则《提要》,依次深入地阐释了"词曲之源流,词谱之体制,戏曲之演变"[2],这则"讲疏"俨然就是一篇凝练简洁的词曲史论。

《讲疏》中对原叙的内容,或引申和发挥,或正误和纠偏,正面的引申和发挥也好,反面的正误和纠偏也罢,它们都是在《四库

---

1. 张舜徽:《四库提要叙讲疏》,《旧学辑存》下册,华中师范大学出版社2008年版,第1068—1069页。
2. 张舜徽:《四库提要叙讲疏》,《旧学辑存》下册,华中师范大学出版社2008年版,第1096页。

提要叙》的基础上对学术史进行重构。这四个方面在《讲疏》中并非绝然分开，纠偏中可能有引申，发挥时可能有订正。《四库提要》经部《小学类叙》说："古小学所教，不过六书之类，故《汉志》以《弟子职》附《孝经》，而《史籀》等十家四十五篇列为小学。《隋志》增以金石刻文，《唐志》增以书法书品，已非初旨。自朱子作《小学》以配《大学》，赵希弁《读书附志》遂以《弟子职》之类并入小学，又以《蒙求》之类相参并列，而小学益多歧矣。考订源流，惟《汉志》根据经义，要为近古。"[1] 鉴于这则叙文对"小学"的内涵没有进行清晰的界定，《讲疏》则先引《汉志》给"小学"下了明晰的定义："《汉书·艺文志》曰：'古者八岁入小学，故《周官》保氏掌养国子，教之六书。谓象形、象事、象意、象声、转注、假借，造字之本也。'"[2] 接下来详尽阐述"小学"内涵和外延在历朝的流变："小学一目，历代沿用，而内容各有不同。盖有汉世之所谓小学，有宋人之所谓小学，有清儒之所谓小学，自不可强而一之，学者不容不辨。刘《略》班《志》以《史籀》《仓颉》《凡将》《急就》诸篇列为小学，不与《尔雅》《小雅》《古今字》相杂。寻其遗文，则皆系联一切常用之字，以四言、七言编为韵语，便于幼童记诵，犹今日通行之《千字文》《百家姓》之类，此汉世之所谓小学也。"汉代八岁儿童上小学，发蒙时

---

1. 永瑢等：《小学类叙》，《四库全书总目》，中华书局1965年版，第338页。
2. 张舜徽：《四库提要叙讲疏》，《旧学辑存》下册，华中师范大学出版社2008年版，第991页。

一开始就学习认字,所以汉世的"小学"指儿童必须读写的常用字,所用的教材是编为韵语便于记诵的《凡将》《急就》等字书。"迨朱子辑古人嘉言懿行,启诱童蒙,名曰《小学》,其后马端临《经籍考》列之经部小学类,此宋人之所谓小学也。"到南宋朱熹在《小学》中又加进了礼仪和道德教育的内容,所以宋人的"小学"就不仅仅指以韵语编成的常用字书。"《四库总目》以《尔雅》之属归诸训诂,《说文》之属归诸文字,《广韵》之属归诸韵书,而总题曰小学,此清儒之所谓小学也。"[1] 清代的小学包括训诂、文字、音韵,即广义的语言文字学。我们现在学术界常以"小学"代指语言文字学,是在清儒小学的意义上使用"小学"一词的。张先生这则讲疏澄清了《小学类叙》中关键词语义的含混,使人明白了《四库提要》中所谓"小学"的内涵和外延,也使《四库提要叙》更为严谨。《农家类叙》的讲疏同样有引申有订正,阐述了农学的发展和农学典籍的分类,注疏的文字数倍于原叙篇幅。尤其是《医家类叙》的讲疏详细阐释了医学的起源与演变,医学古今的不同和南北的差异,医学的流派与门户之争。农家与医家二类的讲疏其实就是农家和医家的学术发展史。

在《讲疏》这部约十五万字的著作中,张先生为我们重溯了学术源流,再辨了簿录体例,也重构了学术史。该著几乎论及了我国

---

[1] 张舜徽:《四库提要叙讲疏》,《旧学辑存》下册,华中师范大学出版社2008年版,第992—993页。

古代学术的方方面面，因而，它既是簿录体例史、学术发生史、学派流别史，当然也是一部学术发展史。

原刊《张舜徽百年诞辰纪念国际学术研讨会论文集》
华中师范大学出版社2011年5月

别忘了祖传秘方
——读张舜徽《清人文集别录》《清人笔记条辨》

尽管曹聚仁先生在二十世纪七十年代初就断言"张舜徽先生的经史研究,也在钱宾四之上"[1],尽管蔡尚思先生也在九十年代初著文说"张舜徽先生无愧为学问的通人",并认为二十世纪"只有柳诒徵、钱穆和张先生少数人才够得上'国学大师'的称号"[2],"一代通儒"张舜徽有关清代学术史研究的成果却没有引起人们应有的关注。说起清代学术史,大家首先想到的只是梁任公的《清代学术概论》和梁、钱二公同名的《中国近三百年学术史》,很少有人提及张先生的《顾亭林学记》《清代扬州学记》和《清儒学记》,更别说他的《清人文集别录》(下文简称《别录》)和《清人笔记条辨》(下文简称

---

1. 曹聚仁:《中国学术思想史随笔》,三联书店2004年版,第287页。
2. 蔡尚思:《通人张舜徽》,香港《大公报》1994年2月18日。

《条辨》)了。或许如今的学人根本就没有将这两本书视为"学术史"，好像只有李学勤先生说过《条辨》"是专论学术及学术史的著作"，并说该书是他时常翻阅的枕边读物。[1]

我国古代可称为"学术史"的著述不外乎两类：一为目录学或校雠学（张舜徽认为称"校雠学"更准确）[2]，一为学案或学记。前者通过对"书"的归类来明簿录体例，后者通过对"人"的阐述来辨学术流派；前者可以说是"物以类聚"，后者可以说是"人以群分"。二者学术理路虽有不同而学术宗旨却完全一致，都以"辨章学术，考镜源流"为其旨归。张舜徽先生的《别录》和《条辨》当属前者，《顾亭林学记》《清代扬州学记》《清儒学记》"三记"则属后者[3]。十年前我曾翻过《别录》与《条辨》，当时未能识得二书的深处与好处。近日又重读二书的新版，自觉所得超过自己读过的任何清代学术史和清儒学案一类著作，以"别录"这种体式来总结清代学术，自有其他学术概论或学术史所不可替代甚至无法比拟的长处。

---

1. 李学勤：《读〈清人笔记条辨〉札记》，《张舜徽先生纪念论文集》，华中师范大学出版社1994年版。
2. 参见张舜徽《目录学名义之非》，《广校雠略》，华中师范大学出版社2004年版，第8—9页。
3. 张舜徽：《清人文集别录》(华中师范大学出版社2004年版、中华书局1963年版)；《清人笔记条辨》(华中师范大学出版社2004年版、中华书局1986年版)；《顾亭林学记》(华中师范大学出版社2005年版，中华书局1963年版)；《清代扬州学记》(华中师范大学出版社2005年版，上海人民出版社1962年版)；《清儒学记》(华中师范大学出版社2005年版，齐鲁书社1991年版)。

一

别录之体创自刘向，他校书秘阁时每一书校毕便写下叙录，论书之旨归，辨书中谬误，原本载在本书，后又裒集众录而称为"别录"。张氏在《别录·自序》中解释说，所谓"别录"就是"纂辑群书之叙录，都为一集，使可别行云尔"[1]。由纪昀总其成的《四库全书总目提要》是"别录"这一体式的集大成者。张的《别录》《条辨》虽远绍子政而近踵晓岚，但他写作的目的不是要给群书条分部类，而是要阐述有清一代学术的兴替与学风的嬗变，他在《自序》中揭明了《别录》的义例与宗旨："顾每集读毕，辄好考作者行事，记书中要旨，究其论证之得失，核其学识之浅深，各为叙录一篇，妄欲附于校雠流别之义，以推见一代学术兴替。"[2]事实上，《别录》也好，《条辨》也好，作者都是将它们作为清代学术史来写的。

虽然此二书是当作学术史来写，但在写法上又与通常见到的学术史大不相同。不妨将它们与梁、钱二人的《中国近三百年学术史》做一比较。如果说梁、钱二人的学术史只是清代少数著名学者的"特写镜头"，那么张氏二书便是清代学者的"集体合影"；如果说梁、钱二人只描绘了十几株或几十株清代学术史上的"参天大树"，那么张氏二书给读者眼前呈现的便是清代学术史上茂密的"原始森林"。

---

1. 张舜徽：《清人文集别录》，华中师范大学出版社2004年版，第1页。
2. 张舜徽：《清人文集别录》，华中师范大学出版社2004年版，第1页。

如钱穆《中国三百年学术史》凡十四章，除第一章"引论"外，其余十三章从清初黄梨洲到清末康长素，分别以十七人为标题，主要论述的也是这十七人，另附论的有三十四人。[1] 被有清学人自诩为"国朝学术前无古人"的清代学术，显然不是这十几个人能支撑起来的。即使他们的学术成就确实都"出人头地"，有清近三百年学术史能数出来的只有五十来号人，其学术队伍也未免过于寂寥，更何况其中有些人能否代表清代的最高学术水平还是个问题。如"第七章李穆堂""第十一章龚定庵""第十二章曾涤生"，李绂学宗陆九渊而不坠虚玄，重视躬行实践和匡时济世，虽然于经史根底较深，但在清初名家如林的学者群中他还算不上学术大师；龚自珍也并非清代的硕学鸿儒，在思想史上的影响可能高于在学术史上的地位；曾国藩更不是以学术名世，尽管事功辞章都为当时士人所称道，但于经、史、子学都非专门。在钱著十四章中以上三人各占一章，占全书五分之一的篇幅。张氏的《别录》则完全是另一番景象，他博览清人文集一千一百余家，略加删汰后《别录》中"录存六百家"，作者在序中相当自信地说："虽未足以概有清一代文集之全，然三百年间儒林文苑之选，多在其中矣。"[2] 钱著的清代学术史是少数学者或思想家的单线排列，只让寥寥几个人唱独角戏，而张氏的清代学术则可谓千汇万状，浩瀚汪洋，许多学者都纷纷走到台前，由十几个人的清唱

---

1. 参见钱穆《中国近三百年学术史》，商务印书馆1997年版。
2. 张舜徽：《清人文集别录》，华中师范大学出版社2004年版，第4页。

一下变成了六百人的合唱。这儿有淡泊自守的学人，也有热衷仕宦的官僚，有专治文字经史的人文学者，也有以天算为绝学的科学家；这儿有同代学者思想的不谋而合，也有同代或异代学人的思想交锋，有不同学术派别的相互渗透，更有不同学派的门户之争，众多的学术思想、学术理路、学术个性、学术风格交织在一起，于同中见异，在异中显同，使清代学术史多彩多姿，丰富生动。

张氏的这种写法难以凸显大家和名家，初看似乎有点"重点不突出"，但它让读者更易于从整体上把握一代学术的兴替和特点，更易于了解某历史时期学风的变化，同时也更易于理解大家和名家的学术取向与学术思想。以清初的学术为例，梁、钱的学术史都突出顾炎武、黄宗羲、王夫之三大家，张氏虽极力推崇这三家"意量之宏，规为之大"，但他着力的是清初学术群体，叙录的文集达七十多部，论述的学人近六十家。从这里可以看到顾、黄、王三人的思想并非空谷足音，很多人不仅议论与他们三人似乎"不约而同"，治学路数也好像"如出一辙"[1]。且不说远在僻壤尚未进入学界视野的王夫之，顾、黄二人虽然受到学人敬重，当时在同辈中也并未达到让人高山仰止的地步。其时学术成就与顾、黄相近的人不少，有的甚至可以与他们比肩，"时论以李颙、黄宗羲、顾炎武及（朱）鹤龄，并称海内四大布衣"[2]，有人还将钱谦益、黄宗羲与顾炎武并

---

1. 张舜徽：《清人文集别录》，华中师范大学出版社2004年版，第7页。
2. 张舜徽：《清人文集别录》，华中师范大学出版社2004年版，第6页。

列,那时以学问雄海内的人还有阎若璩、毛奇龄、朱彝尊、钱澄之等。钱澄之说炎武之学"详于事而疏于理,精于史而忽于经",他本人治学"无所依傍,自辟蹊径,孤怀高识,创见极多"。张氏认为澄之"治经之功,似非顾氏所能逮。不知近人考论清初学术者,何以忽之"[1]。朱彝尊"根柢庞固,文辞渊雅,有学而能宣,能文而有本,又远出并世诸儒之上"[2]。毛奇龄同样"博学雄辨,固是不废大家",清人甚至将"乾嘉学术开山之功,推诸奇龄"[3]。清初学术"体用兼该,气象博大"[4]。这一博大的学术气象是当时南北学者共同形成的,顾、黄、王只是这个学术群体的一部分,他们每人只是其中较高的一根枝条,只是这个学术团体中较为出色的代表。当时的学术界绝非只由他们三人所形成的学术孤岛,而是由许多优秀学者组成的学术高原。假如学术史只大谈他们三家,那么他们在清初就好似天外来客,只有"请出"当年与他们并肩前行的其他优秀学者,我们才会对清初学术形成清晰的轮廓,也才会对他们三人有更深入的了解。

谈到清代学术,人们首先想到的便是乾嘉朴学,而乾嘉朴学又以"吴皖之学最盛"[5]。以惠栋为代表的吴学贵以专,以戴震为代表的皖学贵以精,它们共同形成乾嘉专精的学术风格。惠、戴二人都

---

1. 张舜徽:《清人文集别录》,华中师范大学出版社2004年版,第18—19页。
2. 张舜徽:《清人文集别录》,华中师范大学出版社2004年版,第52页。
3. 张舜徽:《清人文集别录》,华中师范大学出版社2004年版,第42页。
4. 张舜徽:《清人文集别录》,华中师范大学出版社2004年版,第3页。
5. 张舜徽:《清人文集别录》,华中师范大学出版社2004年版,第355页。

是引领学术风潮的人物,乾嘉学术史突出惠、戴无可厚非,但以人为章节的学术史其初衷也许是要"以点带面",但其结果却往往是以点"代"面。忽略了"面"就可能只记一"点"不及其余,这样会使学术史以偏概"全",以偏概"全"则又可能使学术史完全失真。梁、钱二公的清代学术史都难免以点"代"面的遗憾,钱著这方面留给人的遗憾尤深。如钱著论乾嘉学术的共三章:"第八章戴东原""第九章章实斋""第十章焦里堂、阮芸台、凌次仲"。加上附论的学者也只有十二人,连惠栋也只是在第八章中作为戴震的附庸被提到。戴震弟子和再传弟子如高邮王念孙、王引之父子,金坛段玉裁,这些乾嘉朴学巨子在书中有的只偶一提及,有的连名字也没有提到过。还有钱大昕、崔述、程恩泽、桂馥、王鸣盛、赵翼这些乾嘉的经史名家,基本在书中见不到他们的踪迹。遗漏了这些巨子名家,怎么可能总结乾嘉学术的得失和特点呢?乾嘉之世只有几个学者浮出水面,学术盛世却给人以学术凋零的印象。我们再看看张氏的《别录》,乾嘉被叙录的文集两百多部,论及的学人近两百名,一时最为重要和相对次要的学者都在他的视野之中。从这群浩浩荡荡的学者队伍中,人们不难看出乾嘉时期学术的昌明,从这些浩瀚载籍里的众声喧哗中,人们也不难感受当时学术的潮起潮落。张氏《别录》让我们领略到了乾嘉的学术盛况,这一历史时期名师迭起,或精于舆地,如赵一清毕生精力萃于《水经注》;或长于小学,如桂馥一生心血用于许书,终成《说文义证》五十卷巨著;或擅长考证,如崔述集辨伪疑古学之大成;或以校勘目录名家,如纪昀萃一生精力纂定

《四库全书总目提要》；或以专治名物称首，如程瑶田的《通艺录》；或以专治训诂见长，如王念孙的《经籍述闻》。学者守专门之业终身图之，最终能达到醇粹邃密超越前人的境地，由此又可以看出乾嘉学贵专精的风尚。

学术史编述者有点像旅游团中的导游，有些导游于万山丛中只走一条线路，带领旅游者光顾几个"代表性"景点，游人觉得名山不过如此，大呼此地不可不游但不可再游，哪知是导游无意中遗漏了不少胜景，将辽阔的风景区缩小成了几个单调的风景点；有些导游则一一向游人交代此地有哪些美景，有几处奇山，几处异水，几座古刹，几条回廊，让游人慢慢登临探访。到底是哪种学术"导游"更好呢？

二

"别录"之体"语其大用，固在辨章学术，考镜源流"[1]。"辨章学术"即张氏所谓"究其论证之得失，核其学识之浅深"。《别录》和《条辨》二书最精彩之处，就在于书中随处散落的对清代学人学术成就高下优劣的考辨与品评，我们能从中略窥张氏学问的渊博、识断的精审和思想的深刻。刘永济先生读完《别录》后称叹道："非有渊

---

1. 张舜徽：《广校雠略》卷一，华中师范大学出版社2004年版，第8页。

博之学，弘通之识，不足以成此书。观其评骘学术，论而能断，即足见其有学有识也。况其文笔雅健，又非常人所能逮；今人具此根柢者甚罕，能读此书者已不多矣。"[1]"考镜源流"在二书中主要包括三个方面：一是探寻清代学术的源头；一是比叙学者"家学、师承或友朋讲习之益"，"以见授受濡渐之迹"[2]；一是追溯学术的"首创之功"[3]，揭露学术剽窃之迹，阐述学术观点的发展演变过程。

关于清代学术的源头，自清至今便有多种说法，乾嘉学者多认为发轫于清初诸儒，只有纪昀说起于明代，清初顾、黄等人则称肇于宋学，后来和此说者有章学诚、皮锡瑞等。近人梁启超在《清代学术概论》中又独排众议，称清代学术是宋明理学的"反动"和"断裂"，是中国"文艺复兴"的开端："'清代思潮'果何物耶？简而言之：则对于宋明理学之一大反动，而以'复古'为其职志也。其动机及其内容，皆与欧洲之'文艺复兴'绝相类。"[4]十几年后钱穆似乎是针锋相对，说清代朴学是宋明理学的延续，儒家文化在清儒中一脉相传，他在《中国近三百年学术史》中一起笔就写道："治近代学术者当何自始？曰：必始于宋。何以当始于宋？曰：近世揭橥汉学之名以与宋学敌，不知宋学，则无以平汉宋之是非。且言汉学渊

---

1. 刘永济:《与张舜徽书》，引自张舜徽《旧学辑存》，华中师范大学出版社2008年版，第1156页。
2. 张舜徽:《自序》，《清人文集别录》，华中师范大学出版社2004年版，第4页。
3. 张舜徽:《清人笔记条辨》，华中师范大学出版社2004年版，第112页。
4. 梁启超:《清代学术概论》，上海古籍出版社1998年版，第3页。

源者，必溯诸晚明诸遗老。"而清初"一世魁儒耆硕，靡不寝馈于宋学"，乾嘉"汉学诸家之高下浅深，亦往往视其所得于宋学之高下浅深以为判。道咸以下，则汉宋兼采之说渐盛，抑且多尊宋贬汉，对乾嘉为平反者。故不识宋学，即无以识近代也"。[1]

张氏同样也认为清代学术源于宋明，但他所说的宋学内涵完全不同于钱穆，钱氏的宋学是指宋明理学，张氏的宋学则涵盖了宋明的人文科学、社会科学乃至自然科学，除宋明理学外，还包括宋明史学、子学、校雠学、小学和文献辑佚、天文历算、动植物学等。他说"大抵一代宗风，自必前有所承，非宋、明诸儒为之于前，亦莫由以臻清学之盛"[2]。他早年在《广校雠略》中曾说："有清一代学术无不赖宋贤开其先，乾、嘉诸师承其遗绪而恢宏之耳。"[3]他在《条辨》中也说"清人治学途径，无不开自宋人"。清文廷式发现阮元的《研经室集》中，《诗经》研究的不少结论多与"宋人逸斋《诗补传》""相合"，并认为"国朝人不喜宋、元经学，故未检耳"。张氏说芸阁（文廷式字）发现阮元的《诗经》研究其义发自宋人，表明了他的学术敏感，而以为二者的雷同是"失之未检"，则未免过于天真。"大抵清儒治学，名虽鄙薄宋人，实则多所剿袭。戴东原说《诗》，即多本朱传，其明征也。他如段若膺注《说文》，多阴本小徐《系传》

---

1. 钱穆：《中国近三百年学术史》，商务印书馆1997年版，第1页。
2. 张舜徽：《清人笔记条辨》，华中师范大学出版社2004年版，第354页。
3. 张舜徽：《广校雠略》，华中师范大学出版社2004年版，第95页。

之言,掠为己有。余昔有意一一录出而未暇为之。其他类此者甚多,又未暇悉数矣。况有清一代朴学,实两宋诸贤导夫先路,余早岁著《广校雠略》,已有专篇论之。乾、嘉诸师,动辄轻侮宋人,亦谈何容易耶!"[1]经学研究、史部考订、文献辑佚、音韵训诂、校理诸子、目录校勘等清代取得骄人业绩的领域,无一不受惠于两宋诸贤,"清代朴学实源于宋,不足以傲宋儒"[2]。这一观点在《别录》和《条辨》中数数言之,"宋人治学气象博大,所以启示后世而导夫先路者,至多且广,又不仅《说文》、考据、金石、校勘四端而已","宋儒有读书至多、学问极博者,已非乾、嘉诸师所能望,况道、咸以下耶"![3]钱穆和张舜徽虽都说清学源于宋学,但二公的侧重点各不相同。钱氏强调的是儒家文化血脉在异族统治下仍未中断,处处流露出肯认和维护传统文化价值的热肠;张氏则从学术的层面阐明宋学在各个领域对清学的影响,时时表现出对学术的虔诚与执着。

清代大多数学者都学有渊源,即使那些自学成才者也都无不如此,或来于父子相传,或得自师承授受,或由于友朋切磋,或因为乡贤影响。不少学者同时或先后生活在同一个地域,彼此之间的学术交流和学风熏陶,最后同一地域形成一种相同或相近的学术风尚,这使得清代学术具有明显的地域性特征,如吴派、皖派、湘派、浙

---

1. 张舜徽:《清人笔记条辨》,华中师范大学出版社2004年版,第374页。
2. 张舜徽:《清人笔记条辨》,华中师范大学出版社2004年版,第353—354页。
3. 张舜徽:《清人笔记条辨》,华中师范大学出版社2004年版,第373—376页。

东学派、常州学派等。无论是研究一个学派的学术风尚,还是分析一个学者的学术个性,我们都得了解学者的学术渊源。比如扬州学派是对皖派学术的继承和发扬,其中介就是皖派魁首戴震。扬州学派的骨干王念孙、焦循、阮元、刘文淇都与戴震有直接或间接的师承关系,王念孙为戴震及门弟子,其子王引之为再传,焦循自称"为学私淑休宁戴氏",其子焦廷琥为再传;阮元"其言训诂,得之王念孙,而阐明义理,又与焦循为近",为戴氏再传;刘文淇子寿曾"尝溯其家学所自,实渊源于江、戴,谓戴氏弟子,以扬州为盛",文淇问学于阮元,为戴氏三传。[1] 张氏在《别录》中一一列出扬州学者的师承关系,既使我们明了皖学在扬州学派的承续,又使我们得知清学由精向通的嬗变过程,也使我们懂得由精而通的主要原因:扬州学者学有渊源却不争门户,深得师传而又不事依傍。同一地域的学者群,张氏除了交代他们的师承授受、友朋切偲之外,还特别注意乡贤和地域对他们的共同影响。如宝应康熙、乾隆年间学者"王懋竑、朱泽沄研精朱熹之学,而俱以经史实学植其基,以泛观群书博其趣",不仅二人"以学问相切劘",两家也"易子而教","懋竑之子箴传曾受业于朱泽沄,泽沄之子光进复问学于懋竑"[2],这样既使自己的子弟续承其业,也深深影响了乡里继起的后学如刘台拱、

---

1. 张舜徽:《清人文集别录》,华中师范大学出版社2004年版,第231、292、294、477页。
2. 张舜徽:《清人文集别录》,华中师范大学出版社2004年版,第98页。

朱彬、刘宝树、刘宝楠等人的学术取向。"台拱自年少时，得其乡先辈王懋竑、朱泽沄之遗书读之，始为程、朱之学，以饬躬行。"交游中如段玉裁、王念孙、汪中、邵晋涵等皆乾嘉经史名家，所以"一生以宋贤之义理涵养身心，而以汉儒之训诂理董经籍"。朱彬"为泽沄族孙，又与刘台拱为内外兄弟，又以王懋竑表彰朱学，独为醇正，服膺不衰"。刘宝树、宝楠兄弟是刘台拱的族孙，学术上也与"台拱同趣"[1]。仅《别录》中所论及的家学、师承、友朋、同门等各种各样的学术联系就多达一百多处，从中可以看到清代学者的学术渊源、学术交往，像一张纵横交错的网络，清代学术像血脉流注而又纷繁复杂的有机体，并由此可以看到一个学者成长的来龙去脉，一个学派学术风尚的具体成因。在其他体式写成的学术史中，很少也很难像《别录》这样如此详细地辨析学者的师友渊源，如此深入地阐述各自的"授受濡渐之迹"。

在追溯学术渊源的过程中，张氏十分注意追踪学术的"首创之功"，绝不因创始者的小疵而掩其大善。如乾嘉学者常指责郑樵"卤莽""粗疏"，王鸣盛在《蛾术编》卷十三《通典通志通考》条中说："《通志》于'三通'为最下。"张氏则认为《通志》"与杜、马之书，体殊广狭而功有难易，奚可相提并论耶？无识者徒见三书同以'通'字立名，遽取而合刊之，泯其畛域，肆起讥弹，此固郑氏所不任咎

---

1. 张舜徽：《清人文集别录》，华中师范大学出版社2004年版，第98、245、252、366、367页。

也。况郑氏有志修前史，合为一编，其用心可谓勤笃。后以困于多病，赍志以没。今所流传之二百卷书，悉由病中匆遽编成，固未能自致于全美也。后人如徒据其未定之书，而忘其创始之艰；摘其纂述之疏，而没其义例之善，亦太失是非之平矣"[1]。又如清卢文弨、严元照先后批评宋徐楚金的《说文系传》"立说多穿凿无当"，并说"楚金于小学非有真知者"，严还"摘举七目以攻楚金之失"。张氏说这简直是"吹毛索瘢，无乃已甚。然其书实不可废者，非特据小徐《系传》可正大徐本之失已也。吾尤服其每说一字，多因声以求义，往往曲得古人造字命物之意。段玉裁为《说文注》，多阴本其说而敷畅之，甚或一字不易，掠为己有。余新注《说文》，遇此等处，皆一一标明楚金之说，所以尊创始之功耳"[2]。再如评丁寿昌这位清代并不太著名的学者，特意指出"《释穀后序》一篇，发明物名大小之例，大意谓凡物之大者曰王、曰蜀、曰戎、曰胡……物之小者曰童、曰妾、曰婢……皆古人比事属词，非有异义于其间云云。所说甚通，实开近世王国维《尔雅草木虫鱼释例》之先"[3]。与尊重学术"首创之功"相联系，张氏随时揭露学术中的剽窃之迹，他多次强调学者应具备"为公非为私"的胸怀："按读书有得，前人已有先我而言者，则必舍己从人，称举前人之说。若此说已有数人言及者，则必援引

---

1. 张舜徽：《清人笔记条辨》，华中师范大学出版社2004年版，第94页。
2. 张舜徽：《清人笔记条辨》，华中师范大学出版社2004年版，第206页。
3. 张舜徽：《清人笔记条辨》，华中师范大学出版社2004年版，第411页。

最先之说，所以尊首创之功。"段玉裁是张氏心仪的清代学者，但对他将宋人徐楚金《说文系传》的成果"掠为己有"的行为，多次不留情面地给予谴责。晚清今文经学学者廖平"敢于独申己见，发前人所未发，不啻为经学树一革命旗帜"。康有为"始于光绪十六年，晤面于广州安徽会馆，读平所著书，而深服之，窥其大义，加以引申。本其《今古学考》《古学考》，以作《新学伪经考》；本其《知圣篇》，以作《孔子改制考》"。张氏通过比较和考证后断言："康氏之书，实出于平，不可掩矣。"不管本人有多大的成就，也不管本人有多大的名气，只要有或明或暗的抄袭现象，他都会对有违学术公德的行为进行曝光和声讨。张氏在考镜源流时也很注意辨析某一学术观点的发展演变过程，如"引书注卷数"一事，张氏一一列出前人的考证发现：首先是余仲林说始于宋程大昌和辽僧行均，钱大昕接着说始于唐王悬河，后汪远孙说始于梁皇侃，近人余嘉锡又在前人基础上探本穷源，称《左传》《国语》引《尚书》就已举其篇名，"此自古相传之法，不始于六朝、唐人"。张氏说这一学术传统的开端，学者从辽、宋、唐、六朝而上溯至先秦，"可谓愈推愈密"，"考证之事，后出者胜，信矣"[1]。

---

1. 张舜徽：《清人笔记条辨》，华中师范大学出版社2004年版，第83—84页。

三

　　梁、钱二人的清代学术史都受到西方史学的影响,明显具有现代学术史研究的特征。他们二人都倾心于宏大叙事,给人以高屋建瓴和势如破竹的印象。如钱著第一章"引论"分两节,上节"两宋学术",下节"晚明东林学派",第二章至第十四章分别阐述十几位清代"代表性"学者。这种章节安排充分体现了"纲举目张"的特点,凸显出清代学术是宋明理学的承续。梁著《清代学术概论》则以"时代思潮"为主线,以佛教生、住、异、灭的流转理论将清代学术发展分为四个时期:"一、启蒙期(生),二、全盛期(住),三、蜕分期(异),四、衰落期(灭)。"[1]全书中心论旨是阐明清代学术是"宋明理学之一大反动",其主观动机和历史效果"与欧洲之文艺复兴绝相类",它是中国现代文明的序曲和开端。梁、钱二公都让学术史承担了远非学术史所能承担的重任,或者建构和弘扬儒家道统,或者从传统文化中开出现代文明。这不可避免地给他们的学术史带来了偏颇:首先是对学术史的越俎代庖和过度诠释,因为著者的焦点是自己的文化关怀或社会关怀,无形中让学术史迁就自己的观点,导致学术史的扭曲和变形;其次是使学术史向思想史倾斜,关注的重心是"思想"而非"学术",如学术渊源、治学门径、学问大小、学术理路、学术境界等,在很大程度上反而被著者忽视;最后,宏

---

1. 梁启超:《清代学术概论》,上海古籍出版社1998年版,第2页。

大叙事的一大好处是能给人以条理分明的阅读感受，但有清近三百年学术史的发展竟然如此层次清晰，又易于让读者产生怀疑：作者是否隐去或遮蔽了某些重要的学术史现象？是否将没有的东西塞进学术史中并加以夸张放大？否则，学术史怎么刚好按编者的思想发展？怎么会那样秩序井然有条不紊？比如梁任公将清代三百年学术发展装进佛教"生、住、异、灭"的框架中，很容易让人想起以"肯定、否定、否定之否定"来解释一切的思维模式。

《别录》和《条辨》深得老祖宗的秘传，在内容上不外乎"叙录"群书，在体式上也仍属校雠学范畴，但张氏在"远绍前规"的同时，写法上又有不少发展变化。每篇"叙录""首必致详于作者行事"以知人论世，接下来或提要钩玄以明作者用心，或述家学师友以明学术渊源，或究论证得失以见学者才华，或品见识高低以显学术境界，而二书前面必冠以作者《自序》以为全书"导论"。"叙录"以比叙群才，"自序"以综观一代，二者相得益彰，既可阐明"一代学术兴替"之运，推明一代学术"风气窃变之机"，又能细致分析学者的学术个性，平亭各学派的学术是非，而且也避免了"叙录"体式琐碎饾饤之弊。

如《清人文集别录·自序》鸟瞰一代学术兴衰："有清二百六十余年间，学凡数变。"清初"为学，原本经史，不忘经世，非特有殊于宋、明理学诸儒之空谈，复不同于后来乾嘉经师之琐碎，体用兼赅，气象博大。此一期也"。"乾嘉诸儒，从事朴学，不厌精专，非特理董周秦故书，秩然就理，即天文、历算、舆地、乐律、声韵、文字、训诂诸学，亦各极其湛深，发明甚广。然陋者为之，则又群趋于褊途以自隘,蔽于一曲而暗于大理",此又一期也。"降至嘉、道,禁网渐疏,学者始稍稍为论政之文。自鸦片战后,外侮迭乘,志士扼腕,尤思以致用自见。于是依附公羊今文之学,盛张微言大义之绪。后之鼓吹变法维新者,卒托此以行其说,力辟墨守,广揽新知。此晚期也。"[1]这则文字片言居要,论及有清近三百年学术的分期、每一期学风的特点及其成因。书中的六百篇"叙录"则是这则"导言"的展开和深化。试以《别录》涉及的清末学术为例,当国门被列强的洋枪洋炮打开后,士人目睹国家积贫积弱的惨象,清醒地意识到儒生们一辈子穷经考礼,于己是浪费生命,于国则贻误苍生。此时学人无论是趋新还是守旧,无一不"好论天下大事";无论是主张开放还是坚持闭关,无人不"喜言洋务"。他们对经书的态度也发生了逆转,由从前俯首尊经一变而为离经咒经:"古之能治天下者,莫不有愚天下之具。自唐虞迄周,愚天下以礼、乐;自汉迄今,愚天下以《诗》《书》。礼、乐之兴,能使人拘;《诗》《书》之行,能使人迂。……上之人为所欲为,天下岂有不顺之民。吾固以为秦始皇之燔书坑儒,为不知治天下之道也。"[2]这种对经典的憎恶态度和偏激言辞,是稍后五四运动中"打倒孔家店"的先声。《别录》和《条辨》不仅细致地辨析了清代学术发展的内在脉络,也详尽地论述了

---

[1] 张舜徽:《清人文集别录》,华中师范大学出版社2004年版,第3—4页。
[2] 张舜徽:《清人文集别录》,华中师范大学出版社2004年版,第503、557、584页。

清代各时期学风的特点与变化。

文中随时将梁、钱二公的清代学术史与张氏的《别录》《条辨》进行比较，绝不是要在三位大师之间有所轩轾，更无意于分出什么高下优劣，只是试图阐明以"别录"这种方式从事学术史著述自有其优胜之处，这种传统体式仍然具有强大的学术生命力。

张氏在二十世纪中后期仍以两千多年前的体式进行学术史写作，并非落后于自己的时代，也不是他天性喜欢抱残守缺，而是由于他对自己民族传统文化的强烈自信。长期以来，学术研究一直在走极端，古人唯古是从，今人唯洋是趋，学者们常以人家的学术话语来谈论人家提出的学术问题，让传统的学术思想去迁就西方的学术范式，不是圆凿方枘便是扞格难通。几十年前刘永济先生在论及《别录》时，就曾说过"今人具此根柢者甚罕，能读此书者已不多矣"[1]，李学勤先生也说今天《条辨》的"读者也未必多"[2]，读着二位先生的预言，看看眼下的现实，不禁悲从中来。要想在当今世界的学术语境中发出自己的声音，我们就得一方面昌明国故，一方面融会新知，在吸取西方现代学术思想的同时，千万别忘了自己的祖传秘方。

原刊《读书》2006年第1期

---

1. 刘永济：《与张舜徽书》，引自张舜徽《旧学辑存》，华中师范大学出版社2008年版，第1156页。
2. 参见李学勤《读〈清人笔记条辨〉札记》，《张舜徽先生纪念论文集》，华中师范大学出版社1994年版。

"学心"与"公心"
——论目录类序的学术品格

近现代不少学者视《四库全书总目提要》为"学问门径",张舜徽更认为《四库提要》的类序是"门径中之门径"。[1] 类序(包括总序和小序)不仅比单本书的叙录更为重要,也比单本书的叙录更有难度:"盖目录之书莫难于叙录,而小序则尤难之难者。"[2] 章学诚说"非深明于道术精微群言得失之故者,不足与此"[3]。章氏其实只说对了一半,写类序之难不仅其"学"必须精微,同时也要求其"心"务必公正。荀子曾论及"学心"与"公心",而本文所谓"学心"与"公心",

---

1. 张舜徽:《四库提要叙讲疏·自序》,《旧学辑存》,华中师范大学出版社2008年版,第953页。
2. 余嘉锡:《目录学发微》,《余嘉锡说文献学》,上海古籍出版社2001年版,第62页。
3. 章学诚撰、叶瑛校注:《文史通义校注》,中华书局1985年版,第945页。

主要是指学者宏阔的视野、精审的眼光、渊博的学识及公允的态度。在我国古代各种传统的述学文体中,类序尤须兼具这四者之长,"学心"与"公心"可以说是类序内在的学术品格。

一

目录学中有一书的叙录,一人的叙录,还有总类或小类的类序,刘勰早就说过"铨序一文为易,弥纶群言为难"[1],类序比一书一人的叙录更有难度。不管是七略分类还是四部分类,不管是史志目录、国家图书目录还是私家目录,大类(略或部)的总序固然要高屋建瓴以总揽全局,小类的小序也同样须深宏大气,因为"小类"只是相对于大类而言的。事实上,不管是总类还是小类,都涉及巨大的时空跨度,涵盖了众多的作者和书籍,更要论及流派的盛衰和学术的消长。加之每一类源流往往衍生繁杂,典籍也可能出现真伪相参,作者更难免高下不齐,没有开阔的学术视野和对材料高度的综合能力,怎么可能在一篇千把字的类序中"辨章学术,考镜源流"?

我们不妨看看经类总序。除少数朝代外,儒家思想自汉代以后一直是官方的意识形态,经学成了士子的晋身之阶,因而经学自然

---

1. 刘勰撰、范文澜注:《文心雕龙注》,人民文学出版社1958年版,第727页。

便是历朝历代的显学。要在一篇不到一千字的类序中,阐述各时期经学的演进、特点、利弊,还要对经学各科进行学术分类,经部总序可以说是类序中的"宏文",《四库全书总目·经部》总序堪称典范之作。总序一起笔就交代该篇类序的论述范围:"经禀圣裁,垂型万世。删定之旨,如日中天,无所容其赞述。所论次者,诂经之说而已。"[1]自太史公《史记》而后,孔子删《诗经》《尚书》和定《礼记》《乐经》已成定论,所以四库馆臣对经书不得任情褒贬,他们所能评述论析的只有后世解经之说。接下来序文便将二千年来的经学史进行分期论析:

> 自汉京以后垂二千年,儒者沿波,学凡六变:其初专门授受,递禀师承,非惟诂训相传,莫敢同异,即篇章字句,亦恪守所闻,其学笃实谨严,及其弊也拘;王弼、王肃稍持异议,流风所扇,或信或疑,越孔、贾、啖、赵以及北宋孙复、刘敞等,各自论说,不相统摄,及其弊也杂;洛、闽继起,道学大昌,摆落汉唐,独研义理,凡经师旧说,俱排斥以为不足信,其学务别是非,及其弊也悍;学脉旁分,攀缘日众,驱除异己,务定一尊,自宋末以逮明初,其学见异不迁,及其弊也党;主持太过,势有所偏,材辨聪明,激而横决,自明正德、嘉靖以后,其学各抒心

---

1. 永瑢等:《四库全书总目》,中华书局1965年影印本,第1页。

得,及其弊也肆;空谈臆断,考证必疏,于是博雅之儒引古义以抵其隙,国初诸家,其学征实不诬,及其弊也琐。[1]

这段序语几乎是二千多年的经学史纲,它提出了每个时期经学的特点、长处和局限,我们可以看到各阶段的经学中,某种学风的长处同时又是它的短处,优点同时又是它的缺点。如汉代经学因其"递禀师承"而"笃实谨严",也因其"递禀师承"而拘谨狭隘。正始而后,王弼等人开始排斥汉儒独标新学。王弼注《易经》弃置汉儒象数阐释玄理,王肃另出经书新注批驳郑玄,到孔颖达撰《五经正义》不苟同旧注,啖助、赵匡等人释《春秋》与三传立异,再到宋初孙复撰《春秋尊王发微》,更以攻击三传自傲,一方面推倒权威,一方面又互不相袭,导致几百年经学风气十分驳杂。洛闽继起理学大昌之后,宋儒解经一空依傍无所顾忌,朱熹《诗集传》悬置大小序,解析《诗经》让人耳目一新;程颐作《易传》既屏弃象数也摆落玄理,其下者王柏、吴澄等人更删削经文,这种自信带来了放肆和强悍。清初诸儒以训诂考证矫明代的臆断空疏,一生或治其一经,一字或音训数百字,使学风"征实不诬"的同时,也使学风繁冗琐碎。没有"独上高楼,望尽天涯路"的视野,绝不可能在二三百字的段落中,勾勒二千多年经学的发展历程、概括各历史时期的经学特点及其弊端。

---

1. 永瑢等:《四库全书总目》,中华书局1965年影印本,第1页。

《隋书·经籍志·诗类》小序虽仅有五百来字,同样堪称类序中的"大手笔"。序文前半部分阐述《诗经》产生的朝代、发展的历程和成书的经过。"夏、殷已上,诗多不存",《诗经》中的诗歌为周代作品,接下来再将周诗分为三个阶段:从周氏始祖后稷肇兴到周公化成天下,此时的诗歌以"诵美盛德"为主,到"幽、厉板荡"之后,诗歌便变为"怨刺并兴",最后周室衰王泽竭,诗歌因而也逐渐走向消亡。[1] 阐述孔子删定《诗经》之后,分析汉代鲁诗、齐诗、韩诗、毛诗四家学派的兴衰,揭示三家诗衰微的过程和毛诗兴起的原因。这篇小序阐释了《诗经》的产生,《诗经》学派的更替,有诗史的追源,也有诗学史的溯流,这五百来字的序文把隋前《诗经》史的本原讲得清清楚楚。

二

《四库全书总目》中的类序之所以可作为学问"门径中之门径",不仅由于类序可以拓展我们的学术视野,还由于类序精审的眼光可以增长我们的见识。上文论及的《四库全书总目》中的经类总序,分别以"拘""杂""悍""党""肆""琐"六字归纳六个时期经学的弊病,这种学术上的"大判断"敏锐而精审。《四库全书总目》

---

[1]. 魏徵等:《隋书》,中华书局1973年版,第918页。

提要代表了朝廷的学术评价，类序中以一二字为褒贬，表现了四库馆臣独到的眼光和审慎的态度。史志目录、国家图书目录都代表了官方学术思想倾向，类序的学术论断既要深刻新颖又要为学界所公认，即使私家目录的类序在评价某代某类学术时也须老到，当然私家目录中的类序不妨更有个性，而史志目录和国家图书目录中的类序更加权威。

《汉书·艺文志·礼类》小序，在不足三百字的篇幅中，阐述了礼的起源和礼学的流变，还评断了各家礼学的高下：

> 《易》曰："有夫妇、父子、君臣、上下，礼义有所错。"而帝王质文世有损益。至周曲为之防，事为之制，故曰："礼经三百，威仪三千。"及周之衰，诸侯将逾法度，恶其害己，皆灭去其籍。自孔子时而不具，至秦大坏。汉兴，鲁高堂生传《士礼》十七篇。讫孝宣世，后仓最明。戴德、戴圣、庆普皆其弟子，三家立于学官。《礼古经》者，出于鲁淹中及孔氏，与十七篇文相似，多三十九篇。及《明堂阴阳》《王史氏记》所见，多天子诸侯卿大夫之制，虽不能备，犹瘉仓等推《士礼》而致于天子之说。[1]

首句引《易经》语明其礼的本质和起源，再讲周礼的繁盛和周

---

1. 班固：《汉书》，中华书局1962年版，第1710页。

衰后礼法大坏的原因，所谓"礼经三百，威仪三千"，是周代礼仪繁缛的一种夸张，"礼经"指礼的大纲，"威仪"指礼的细节。"三百"已不胜其多，"三千"更不胜其烦。最后阐述汉代礼学的产生，以及各家礼学的优劣。今天《仪礼》十七篇传自山东高堂生，而大戴礼学和小戴礼学都出自山东后仓，而《礼古经》一出于鲁淹中里，一出于孔氏壁。《明堂阴阳》《王史氏记》二书，记述从天子到大夫礼制虽不完备，但都比后仓用《士礼》推说天子礼制要好得多，因前二者皆有所依凭，后者则全凭主观推断。

单看一篇类序能明了某类的本质和渊源，将不同历史时期同一种类的类序对比着读，便能看出该类学术的演进发展。试将《隋书·经籍志·礼类》小序、《四库全书总目·礼类》小序与《汉书·艺文志·礼类》小序对读，就可以看到三书的礼类小序，或者详略不同，或者判断有异，或者视角各殊。《隋书·经籍志·礼类》小序是《汉书·艺文志·礼类》小序的引申，《四库全书总目·礼类》小序几乎另起炉灶，它一起笔就说："古称'议礼如聚讼'。然《仪礼》难读，儒者罕通，不能聚讼；《礼记》辑自汉儒，某增某减，具有主名，亦无庸聚讼；所辩论求胜者，《周礼》一书而已。"[1] 清代四库馆臣不再重复汉、唐史官对礼制起源、礼学源流的叙述，只集中于礼学中争论的焦点。在所有经学中礼学争论最多，即古人所谓"议礼如聚讼"，可三礼之中，《仪礼》因其难通而不能聚讼，《礼记》辑自汉儒不须聚

---

1. 永瑢等：《四库全书总目》，中华书局1965年影印本，第149页。

讼，唯一可能聚讼争辩的只有《周礼》，这样论述范围又聚焦于《周礼》一书。那么《周礼》中，又有哪些经文的真伪可以争辩，哪些经文的真伪不容置疑呢？我们来听听馆臣的判断："考《大司乐》章，先见于魏文侯时，理不容伪；河间献王但言阙《冬官》一篇，不言简编失次，则窜乱移补者亦妄。"作者论述时采用排除法，战国时魏文侯就献《大司乐》章，所以这篇"理不容伪"。《周礼》出于西汉初年，河间献王只明言缺《冬官》一篇，从来没有说过经文有错简现象，宋以来儒者对经文"窜乱移补"皆"妄"。讲了《周礼》经文，再谈《周礼》注疏："郑康成注，贾公彦、孔颖达疏，于名物度数特详。宋儒攻击，仅撼其好引谶纬一失，至其训诂则弗能逾越。"先分清汉唐诸儒注疏中的得失，才可分辨后学的批判和继承，在此基础上再指出治礼的学术态度与方法："本汉唐之注疏，而佐以宋儒之义理，亦无可疑也。"汉儒之长在考礼之制，宋儒之长在明礼之义，后儒应当各取其长而去其短。最后阐述礼类纲目的细分："谨以类区分，定为六目：曰《周礼》、曰《仪礼》、曰《礼记》、曰三礼总义、曰通礼、曰杂礼书。六目之中，各以时代为先后，庶源流同异，可比而考焉。"[1]这篇类序在内容上既守"辨章学术，考镜源流"的本分，在写法上又能独辟蹊径，论断的精辟和眼光的高远让人折服。由于四库馆臣纪昀、戴震等人都是当时学界领袖，对各学术领域自然有种"一览众山小"的眼界和识力，能拨开礼学中的迷雾，这倒印证了古

---

1. 永瑢等：《四库全书总目》，中华书局1965年影印本，第149页。

人所谓"不畏浮云遮望眼,只缘身在最高层"。没想到这篇不落窠臼不循常轨的类序杰作,被人视为"偷懒耍猾"的类序败笔。[1]

三

除了宏阔的眼界和高远的见识外,类序另一特点还表现在学问的渊博。余嘉锡在《目录学发微》中说:"夫人于一切学术,苟非知之有素,则校雠一书,欲考其家数何在,则怀疑莫能定矣。"[2] 若非对"一切学术""知之有素",哪怕"校雠一书"也难"考其家数何在",要品评一类学术就更是天方夜谭了。从向、歆父子到四库馆臣,不管是做朝廷史官还是为秘阁馆臣,无一不是当世最为渊博的大儒。目录学著作的类序最能体现他们学问的广博。史志目录和国家图书目录中的类序,涉及当朝学术的所有方面,有些类序往往出于一人或数人之手,腹俭者写类序肯定下笔便丑态百出,所以章学诚说"非深明于道术精微群言得失之故者"不足以言校雠。我们不妨以乐类小序为例,来看看类序中所表现的渊博学识,《汉书·艺文志·乐类》小序说:

---

1. 李致忠:《三目类序释评》,北京图书馆出版社2002年版,第117页。
2. 余嘉锡:《目录学发微》,《余嘉锡说文献学》,上海古籍出版社2001年版,第54页。

《易》曰:"先王作乐崇德,殷荐之上帝,以享祖考。"故自黄帝下至三代,乐各有名。孔子曰:"安上治民,莫善于礼;移风易俗,莫善于乐。"二者相与并行。周衰俱坏,乐尤微眇,以音律为节,又为郑、卫所乱故无遗法。汉兴,制氏以雅乐声律,世在乐官,颇能纪其铿锵鼓舞,而不能言其义。六国之君,魏文侯最为好古。孝文时得其乐人窦公,献其书,乃《周官·大宗伯》之《大司乐》章也。武帝时,河间献王好儒,与毛生等共采《周官》及诸子言乐事者,以作《乐记》,献八佾之舞,与制氏不相远。其内史丞王定传之,以授常山王禹。禹,成帝时为谒者,数言其义,献二十四卷记。刘向校书,得《乐记》二十三篇,与禹不同,其道浸以益微。[1]

相传周公"制礼作乐",并因此形成"礼乐传统",礼是一种强制性的规定和制度,它从外在方面来规范人的行为态度,而乐则诉诸人内在的情感,所以《礼记·乐记》说"乐从中出,礼自外作"[2]。但作为经学而言,乐又与礼有显著的区别,礼留下来三礼的经文,而乐只有汉儒重编的《乐记》,《荀子》中虽有《乐论》篇,但后世认为荀子算不上淳儒。这篇乐类小序追溯了乐最早的源头,又阐述了

---

1. 班固:《汉书》,中华书局1962年版,第1711—1712页。
2. 郑玄注、孔颖达正义:《礼记正义》,上海古籍出版社2008年版,第1472页。

后世乐消亡的原因。周室衰后礼、乐都遭到了破坏，由于乐比礼更加"精微"，它只能呈现于节律，不能记载于书籍，因此只可存于演奏和传之口授，这样乐师亡则音乐绝。序文最后讲了《乐记》的出处和嬗变。这篇短小的类序有源有流有述有论，其实也是一篇古代音乐小史。除非对音乐的本质、功能、起源、流变了如指掌，否则难以辨析得如此之细，更难以考论得如此之精。不过，《汉书·艺文志》这篇乐类小序尚有模糊的空间：到底先世有没有一部《乐经》呢？《四库全书总目·乐类》小序为我们回答了这个问题：

> 沈约称《乐经》亡于秦。考诸古籍，惟《礼记·经解》有"乐教"之文，伏生《尚书大传》引"辟雍舟张"四语，亦谓之《乐》，然他书均不云有《乐经》（《隋志》《乐经》四卷，盖王莽元始三年所立。贾公彦《考工记·磬氏疏》所称"乐曰"，当即莽书，非古《乐经》也）。大抵《乐》之纲目具于《礼》，其歌词具于《诗》，其铿锵鼓舞传在伶官。汉初制氏所记，盖其遗谱，非别有一经为圣人手定也。[1]

清初顾炎武也有近似的议论，他认为"古人以乐从诗"，即"古人必先有诗，而后以乐和之"，诗与乐基本没有分离，"歌者为诗，

---

[1] 永瑢等：《四库全书总目》，中华书局1965年影印本，第320页。

击者、拊者、吹者为器,合而言之谓之乐"。[1] "沈约称《乐经》亡于秦"可能为"想当然耳",与历史上的记载多有不合,四库馆臣对此做了翔实的考辨,然后得出上古"非别有一经为圣人手定"的结论。精警明通之论以坚实的历史证据为基础,类序每一议论必定"言必有据",而要做到"言必有据"就必须学问淹博。

《隋书·经籍志》中,史部的总序和小序都颇见功力,其他几类的类序都前有所承,只有这一类为史官首创。《隋书·经籍志》史部总序考论了古代史官的设置、史书的社会功用、史籍的源流变化及史部的分类缘由。《隋书·经籍志》中《杂传类》小序是一篇杂传史论,考论杂传的由来、杂传的特点、杂传的演变、杂传的代表作家和代表作品,写这篇类序的史臣不仅是位史家,也是位史学理论家,思致既缜密,学问更渊博。

《四库全书总目提要》集古代校雠学之大成,其中类序更能后起转精。试将《汉书·艺文志》《隋书·经籍志》《四库全书总目》中集部的类序通读,就能发现三者在风格上的异同,也可见出校雠学学术的进展。《汉书·艺文志·诗赋略》总序和《隋书·经籍志·集部》总序,都只是叙文学在上古的起源、文学的社会功能和历代文学的发展,《四库全书总目·集部》总序则考辨了文集始于何时,别集起于何代,总集滥觞于何人,显示了乾嘉学者的博雅。如总序一开头

---

1. 顾炎武撰、黄汝成集释:《日知录集释》,上海古籍出版社2006年版,第285—287页。

便说:"集部之目,楚辞最古,别集次之,总集次之,诗文评又晚出,词曲则其闰余也。"这几句是此篇总序的总纲,也是对集部出现次第的明断。序文后面再以充实的史料佐证自己的论述。只有对浩如烟海的文集非常熟悉,才能如此从容地娓娓道来。

四

优秀的类序须有宏阔的眼界、独到的见识和渊博的学问,更离不开公允的态度和客观的立场,也就是说类序要兼具"学心"与"公心"。余嘉锡先生曾比较过私人著述与目录之书的差异:"私人著述成一家之言,可以谨守家法,若目录之书,则必博采众长,善观其通;犹之自作诗文,不妨摹拟一家,而操持一家之选政,贵其兼收并蓄也。"[1]个人的学术著述可以有"偏激的深刻",可以流露个人的个性偏好,可以阐述一己的新颖之见,类序则要求尽可能不偏不倚的公正,要求尽量收起个人的学术偏好和情感好恶,所以古代类序更近于现代的学术规范:价值中立和态度客观。

《汉书·艺文志》的类序是"公心"的楷模,论各家各派能破除门户之见,阐述古今学术能泯灭畛域之私,虚其心而察之,平其情

---

1. 余嘉锡:《目录学发微》,《余嘉锡说文献学》,上海古籍出版社2001年版,第54页。

而出之，做到好而知其恶，恶而知其美，每下一断语都能体现是非之公。读一读《汉书·艺文志·诸子略》中各小序，对"汉志"类序的至公之心就会有极强的感受。如《汉书·艺文志》"儒家"类小序一方面说儒家在诸子中"于道为最高"，一方面又指出"辟儒之患"："然惑者既失精微，而辟者又随时抑扬，违离道本，苟以哗众取宠。"[1]《汉书·艺文志》"道家"类小序既指出其所长——"知秉要执本，清虚以自守，卑弱以自持"，也指出其所短——"欲绝去礼学，兼弃仁义，曰独任清虚可以为治"。[2]《汉书·艺文志》"阴阳家"类小序同样论及阴阳家肯定的方面和否定的方面："敬顺昊天，历象日月星辰，敬授民时。此其所长也。及拘者为之，则牵于禁忌，泥于小数，舍人事而任鬼神。"[3] 不管议人还是论学，《汉书·艺文志》类序都无偏颇之失，更从不逞一己之私。将《汉书·艺文志》类序与曾巩的叙录做一对比，二者的高下便一目了然。古文家曾巩善于作文，而且笔端常带感情，他在校雠的类序中常常摇曳咏叹，时不时来一句"呜呼"，类序中强烈的个人感情完全是滥情，不仅不能动人反而十分烦人。

　　清代四库馆臣无一不是考据名家，在汉宋之争中自然左袒汉学，可《四库全书总目》的类序中，总要一而再再而三地声明学术上须

---

1. 班固：《汉书》，中华书局1962年版，第1728页。
2. 班固：《汉书》，中华书局1962年版，第1732页。
3. 班固：《汉书》，中华书局1962年版，第1734页。

"兼包汉宋",态度上要"务取持平",如《四库全书总目·经部》总序结语说:"要其归宿,则不过汉学、宋学两家互为胜负。夫汉学具有根柢,讲学者以浅陋轻之,不足以服汉儒也;宋学具有精微,读书者以空疏薄之,亦不足以服宋儒也。消融门户之见而各取所长,则私心祛而公理出,公理出而经义明矣。盖经者非他,即天下之公理而已。今参稽众说,务取持平,各明去取之故,分为十类。"[1]《四库全书总目》各部书籍的叙录,不时流露出较强的学术倾向和情感偏私,对宋儒多有攻击诋毁之论,但类序中则表现得相当客观公允,的确能祛"私心"而求"公理"。可见类序作为文体的学术品格,与单本书的叙录大不相同。再看看《四库全书总目·诗类》小序的结尾部分:

> 全信全疑,均为偏见。今参稽众说,务协其平。苟不至程大昌之妄改旧文,王柏之横删圣籍者。论有可采,并录存之,以消融数百年之门户。至于鸟兽草木之名,训诂声音之学,皆事须考证,非可空谈。今所采辑,则尊汉学者居多焉。[2]

声明《诗类》中采录书籍虽以汉学著作为多,但并非出于个人

---

1. 永瑢等:《四库全书总目》,中华书局1965年影印本,第1页。
2. 永瑢等:《四库全书总目》,中华书局1965年影印本,第119页。

的"私心"，是《诗经》离不开"鸟兽草木之名，训诂声音之学"的缘故，也就是说，是此类学术的特殊需要，不是个人好恶的偏爱。强调态度上破除"全信全疑"的"偏见"，保持"务协其平"的公心。

经学中有汉宋之争，还有古文今文之辩。《四库全书总目》的类序在汉宋之争中保持中立，在今古文之争中也"消融门户"，如《四库全书总目·孝经类》小序说："中间孔、郑两本，互相胜负，始以开元《御注》用今文，遵制者从郑；后以朱子《刊误》用古文，讲学者又转而从孔。要其文句小异，义理不殊，当以黄震之言为定论。故今之所录，惟取其词达理明，有裨来学，不复以今文、古文区分门户，徒酿水火之争。盖注经者明道之事，非分朋角胜之事也。"[1] 尽管乾嘉学者在今古文之争中有较强的倾向性，但这篇类序写得理性、平实而又公允，像这样平正通达之言只能出之于公心。

《汉书·艺文志》和《四库全书总目》的类序，充分体现了学心和公心的双重品格，既是古人公认的学术典范，也为今天的学术树立了标杆。

原刊武汉大学《图书情报知识》2016年第2期

---

1. 永瑢等：《四库全书总目》，中华书局1965年影印本，第263页。

附录一：
求学的津筏
——论《书目答问补正》在现代人文教育中的作用

张之洞的《书目答问》成书于光绪元年（1876），时著名的目录学家缪荃孙正在张府作幕僚，缪在《艺风堂自订年谱》中说此书由他写定。缪自编年谱时张之洞已经作古，我们只能看到缪的一面之词，而听不到张对此书著作权的声辩，因而后人也就只好认可缪的自述，如张舜徽先生就说缪"始在四川，即为张之洞撰《书目答问》，以示后生治学门径，士论翕然宗之"[1]。可张之洞是清末政界和学界左右风气的领袖，为学兼师汉、宋，治经学和金石学发凡起例，常能道"前人所未道"，《书目答问》即使不全出自他的手笔，无疑主要出于他的构想和策划，并体现了他的价值取向和学术追求。舜徽先生在同书中也说张之洞"提督四川学政时，著《輶轩语》《书目答

---

1. 张舜徽：《清人文集别录》，华中师范大学出版社2004年版，第535页。

问》以教多士，未几而此二书遂风行天下。或病《书目》不尽翔实，且其稿非己出。然而开风气，示途轨，谆谆启牖之意，不可没也"[1]。好在一百年前的古人不像今天这样动不动就为版权打官司，读者也谨守"言者为天下之公器"的古训，由于它在编目上能"以约驭繁"，人们便不问三七二十一将它拿来作为求学的津逮、问学的门径，成书后的几十年间重印了数十次。"书成以来，翻印重雕，不下数十余次，承学之士，视为津筏，几于家置一编"[2]，那风行的盛况不下于如今中考或高考复习指南一类的辅导资料。

可是一百年后的今天，无论是正准备高考的中学生还是通过了高考的大学生，基本上没有人知道《书目答问》为何物，即使研习人文科学的研究生也少有人了解这本书，更不用说拿它作为求学的向导了。真想不到时过境迁、物换星移，世风和学风都变得如此之快，人们剃掉了长辫脱掉了长衫，同时也扔掉了当时大家热衷的校雠目录、音韵训诂，忘掉了这本曾风行了半个世纪的《书目答问》。但《书目答问》可不像长辫子，剪了长辫子值得庆幸，它标志着一个腐败王朝的结束，而忘了《书目答问》则深为可惜，我们因此丢了一笔前人传给后人的优秀文化遗产。

编纂《四库全书》是清代一项规模浩大的文化工程，《四库全书总目提要》更是一部备受学人推崇的巨著，从清至民国一直是学人

---

1. 张舜徽：《清人文集别录》，华中师范大学出版社2004年版，第521页。
2. 范希曾编：《书目答问补正》，上海古籍出版社1988年版，第361页。

的必读书,就是今天也仍然是治学门径的重要参考读物。但它的内容过于庞杂,如建章之宫千门万户,初学者不得其门而入,显然不可能用它作为问学的入门向导。而张之洞的《书目答问》正是"为告语诸生而设",他在《书目答问略例》中交代编书的缘由和目的说:"诸生好学者来问应读何书,书以何本为善。偏举既嫌挂漏,志趣学业亦各不相同,因录此以告初学。"[1] 此书从问世到现在一百多年过去了,这期间许多父兄师长给子弟学生开了不少学习参考书。二十世纪三十年代,胡适和鲁迅等人都开过"青年必读书",鲁迅叫青年"不读或少读中国书"自然过于偏激,胡适所开的书目也不及《书目答问》系统,其他名家开的书目更不尽如人意。就提供青年学生治国学的门径而论,还没有一本参考书目能与《书目答问》相比,它在今天对学人文科学的学子尤其具有指导意义。

首先,它能开阔青年学子的学术视野。如今学人文科学的学生分别隶属于历史、文学和哲学各系,大家都只是泛览了一点各学科的教科书,外加一套各专业的文选,学历史的用不着管什么哲学和文学,学文学的当然也无须过问什么哲学和历史,学哲学的自然也无暇光顾相邻的专业,彼此都画地为牢,以邻为壑,恰如《淮南子·泛论篇》中所说的那样,"东面而望,不见西墙;南面而视,不睹北方"[2],这样下来青年学子怎么不偏狭孤陋呢?《书

---

1. 范希曾编:《书目答问补正》,上海古籍出版社1983年版,第1页。
2. 刘文典撰:《淮南鸿烈集解》,中华书局1988年版,第439页。

目答问补正》虽然只薄薄的一小册，但我国传统经史子集的基本书目都囊括其中，如卷一"经部总目"中又分为"正经正注第一""列朝经注经说经本考证第二""小学第三"三类，所谓"正经正注"是官方钦定的经书"诵读定本，程式功令，说经根底"[1]。在这一类中，作者列出了《十三经注疏》及《四书章句集注》的合刻本、分刻本十三经的标准读本。这一类中，每部经书的注本只有两至三部，因为多了就难分谁是真的"正注"。而在"列朝经注经说经本考证"这一类中，则每一部经书列出了十几种或数十种有名的注本，由于这类中的注经说经属于学术性质，学子看这类注疏可以扩大见闻开阔眼界。在"小学"这类中，列出了历代尤其是清代最有成就的文字音韵学著作；卷二的"史部总目"中，又分为"正史""编年史""纪事本末""古史""别史""杂史""载记""传记""诏令""地理"等十四类；卷三的"子部总目"中，更是分为十二家共十三类；卷四的"集部总目"从楚辞到历代的别集、总集和诗文评；卷五还列有丛书目录。可以说二十世纪以前的经史子集四部的主要著作都收在其中，学生即使没有时间细读书中所开列的书籍，翻翻《书目答问补正》也能了解一下国学的"家底"，并通过了解国学的"家底"，"寡陋者当思扩其见闻，泛滥者当知学有流别"。

它同时也为青年学子指出了读书的门径。作者在该书的略例中说："读书不知要领，劳而无功；知某书宜读而不得其精校精注

---

1. 范希曾编:《书目答问补正》，上海古籍出版社1983年版，第1页。

本，事倍功半。"为此他特地"分别条流，慎择约举"，以便让学子"视性之所近，各就其部求之。又于其中详分子目，以便类求"[1]。张之洞认为"读书宜多读古书"，用现在的话来说就是应多读国学"元典"，这些国学典籍"一字千金"。另外他认为对于典籍的"精校精注"，清代学者胜过前人，他在卷一"经部"下注说："经学、小学书以国朝人为极，于前代著作撷长弃短，皆已包括其中，故于宋元明人从略。"[2]在全书的略例中也交代"此编所录，其原书为修四库书所未有者十之三四，四库虽有其书，而校本、注本晚出者十之七八"[3]。如《十三经注疏》所谓"正注"合刻本列有这样几种精注精校本："乾隆四年武英殿刻附考证本，同治十年广州书局覆刻殿本，阮文达公元刻附校勘记本，明北监本，明毛晋汲古阁本。"接着在下面又进一步解释说："阮本最于初学者有益，凡有关校勘处旁有一圈，依圈检之，精妙全在于此。四川书坊翻刻阮本，讹谬太多，不可读，且削去其圈，尤谬。"[4]这使初学者知道何种注本和校勘本最好。后面《十三经注疏》的分刻本中，几乎十分之九的注本和校本是清人的，而且其注的精审和校的细密早有定评。如杜甫诗集的注本特别多，历史上有所谓"千家注杜"的说法，作者在众多杜注中只列出两个注本："杜诗详注二十五卷，附编二卷。

---

1. 范希曾编：《书目答问补正》，上海古籍出版社1983年版，第1页。
2. 范希曾编：《书目答问补正》，上海古籍出版社1983年版，第1页。
3. 范希曾编：《书目答问补正》，上海古籍出版社1983年版，第1页。
4. 范希曾编：《书目答问补正》，上海古籍出版社1983年版，第1页。

唐杜甫。仇兆鳌注。通行本。"[1]"杜诗镜铨二十卷。杨伦注。成都合刻本。"在书目下面作者解释了只列这两个注本的原因："杜诗注本太多，仇、杨为胜。"[2] 昭明《文选》也是注家林立，并形成了所谓"选学"，唐代"选学"俨然成了显学，在各种注本中作者首列"文选李善注六十卷，附考异十卷"。还特地交代几种较好的版本："胡克家仿宋本，武昌局翻刻本，广州翻本。叶氏海录轩评注本六十卷，亦佳，汲古阁本较可。"最后也列出了"文选六臣注六十卷。唐吕延济、刘良、张铣、吕向、李周翰、李善。明新都崔氏大字本"。张氏接着特地品评两种注本的优劣："不如李善单注，已有定论，存以备考。"[3] 作者于传统的四部之外又在卷五专列"丛书目"。为什么要列"古今人著述合刻丛书"呢？我们来听听作者的解释："丛书最便学者，为其一部之中可该群籍，搜残存佚，为功尤巨，欲多读古书，非买丛书不可。其中经、史、子、集皆有，势难隶于四部，故别为一类。"[4] 于四部之外别出"丛书"类，从目录学的角度讲深明学术流别，难怪清末版本目录学家叶德辉称"其书损益刘、班自成著作"（见上范跋）[5]。从指导学子问学的角度看，列出"丛书目"不仅对当时的诸生十分有用，对今天的学生尤其必

---

1. 范希曾编：《书目答问补正》，上海古籍出版社1983年版，第260页。
2. 范希曾编：《书目答问补正》，上海古籍出版社1983年版，第261页。
3. 范希曾编：《书目答问补正》，上海古籍出版社1983年版，第303页。
4. 范希曾编：《书目答问补正》，上海古籍出版社1983年版，第325页。
5. 范希曾编：《书目答问补正》，上海古籍出版社1983年版，第361页。

要，这让他们知道清以前有哪些著名的丛书，如"汉魏丛书""津逮丛书""武英殿聚珍版书""皇清经解"（又称"学海堂经解"）及"玉函山房丛书""抱经堂丛书""知不足斋丛书""粤海堂丛书""海山仙馆丛书""小学汇函"等，让他们知道什么书要到什么丛书中去找，如今的研究生一听说要找古书就一脸茫然，"丛书目"能准确地为他们指点迷津。

《书目答问补正》绝不是将各种重要的经史子集杂乱地堆放在一起，细读全书就能明白作者"辨章学术，考镜源流"的苦心，我们从中能了解各种注本疏本考证本的承继关系，尤为重要的是我们还能从中找到进学的阶梯和求学的方法。张氏在此书"附录二"中说："由小学入经学者，其经学可信；由经学入史学者，其史学可信；由经学史学入理学者，其理学可信；以经学史学兼词章者，其词章有用；以经学史学兼经济者，其经济成就远大。"[1]张氏此说最先倡于戴震，其后又申于清学殿军章太炎，这一治学途径是清代学人的公论，绝非张之洞一己的私言，只是张氏将它说得更加透彻明白而已。清人目睹理学末流束书不观游谈无根的弊端，倡言以小学而立其基，通经书以树其本，以史学而致其大，以集部而成其博。精小学是治学的基础，不精小学则不能读通经书；精通经书便有了治学的根本，在当时不通经书就没有识断的准绳，所以小学是基，而经学是本。这一点对我们今天仍有指导意义，不学好古代汉语就读不

---

1. 范希曾编：《书目答问补正》，上海古籍出版社1983年版，第344页。

通古代典籍，求学问道就无从谈起了。不只学习中国古代的思想、历史、文学须要先精文字音训，就是研究外国的人文科学也得先懂各国的外文。德国的语言学家洪堡特说："一个民族的民族精神和学术品格，必须到一个民族的语言中去寻找。"[1]试想一个不懂法语的人怎么可能探究法国学术的精微，一个不通英语的人怎么可能感受英国小品文的美妙呢？立志于学术的学生首先应从语言文字入手，这样写出来的文章才不至于信口开河。许多学生一提笔就是后现代、后殖民，一开口就是解构主义、解释学，其实他们西学和国学的典籍都没有认真翻过，他们没有能力读懂自己民族的古籍，更不用说通过西方的原文读通西方的典籍了。

《书目答问补正》的"补正"也不可小视，补正者范希曾为沉潜笃学之士，"用心于目录校雠之学尤勤，细而一字一句，大而古今载籍之浩瀚，手猎目耕，旁参曲证，摘讹而补罅，疑释而趣张"[2]，可惜天不假年，三十一岁就匆匆离开了人世，身后唯一留下的就是这本《书目答问补正》。"补正"反映了从《书目答问》刊行的1876年（光绪二年）至1931年这五十多年的学术成果和出版状况。它在内容上补充了《书目答问》问世后"五十年间新著新雕未及收入"的新书，还订正了《书目》中原有的"小小讹失"（见前揭范跋）。如"子

---

1. 洪堡特：《论人类语言结构的差异及其对人类精神发展的影响》，商务印书馆1999年版，第52页。
2. 范希曾编：《书目答问补正》，上海古籍出版社1983年版，第363页。

部""周秦诸子第一"中,《书目答问》列出:"荀子杨琼注二十卷。谢墉校本。通行苏州王氏刻本十子全书本即谢校本。儒。"作者原只标明谢墉校本最精,并指出通行苏州王氏刻本十子全书本就是谢校本。范氏补正说:"杨琼唐人。谢校出卢文弨手。杭州局二十二子本、定州王氏畿辅丛书本,皆据谢本重刻。杭州局二十二子,宝庆三味书坊皆有翻本。遵义黎氏古逸丛书覆宋台州刻本,其版今在苏州局。四部丛刊影印古逸丛书本。宋钱佃荀子考异一卷,江阴缪荃孙覆宋刻本,今版归吴兴张氏,汇入择是居丛书中。国学会辑印周诸子斠注十种,影印缪覆刻对雨楼丛书本。"[1]这则补正中交代了《荀子杨琼注》的作者时代,交代了谢校本的实际校勘人,交代了谢校本的源流演变,范氏的确尽了目录学家"考镜源流"的本分。又如同卷原列"荀子补注一卷。郝懿行。郝氏遗书本"。范氏补正则补充了该书的卷数,以及后来"郝氏遗书本"的流变,尤其是补充了郝氏之后出版的更好的《荀子》注本:"长沙王先谦《荀子集解》二十一卷,已括上举二书在内,并录王念孙父子、孙台拱、陈奂、俞樾、郭嵩焘诸家校注汇为一编,甚便学者,有光绪十七年长沙刻本,民国间涵芬楼影印本,光绪间坊间影印巾箱本。"[2]

当然《书目答问补正》也有不尽人意的地方,如集部所列的书目就太不全,遗漏了历代许多名家名集,特别是张氏拘泥传统"词

---

1. 范希曾编:《书目答问补正》,上海古籍出版社1983年版,第188页。
2. 范希曾编:《书目答问补正》,上海古籍出版社1983年版,第188页。

乃小道"的陈腐观念，《东坡乐府》和《稼轩词》就不予收录。又如杜甫诗集只收仇、杨二家注，而遗落钱注杜诗和浦起龙的《读杜心解》，《陶渊明集》只收汤汉注本，而遗落了更重要的陶澍注的《靖节先生集》本，这给初学者带来了诸多不便。另外，张之洞列出的"善本"也未必皆"善"，如《经部》"《尔雅》之属"中，同时收录了郝懿行《尔雅义疏二十卷》和邵晋涵《尔雅正义二十卷》，张氏在郝书下说"郝胜于邵"[1]。梁启超在《中国近三百年学术史》中说："《郝氏义疏》成于道光乙酉，后邵书且四十年……郝氏于发例绝无新发明，其内容亦袭邵氏之旧者十六七，实不应别撰一书。《义疏》之作，剿说掠美，百辞莫辨。"[2] 余嘉锡《读已见书斋随笔》也附议梁说，同时还指正郝氏是"剿说掠美"的"惯犯"[3]。如今天的学生读此书时，也不妨像范希曾一样给《书目答问补正》再来一次"补正"。从范"补正"到现在七十多年来，经史子集出了不少新注新校的排印本，如在原书卷三"子部"无论是"兵家""农家""医家"还是"天文算法"，七十多年来更出了许多更新更好的学术著作。即使传统的四部中，也有太多需要重新"补正"地方。如卷二"史部""史评第十四"中只列出"史通通释二十卷。唐刘知几。浦起龙释。原刻本。黄叔琳《史通训故补》二十卷，原刻本，亦可"。范"补正"说："通释上海文瑞

---

1. 范希曾编：《书目答问补正》，上海古籍出版社1983年版，第53页。
2. 梁启超：《中国近三百年学术史》，东方出版社1996年版，第218页。
3. 余嘉锡：《余嘉锡论学杂著》，中华书局2007年版，第680页。

楼影印原刻本。又四部丛刊影印明万历间张鼎思刻《史通》二十卷无注，附录何焯、顾广圻校语，为札记一卷。象山汉章《史通补释》二卷，未刊。"又《书目》列出"《文史通义》八卷，《校雠通义》三卷。章学诚。原刻本，粤雅堂本。以史法为主，间及他文字"[1]。张之洞说《文史通义》"以史法为主"显然不合原书作者章学诚本意，章氏在《家书》（二）中说："吾于史学，盖有天授，自信发凡起例，多为后世开山，而人乃拟吾于刘知几。不知刘言史法，吾言史意；刘议馆局纂修，吾议一家著述。截然两途，不相入也。"[2]应该说《史通》的主旨才是"以史法为主"，而《文史通义》的主旨则是"以史意为主"。而且自范"补正"行世七十多年来，《史通》和《文史通义》的注释、翻译和评论很多，《史通》现代评注的名家有张舜徽、程千帆先生，而《文史通义》《校雠通义》现代最好的注本是中华书局版叶瑛的《文史通义校注》（附《校雠通义》校注）。青年学子可在范"补正"的基础上再作"补正"，既能广见闻，又能明源流。

《书目答问》中华书局1963年重印过光绪五年贵阳刊刻本，《书目答问补正》上海古籍出版社1983年版的瞿凤起校点本为最佳，该社2001年"蓬莱阁丛书本"为1983年版的简体字重印本。

原刊《太原师范学院学报》2005年第1期

---

1. 范希曾编：《书目答问补正》，上海古籍出版社1983年版，第184页。
2. 章学诚：《文史通义》，古籍出版社1956年版，第333页。

附录二：
"初学入门之蹊径"
——读张舜徽《初学求书简目》

"书山有路勤为径，学海无涯苦作舟"，这则人们常用来激励学子刻苦读书的名言，其实存在着严重的偏颇——过分强调学习必须勤奋刻苦，却完全忽视了学习的门径与方法。假如一开始就入错了"门"，那就正好应验了"南辕北辙"的老话，学子越"勤苦"可能离目的地越远；假如根本就找不着"门"，学子再勤苦也不得其门而入。一味勤苦并不能保证我们会找到"书山"的路径，更不可能让我们达到"学海"的彼岸，要想学有所成，一开始就"入门要正"。俗话说"先生领进门，修行在各人"，可见"进门"是学业有成的第一步，甚至禅宗语录中也常常见到小和尚恳请高僧说："请师指点行路。"

可是，现实中很难找到或遇到能为自己"指点行路"的高明先生，且不说社会上那些自学青年，就是在校大学生或大学毕业生，他们在自学提高的过程中，许多人苦于找不到好的导师而走了不少弯路。即以学文史哲的学生来说，面对传统经、史、子、集浩如烟海的书籍，青年学子可能惊其浩博而茫然失据，要么不知读书从何下手，要么就漫无目的地乱翻书。有鉴于此，前人无不将目录学视为"学问之眉目，著述之门户"[1]。二十世纪二十年代，《京报副刊》就曾请当时的硕学名流开列"青年必读书"，许寿裳也曾请鲁迅先生为其儿子开"必读书目"。《四库全书总目提要》曾为清代学子求学的津逮，张之洞的《书目答问》也流行于清末民初。今天看来，这两部目录学名著都不太适用于当今的文史学生，一是书目过于浩博，二是没有讲明读书次第，三是没有交代如何读法，而当代已故著名历史学家、文献学家张舜徽先生写于1947年的《初学求书简目》(后文简称《简目》)正好弥补了上述二书的缺憾[2]，是今天文科学生求学的可靠引路者。

一、"下手功夫"

谁都知道要想将来在学问上取得成就，年轻时就必须打下坚实

---

1. 参见王鸣盛《十七史商榷》卷二十二，上海：商务印书馆1937年版，第194页。
2. 张舜徽《初学求书简目》，收入张氏《旧学辑存》下册，华中师范大学出版社2008年版。参见《旧学辑存》(上、中、下)，齐鲁书社1988年版。《初学求书简目》，亦附载张舜徽《四库提要叙讲疏》(台北学生书局2002年版，云南人民出版社2005年"二十世纪学术要籍丛刊"本)。

的专业基础，但问题的关键是许多人不知道如何打基础，譬如对于希望深造的文史哲的文科学生来说，首先哪些知识和能力最为根本？要具备这些知识先应读哪些书籍？《简目》就是专为解答"已肄业大学"并希望深造的青年关于"今后应读何书，书以何本为善"的疑问而写的。张先生说把这些大学生视为"初学"，并不是小瞧或轻视他们，而是对他们有"远大期待"，"诸生虽已入上庠，习专业，然语乎学问之大，固犹初学耳"[1]。今天学历史的大学毕业生大部分人还没有通读过《史记》，学文学的可能到毕业时也没有翻过《李太白集》，他们是在教科书中长大的一代学子，基本没有多少人读过原著，离开了注释一般都不能诵读古文，专业功底比六十年前张先生写《简目》时还要浅得多，即使大学毕业也只能算"初学"，因此我们更有必要看看张先生所"举必读之书及下手功夫所宜讲求之事"。

　　《简目》要求"初学""下手功夫"的第一步便是"识字"，第二步便是"读文"。初看好像张先生真的"小瞧"了这些大学生，为什么"下手"处就要"识字"和"读文"呢？读文史的大学生谁不会"识字"？谁不会"读文"呢？我们来听听张先生是怎么说的："读书以识字为先，学文以多读为本。必于二者深造有得，而后可以理解群书。故晓示门径，以斯二者居首。"此前目录学的叙录提要，如刘

---

[1] 张舜徽：《初学求书简目》，《旧学辑存》下册，华中师范大学出版社2008年版，第1099页。

向的《别录》、纪昀的《四库全书总目提要》，只是交代某书的作者、主旨、渊源、优劣，由于它们并不是针对"初学"，所以没有一本目录学著作像张先生这本《简目》那样，向学子交代"下手功夫"和"晓示门径"。

先看《简目》中有关"识字"所列的书目和提示。"识字"这部分前面的小序说："下笔为文，可用今字今义；阅读旧籍，必识古字古义。士而有志习本国文史，则日接于目者，皆古书也。苟不训其文字，何由通其语意？故读书必以识字为先。古人称文字学为'小学'，意即在此，谓幼童入学，首在识字也。文字有形有音有义，分之则为文字学、音韵学、训诂学，合之则可统于一。"治学从"识字"入手是清儒的共识，戴震在《古经解钩沉序》中说："经之至者道也，所以明道者其词也，所以成词者未有能外小学文字者也。由文字以通乎语言，由语言以通乎古圣贤之心志，譬之适堂坫之必循其阶，而不可以躐等。"[1] 晚清张之洞将戴震的意思说得更加明了："由小学入经学者，其经学可信，由经学入史学者，其史学可信，由经学史学入理学者，其理学可信，以经学史学兼词章者，其词章有用……"[2] 张舜徽先生要求初学者从文字学入手，基本是遵循清儒的治学路数。

《简目》分别开列了有关"字形""字音"和"字义"的基本书目。

---

1. 戴震：《戴震文集》，中华书局1980年版，第146页。
2. 范希曾编：《书目答问补正》，上海古籍出版社2001年版，第258页。

其中关于"字形"的书籍第一本就是:"《文字蒙求》四卷,清王筠撰,石印本。"这是学习字形的入手书,《简目》在此书下提示说:"此书从《说文解字》中纂录象形、指事、会意、形声(形声字中,仅收四种),凡二千四十四文。原以启发童蒙,实则已成为读《说文》者先路之导。王氏于每文之下,释以浅语,可引起识字之兴趣。"《文字蒙求》下列"《说文解字》十五卷,汉许慎撰,商务印书馆摹印大徐本。"张先生在此书下提示道:"阅《文字蒙求》后,可依其义例,取大徐本《说文》细读一过,分类辑录,使九千余文形、声、义了然于心。形声字为数太多,可以声为纲,将同从一声之字,比叙并列,可悟声中寓义之旨。"读完这两本书后,依次再学"《说文解字注》三十卷,清段玉裁注,崇文书局本,石印本","《说文释例》二十卷,清王筠撰,原刻本,世界书局石印本"。《简目》同样在每书下面叙录了各书的特点、长处与短处。在"字形"部分的最后,《简目》列出了清末吴大澂的《字说》、孙诒让的《契文举例》和《名原》三本研究金文、甲骨文的著作。张先生说,在王国维之后,金文、甲骨文之学虽然"作者日多,述造益富","今但称列吴、孙二家,既以明先贤提倡之功不可没,复由篇卷短简,可为守约之助耳。初学循兹阶梯,进而求诸后起之书,必深入而不欲出矣"。这里不仅讲了何书以何本为佳,还讲了先读何书后读何书,更讲了各书的不同读法,读不同的书达到不同的目的。读《简目》,好像在课堂听先生授书时耳提面命,我们到什么地方去找这样的良师呢?譬如学"文字学"固然要学金文、甲骨文以"自广","然初学必须精熟《说文》,而后有分析远古文字结构之识力,所以研究金文、甲文,必在精读《说文》之后,方能有下手处。为学贵能循序渐进,不可躐等,初学尤宜从基本上用功,切戒浅尝慕浮,虚骛高远"。这是一位国学大师的甘苦之言,有志于学术的青年求学者都应该切记。

"字音"的书籍首列"《广韵》五卷,宋陈彭年等重修,商务印书馆印本",这是因为"是书古今音总汇,学者所宜详究"。最后两部书是"《文字学音篇》,钱玄同撰,北京大学出版部排印本"和"《中国声韵学通论》,林尹撰,中华书局印本",这两本书的特点是"条理清晰,最便初学"。有关"字音"所列的八部书中,近现代学者的占五部。张先生在字音的叙录中还特地提醒初学者:"研究字音之学,以审声为亟。至于考评古韵部居,又在其后。"这是告诉初学者学习声韵学的轻重缓急,以分清入手的先后次第。

"字义"的书籍共列七本,以"《尔雅义疏》,清郝懿行撰,同治四年重刊本,商务印书馆排印本"居首,书下提要称:《尔雅》一书,虽列入十三经,其实乃汉初学者裒集经师传注而成,为训诂之渊薮。清乾嘉时,邵晋涵撰《尔雅正义》,在郝《疏》前,其书甚精,可与郝《疏》并行。"《尔雅》为"训诂之渊薮",郝《疏》又非常精审,初学先读此书一可了解训诂学的源流,二可为以后读经史扫清文字障碍,可见张先生首列此书的良苦用心。以王念孙《广雅疏证》《博雅》《释大》三书殿后,张先生认为"王氏以双声之理贯穿故训,而训诂之学大明","以双声说字,所以启示治训诂学之途径,最为明切"。《简目》中收录的著作,除了在该领域具有权威性外,还由于它对初学者具有"启示途径"的作用。

"下手功夫"的第二步便是"读文"。张先生这里所说的"文"泛指各种体裁的文章。过去学者虽然常有轻视"文人"的倾向，如宋人刘挚就说"一号为文人，无足观矣"，清初大学者顾炎武也深恐自己"堕于文人"。[1]不过，我国传统的读书人大多是文人而兼学者，或者学者而兼文人，即使公开鄙薄"文人"的刘知几、顾炎武等人，也既是学问大家，又是文章高手。这种传统一直延续到民国的文坛与学界，如梁启超、鲁迅、周作人、胡适等。1949年后培养的大学生就很难兼作家与学者于一身了，作家多半没有学问，学者多半写不出妙文。张舜徽先生一生服膺顾炎武，主张诗词歌赋不必人人都作，中年以后就改掉吟诗填词的文人旧习，将全部精力献身于学术，但是他认为一个学者其学问应"根柢庞固"，其文章也应"文辞渊雅"，"有学而能宣，能文而有本"是学者理想的境界[2]。他在《读文》这部分书目前的小序中说："文与学本不可离。清儒焦循尝谓'文非学无本，学非文不宣'，此真千古名言！尝见读书甚多，人皆称之为书簏者，而不能下笔为文。偶书笺启，亦辞句艰涩，至有文理不通者，众莫不讥讪之。而其人亦自引为终身憾事。此由少时读文不多，无所取则，故吐辞不能自达其意也。昔人言文章之事，不外'神、理、气、味、格、律、声、色'八字。后四字尚可由讲求

---

1. 顾炎武：《日知录》，上海古籍出版社2006年版，第1090—1091页。
2. 张舜徽：《清人文集别录》，华中师范大学出版社2004年版，第52页。

得之；至于前四字，非可以语言形容，虽在父兄不能移其子弟，全赖诵习前人文辞，优柔厌饫，以取揣摩之益。昔扬雄以善赋名，或问何以臻此，雄答以熟读千首赋，则自能之矣。可知为文之功，贵在多读。"一个学者要是有学问而不能表达，那他只像一个书籨或书橱，只会死读书却毫无创造力，不能写出像样的学术成果，这必然影响他的学术成就。张先生说学习作文除"诵习""揣摩"外别无他法，为此他在"读文"这部分共开列了四本清人的文辞选集："《古文辞类纂》七十四卷，清姚鼐选编，木刻本，商务印书馆排印本"，"《续古文辞类纂》三十四卷，清末王先谦选编，商务本"，"《经史百家杂钞》二十六卷、《简编》二卷，清曾国藩选，商务本"。学习作文为什么不推荐流传更广的《古文观止》呢？张先生在这方面别具眼光："姚、曾两家选本，皆不评点文法，俾读者自知其工妙。此是大家路数，与村塾所用选本如《古文观止》《古文析义》《古文笔法百篇》之类以推敲字句相尚者，迥然不同。二者相较，直有雅俗之分，学者宜知其高下也。姚、曾二家选本诵习之外，可进求清代李兆洛《骈体文钞》、梁代萧统《文选》读之，以略窥古今文辞之变。初学但求能明白宣畅、辞能达意之文，不必规仿词藻华丽、不切实用之文。然于古今文章流别、得失高下，不可不知。"张先生一生追求学术的"博大气象"，瞧不起《古文观止》《古文析义》这种斤斤于"推敲字句"和"评点文法"的评点派，认为他们有村塾气和小家子气，初学者反复涵泳白文就能"自知其工妙"。学者之文应思致明晰而文辞畅达，青年学子应反复诵读名篇以养成盛气和扩展心胸，所以他推崇贾谊的《过秦论》、王安石的《上仁宗皇帝言事书》这一类文章，它们或者气势恢宏，或者缜密严谨，觉得像《古文观止》《古文析义》这样的评点，反而肢解了全文的文气，打断了全文的思理，使青年读者变成只知道寻行数墨的书呆子。不过，张先生的建议对那些功底较好的初学者才有用，他们自己能品味出文章的"神、理、气、味、格、律、声、色"，用不着旁人来嚼饭喂人，但对于今天的青年学生来说，"推敲字句"和"评点文法"可能有助于他们理解和欣赏古文，先以《古文观止》《古文析义》等评点作为拐杖，等自己能够体认文章的神理气味后再甩开它们。

《简目》开列了有关"识字""读文"的书目后，还一再叮嘱初学者说："上述识字、读文二端，乃有志读书者之基本功。必辨识古字，而后能开卷读书；必文笔条达，而后能自抒所得。加以多诵明畅之文，使思路清楚，亦有助于理解古籍。故读文之事，尤不可缓。"

二、四部读法

《简目》提醒初学者说，等识字、读文"二端举矣，乃进而阅读经、史、子、集四部之书，循序渐进，必日起有功也"。打好了识字、读文基础后，青年学生再可进而循序读"四部之书"。那么，四部如何读法呢？

299

张先生仍按传统经史子集四部开列书目，最后在四部之外另加"综合论述"各类书目。经、史、子、集四部都是先列最基本的原典，后列相关的研究著作。"经传"前的小序特地告诉初学者说："昔人综举六艺，有所谓'五经''六经''九经''十三经'诸名目。今日读书，不必为其所限。有列在十三经而不必读者，如《仪礼》《公羊传》《穀梁传》是也；有未入十三经而不可不读者，如《国语》《逸周书》《大戴礼记》是也。必破此旧界，而后能推廓治学范围。"他将初学者不必即读的《仪礼》等三书剔出，增加了原十三经中没有的《国语》等三书。《国语》在内容上"与《左传》相表里，多载春秋列国言论，国别为书，故名《国语》"，《逸周书》多载"周时诰誓号令"，"其中如《克殷》《世俘》诸篇，足以补正《尚书》"，《大戴礼记》中"保存远古遗文不少"，"其他有关伦理政治之论文，价值不在《小戴礼记》下"。儒家经典在张先生眼中，已经从价值资源变成了学术、知识资源，虽然不具有神圣性但仍具有重要性，因为它们是我们民族文化的重要源头，在漫长的历史长河中，它们塑造了我们民族的文化心理。

《简目》不只是简单地开列书单，而是交代读某书要侧重于哪些方面，有哪些自学的方法。如读"《诗》三百篇"不能只将它看成"文学之宗而已"，还应"从其中考见政治得失、民间疾苦"，它是文学经典也是历史资源。"《孟子》七篇"后的提示说："此亦门人弟子所记，为研究孟子思想之唯一依据。文章亦恣肆奔放，无不达之情。叙事之文，以《左传》为美；说理之文，以《孟子》为高。初学熟诵其文，亦大有裨于属辞也。惟其中言心性之语，多为宋明理学家所傅会，清儒戴震作《孟子字义疏证》及《原善》以正之，学者可究心焉。注本除朱熹《集注》外，宜参看清代焦循《孟子正义》。"《孟子》思想既深，文气亦盛，初学者要究心其思想，同时也应涵泳其文辞。

张舜徽幼承庭教，历从名师，他本人从没有进过大学，基本属于自学成才的国学大师，他的读书方法是经验之谈，值得初学者认真吸取和借鉴。如"经传"书目"《尚书》二十八篇"后的提要："今通行本《尚书》，有五十八篇。其中惟二十八篇比较真实可信，余皆后出伪品，清代学者考论明晰，已成定论。清末吴汝纶有二十八篇写定本，可以采用。诵习时可取《史记·五帝本纪》、夏、殷、周《本纪》对校读之。"《尚书》连唐朝韩愈也说"佶屈聱牙"[1]，今天初学者读起来更难如"天书"，将"《史记·五帝本纪》、夏、殷、周《本纪》对校读之"是一个非常好的方法，因为司马迁写这几个本纪主要取材于《尚书》，并把《尚书》拗口难懂的句式翻译成汉代通行的语言，将二者对读可谓一举两得——学习了《史记》，也读懂了《尚书》。当然，现在《尚书》有不少译注本，初学者不妨先找权威出版社出版的译注本以疏通文字，再和《史记》中与之相关的《本纪》对读，最后参看清儒和今人的注本。"《周易》十二篇"后，张先生特地提醒初学者说："此乃我国古代阐明事物变化原理之书，其道周普，无所不包，故称《周易》……初学虽苦其辞奥衍难究，

---

[1]. 韩愈撰、马其昶校注：《韩昌黎文集校注》，上海古籍出版社1986年版，第46页。

然不可不诵习其书,但可置于诵习其他经传之后,以求易于理解,能通其意也。注本可用程颐《易传》。"《周易》不仅所用的词句艰深难懂,所讲的哲理更深奥难明,把它放在其他经传的最后学习,对传统文化有一些感性认识和知识积累后,理解《周易》就会少些障碍。

《简目》在"经传"基本书目之后附有"研究经传必须涉览之书","音读训诂"方面有唐陆德明的《经典释文》、清阮元编的《经籍纂诂》,"经解"方面的有《十三经注疏》和《清经解》,阐述"源流得失"方面的有清末皮锡瑞的《经学通论》《经学历史》、近人刘师培的《经学教科书》、章太炎的《经学略说》。音读训诂的书可以随时查阅,考论经学源流得失的书可以通读,皮锡瑞的《经学通论》《经学历史》,现在有中华书局的排印本,刘师培的《经学教科书》,上海古籍出版社最近出了陈居渊十分详尽的注本。这些书籍有的勾勒经学的脉络,有的阐述经学的源流,有的分析经学的得失,可以作为初学者学习经学的入门书,比如先以刘师培《经学教科书》为向导,读经传书籍就不会见树不见林。

初学者学史应学什么?应读何书?如何读法?《简目》"史籍"提要中对三者都有简略交代:"史主记事,古今治乱兴衰、典章制度、人物高下、政教得失,悉在焉。士必读史,而后能增益学识,开拓心胸,非特多识前言往行而已。宋代言道学者,谓读史使人心粗,非也。史籍浩繁,初学可取其常见而必读者览之,自可益人意智。其他开创体例之书,亦当知其内容,便于寻检事目。"读史的目的主要不是"多识前言往行",而是"增益学识""开拓心胸""益人意智",诵习"常见而必读"之书,泛览"其他开创体例之书",经常"寻检"资料汇编之书。初学者要留心张先生在各书目下的提示,如"精读""详究""涉览""查阅""寻检"等等。在封建时代所钦定的"正史"中,《简目》只列出了《史记》《汉书》《后汉书》《三国志》等前四史,书目后的提示说:"此四史皆须通读,《史记》《汉书》中保存论政论学之文及辞赋甚多,在我国未出现文集以前,此无异于文辞总集。且马、班皆以文学名世,读其书可学其文。《汉书》十志,尤为精要,学者所宜详究。《后汉书》《三国志》行文亦甚雅洁,诵习既久,自有益于修辞用字之功也。初学且耐心精读四史,所得必多。至于通观全史,又在其后。四史刻本甚多,易于觅取。凡易得之书,例不注明版本,下皆仿此。"前四史是中国古代史学最重要的基础,初学者务必"耐心精读",《汉书》十志"更宜细心"详究"。前四史是文史中的高文典册,读前四史自应文史兼修。梁启超的《清代学术概论》《中国近三百年学术史》,"于清代学术流别剖析最详",青年学子读此二书不仅可了解清代学术概况,还"可从其中取得治学途径与方法"。《简目》在"《资治通鉴》二百九十四卷"下提示说:"此书上起战国,下终五代,贯穿一千三百六十二年史事,删繁存简,勒为一编……此非有大识力、大魄毅,而能运以大手笔,绝不能办此。宜其编成之书,为当时及后人所叹服也。初学于此书,必须通读。胡三省注甚精博,亦须细心究览。"像《文献通考》《唐会要》一类书籍,专详各朝各代典章制度,初学者可以经常"检寻";而《高僧传》《畴人传》一类书可供"参考",黄宗羲的《宋元学案》《明儒学案》、江藩的《汉学师承记》《宋学渊源记》等四朝学案,"初学欲知四朝学术流别,自可涉览"。

"研究史学必须涉览之书"中,张舜徽先生特别重视唐刘知几的《史通》、宋郑樵的《通志总序》、清章学诚的《文史通义》。他认为"此三书为史评要籍。于古代史书义例源流,剖析既明,且又各抒己见,读之可增广识力,初学必须详究"。张先生有这三部典籍的研究著作《史学三书平议》,学子学习三书时可以参看。《简目》还开列了"近人综论史籍义例、源流及读法之书"四种,张先生多次告诫青年学子注意典籍"读法"。张先生继承传统又不以传统自限,承续传统的同时又注重接引新知,强调"大抵治史不宜局限几部旧籍,自必参考新著,昔贤所谓'不薄今人爱古人',学者宜识此意",他还特地开列了今人所著的四部中国通史。

在"百家言"部分,《简目》开列了从先秦到六朝诸子,张先生认为初学者读书不必讲求古本,"能得清人精校精刻本固善,否则即以世界书局所印《诸子集成》为读本亦可。得一书而诸子之书俱在,无有便于此者。且其书所收入者,多属清人注本,又遍加句读,较木刻本之无句读为佳。上列诸书,惟徐幹《中论》不在其中,《汉魏丛书》《四部丛刊》皆有之"。这里要补充的是,中华书局多次重印《诸子集成》,大一点的书店不难购到。另外,现在学习诸子可用中华书局《新编诸子集成》,这套丛书搜集了先秦到唐五代子书,以清人和今人注为主,从注释到印刷都较原来的《诸子集成》为胜。徐幹《中论》可用张舜徽先生的《中论注》，该注本收在张先生的《旧学辑存》下册，齐鲁书社和华中师范大学出版社都有排印本。《简目》在诸子原著后面还开列了四部近人的诸子研究著作：江瑔的《读子卮言》、孙德谦的《诸子通考》、姚永朴的《诸子考略》、罗焌的《诸子学述》。这四部书后还提示了诸子读法："此皆通论诸子之书，有论说，有考证。初学涉览及之，可于诸子源流得失、学说宗旨，憭然于心，而后有以辨其高下真伪。再取今人所编哲学史、思想史之类观之，庶乎于百家之言，有以窥其旨要也。"诸子百家都以立言为宗，理解其学说宗旨和源流得失是学习诸子的目的，熟读诸子原著后，再读近人诸子研究著作，最后读今人哲学史和思想史，是学习诸子的读书次第。

"诗文集"中的排列顺序是先总集后别集，总集从《楚辞》到《乐府诗集》，主要的诗文总集都在其中，别集则始于《杜工部集》迄于《稼轩词》。遗憾的是，先于杜甫的曹植、陶渊明、谢灵运、李白等人的诗文集，后于辛弃疾的关汉卿的杂剧以及《三国演义》《水浒传》《红楼梦》等名著都没有列入。张先生开列的这部《初学求书简目》，其目的是培养学者而非作家，他对于文人和学者的价值评价有所轩轾，这种态度在"诗文集"后的提要中表现得十分明显："'诗不必人人皆作'，此顾炎武名言也。填词格律尤严，非初学所易为，皆不如写好散文之重要。初学但知欣赏诗词即可，不必轻动笔也。扬雄以善词赋名于西汉之末，晚而自悔少作，目为'雕虫小技，壮夫不为'；唐代史学家刘知几，亦自谓'耻以文士得名，期以述者自命',所规甚远,皆足取法。至于有志在学问上用功,则不可不读清人文集。"[1]在文士(指诗人和作家)和学者之间没有高下之分,历史上的伟大学者固然令人尊敬,伟大诗人和作家何尝不令人仰慕?青年学子应根据个人兴趣和特长选择自己的专业,不必为张舜徽先生的价值判断所左右。至于"不可不读"的"清人文集"的确浩如烟海,初学者等基础厚实以后,行有余力再去博览,张先生的《清人文集别录》是阅读清人文集的最好引导,该书中华书局和华中师范大学出版社都有排印本。"诗文集"最后列有刘勰的《文心雕龙》和钟嵘的《诗品》两部文论专著,前者系统浩博,后者敏锐专精,所以张先生称"此二书在古代文坛为创体,学者不可不观"。《文心雕龙》的注译本很多,文化程度较高的可读范文澜的《文心雕龙注》、詹锳的《文心雕龙义证》,普及本可用周振甫的《文心雕龙译注》。《诗品》可用曹旭的《诗品集注》。这几种注译本在书肆上容易购到。

　　鉴于"经、史、子、集四部必读之书"外,"尚有综合四者加以论述之书,如笔记、辨伪、书目、通论之属",这四种书籍论述的内容"遍及四部",《简目》专门辟出"综合论述"一类。"综合论述"这一大类中又分出"笔记、辨伪、书目、通论"四个小类。"笔记"中的书目如宋人的《梦溪笔谈》《容斋随笔》《困学纪闻》,明清人的

---

[1]. 张舜徽:《初学求书简目》,《旧学辑存》下册,华中师范大学出版社2008年版,第1117页。

《少室山房笔丛》《日知录》《东塾读书记》等，全部是"朴学家笔记可资考证者"，无一不是笔记中的名著。"书目"中开列的书籍有：《汉书·艺文志》《隋书·经籍志》《四库全书总目提要》《书目答问》，这四部书全是文献学中的经典。张先生在四书后提示说："汉隋二《志》，必须精熟，此乃考明唐以前学术源流、书籍存佚之书。《四库提要》论列古今学术流别尤详，读之可得治学门径。清末张之洞所为《书目答问》，分类举要，晓示学者求书之途，至为详尽，有志以博通自期者可常检之。"《汉书·艺文志》被誉为"学术之宗，明道之要"，《隋书·经籍志》是我国图书分类从七略到四部的标志，《四库全书总目提要》是四部分类法的集大成，一直被清人视为"学问门径"，张舜徽先生著有《四库提要叙讲疏》，收在《旧学辑存》下册，台北学生书局和云南出版社出了单行本，他把《四库提要叙》称为"门径中之门径"[1]。"通论"中分别开列了钟泰、王易、钱穆三人的《国学概论》，钱氏的《国学概论》现在还很流行。

现在来看，张先生这部《简目》还存在如下不足：一、《简目》不包括西方人文科学的基础书目；二、《简目》中标注的版本，现在中华书局和上海古籍出版社大多都有排印本，所开列的典籍大多数已有更好的注本。尽管尚有这样那样的遗憾，但《简目》仍不失为青年自学国学的可靠向导，它不仅"辨章学术，考镜源流"，同时又

---

[1] 张舜徽：《四库提要叙讲疏·自序》，《旧学辑存》下册，华中师范大学出版社2008年版，第953页。

昭示了学术门径，充分发挥了目录学的学术潜能。

原刊《张舜徽百年诞辰纪念国际学术研讨会论文集》
华中师范大学出版社2011年5月

后记

曹慕樊师在金陵大学求学时，师从刘国钧先生受文献学。先生早年受到怎样的专业训练，决定了他后来怎样训练我们。尽管我读研究生的方向是唐宋文学，但开学伊始他就给我们讲校雠学，上课时用的是油印教材，后来正式出版时名为《目录学纲要》。记得我和刘明华兄每周到他书房上课，从《别录》《七略》讲到《汉书·艺文志》，从《隋书·经籍志》讲到《四库全书总目提要》，从版本校勘讲到辑佚辨伪，先生虽娓娓而谈，我们却昏昏欲睡。当时觉得文献学既无用又无趣，先生讲得虽然十分精彩，我们学起来却无精打采。我和刘明华兄见面不久就交换自己的新诗，当时的兴趣在读诗和写诗，哪知道什么"学问之眉目，著述之门户"，也不清楚老师为何要给我们讲那些东西。曹老师还让我编过晚唐诗人唐彦谦的年谱，并让我对其诗进行编年校注，年谱编得十分简单粗糙，编年校注也未能竟事。总之，我们在文献学上都用功不多，只是明华兄天资聪颖，可能比我学得要好一些。

明白文献学重要性是在工作之后，写文献学论文则是在带博士生之后。由于导师的《目录学纲要》出版较晚，原先的油印教材又早弄丢了，我自学文献学是从张舜徽先生的《广校雠略》《四库提要叙讲疏》《汉书艺文志通释》开始的，再从《文史通义》《校雠通义》《四库全书总目》及郑樵的《校雠略》，一直读到向歆父子的《别录》和《七略》佚文。开始是不得不为文献学备课，后来才想写点文献学的文章。受余嘉锡《四库提要辨证》的启发，我对《隋书·经籍志》集部中的别集做了一些考辨，但那些鸡零狗碎的读书杂记，其庞杂的内容一时难以整理，其学术水平大概也不值得整理。

在所有古典文献学著作中，对我触动最大的要数郑樵的《校雠略》。郑氏文献学的知识论取向、他的类例理论、他的知识分类和典籍分类，在古典文献学家中实属空谷足音。可惜，因他某些具体考证的粗疏，人们忽视甚至无视他的卓识。《校雠略》强调"守专门之书"以"存专门之学"，"专门之学"主要是指某一专科学术。他打破七略和四部的成规，将当时的典籍分为十二大类。虽然他的分类标准还未完全统一，但已经有比较清晰的学科意识。"类例"理论的核心就是知识分类，因此他批评古人编书只知"类人"不知"类书"："古之编书，以人类书，何尝以书类人哉。""以人类书"是以学人来给书归类，自然就出现"人以群分"，并形成不同的"家学"或学派；"以书类人"是以书的知识类型来给人归类，自然就出现"物以类聚"，由此形成不同的知识类型和不同的学科。即使在先秦百家争鸣的时代，我们先人也只有学派而无学科。与孟子相先后的亚里士多德，已开始科学的知识分类与学科分类，他根据不同的研究对象，将自己的著作分别名为《形而上学》《范畴篇》《大伦理学》《政治学》《物理学》《气象学》《动物志》《经济学》《修辞学》《诗学》等等。

用郑樵的话来说，我们为什么没有这种"专门之学"呢？我们古代的知识分类与典籍分类有什么特点呢？这些问题既有益也有趣，但要回答它们既费时又费力。这些年来它们一直困扰着我，为了寻找这些问题的答案，我细读了中国古代文献学的经典著作，参读了几本西方的知识学名著，就此写下了一系列相关论文，其中还有些草稿来不及修改，少数整理出来的文稿尚未发表，书中收录的这十几篇文章，是已经公开发表且自觉还不太丢人的部分。

拙著中的文章除几篇发在《读书》《江汉论坛》外，绝大部分都发在武汉大学《图书情报知识》上，篇篇都是两万字以上的长文。武大图书馆专业长期执全国牛耳，这份专业名刊为拙文留下大量宝贵的版面，感谢当时的执行副主编周黎明教授和编辑李明杰博士！

客串更容易博得人们的掌声，《别忘了祖传秘方——读张舜徽〈清人文集别录〉〈清人笔记条辨〉》在《读书》上发表后，文学研究所所长张三夕兄就此文组织过一次关于张舜徽先生学术个性研讨会，孙文宪先生也因拙文组织文艺学博士生，展开了一次"学术史如何写"的讨论会，在讨论会上我回答了博士们的提问。谢谢这两位教授的讨论和博士生的质询，他们启发我对古典文献学从不同的视角进行思考。今后，对这些问题我会不断地想下去，不断地写下去。

感谢刘卓博士在出版前帮我统一了注释格式，感谢余祖坤、丁庆勇、欧阳波、匡永亮等先生的细心审读，感谢本书责编的认真审校，他们的热情帮助节省了我许多时间，更减少了拙著中的许多错误。

戴建业

2018年12月31日

华师南门剑桥铭邸

[全书完]

论中国古代的知识分类与典籍分类

产品经理	汪超毅	书籍设计	陆　震
技术编辑	顾逸飞	责任印制	刘　淼
产品总监	贺彦军	出 品 人	吴　畏

图书在版编目（CIP）数据

论中国古代的知识分类与典籍分类 / 戴建业著. -- 上海：上海文艺出版社，2019
ISBN 978-7-5321-7299-3

Ⅰ.①论… Ⅱ.①戴… Ⅲ.①古籍- 分类法- 中国- 文集 Ⅳ.①G254.12-53

中国版本图书馆CIP数据核字(2019)第148203号

出 版 人：陈　徵
责任编辑：陈　蕾
特约编辑：汪超毅
封面设计：陆　震

书　名：论中国古代的知识分类与典籍分类
作　者：戴建业
出　版：上海世纪出版集团　上海文艺出版社
地　址：上海市绍兴路7号　200020
发　行：果麦文化传媒股份有限公司
印　刷：天津丰富彩艺印刷有限公司
开　本：660mm×960mm　1 / 16
印　张：20.25
字　数：214千字
印　次：2019年8月第1版　2019年8月第1次印刷
印　数：1—7,000
ＩＳＢＮ：978-7-5321-7299-3 / Ⅰ · 5809
定　价：58.00元

如发现印装质量问题，影响阅读，请联系021—64386496调换。